avec
investir

Annick Le Gall

Optimiser sa gestion en BOURSE avec les analyses graphique et technique

MAXIMA
LAURENT du MESNIL • ÉDITEUR

Annick Le Gall, diplômée de l'ESSEC, est Directeur Général de European Stock Consulting.

Tous mes remerciements à Bernard Riccio pour son appui et à Cyrille Gélineau pour sa précieuse collaboration.

MAXIMA
LAURENT du MESNIL • ÉDITEUR

192, bd Saint-Germain, 75007 Paris
Tél. : + 33 1 44 39 74 00 – Fax : + 33 1 45 48 46 88
Internet : www.maxima.fr

ISBN : 2 84 00 1 208.1

Sommaire

Introduction 13

Chapitre 1 – NAISSANCE ET FONDEMENTS DE L'ANALYSE GRAPHIQUE 15

I – Où et Comment est née l'analyse graphique ? 15
1.1 Très à l'Est... au Japon 15
1.2 Plus tard à l'Ouest... Charles Dow 17
1.2.1 L'analyse graphique classique 17
1.2.2 L'analyse graphique philosophique 18
1.2.3 L'analyse graphique moderne 19

II – Que nous dit l'analyse graphique ? 21
2.1 Les comportements psychologiques influencent de façon déterminante les cours 21
2.2 L'étude des historiques de valeurs est cruciale . . 23
2.3 L'évolution des valeurs est cyclique 24

III – Comment se situe l'analyse graphique par rapport aux autres méthodes de prévision des cours ? 26
3.1 Ce sont les perspectives d'évolution de la société qui sont fondamentales 26
3.2 Aucune prévision n'est possible : le marché est le règne du chaos 27
3.3 Le marché est efficient et intègre, à tout moment, toutes les informations 29
3.4 Trop d'analyse technique tue l'analyse technique 30
Conclusion 31

Chapitre 2 – PRATIQUE DE L'ANALYSE GRAPHIQUE 33

I – D'abord visualiser les graphes des titres 33
1.1 Les différentes représentations des cours 33

1.1.1 Les courbes continues 33
1.1.2 Les bar-charts 34
Cours d'ouverture/cours de clôture 36
Cours extrêmes 36
1.1.3 Les bougies japonaises 37
1.1.4 Les points et figures 39
Les axes du graphe 40
Le seuil de retournement 41
La construction du graphique 41
Représentation graphique des points et figures 43
Conclusion 44
1.1.5 Echelle graphique 44
Choix de l'échelle (linéaire ou logarithmique) 44
Choix de l'unité de temps 46

1.2 L'importance des volumes 48

1.3 Le réajustement des historiques 54

II – Ensuite repérer les tendances 57

2.1 Comment détecter une tendance ? 57
2.1.1 Tracer les droites de tendance 57
Les droites de soutien et de résistance 57
Les droites de tendance 58
Interprétation des droites de soutien et de résistance .. 59
2.1.2 Tracer des canaux (droites de tendance parallèles) 60
2.1.3 Utilisation des canaux 64
Achat et vente à l'intérieur d'un canal 64
Sortie de canal en continuation de la tendance existante 66
Sortie de canal en rupture de la tendance existante ... 67
Conclusion 68

2.2 Les moyennes mobiles 69
2.2.1. Qu'est ce qu'une moyenne mobile ? 69
La moyenne mobile arithmétique 69
La moyenne mobile exponentielle 71
La moyenne mobile quadratique 73
La moyenne mobile harmonique 74
La moyenne mobile pondérée 74
Comparaison entre les différentes moyennes mobiles . 76
2.2.2 Comment utiliser et interpréter une moyenne mobile ? 78
Sur quelle période faut-il étudier une moyenne mobile ? 78
Peut-on utiliser les moyennes mobiles seules ? 79
Utiliser les moyennes mobiles avec les courbes de cours 80
Combiner les moyennes mobiles entre elles 82
Pourquoi prendre en compte le croisement 82
Conclusion 84

III – Puis anticiper les retournements ou autres configurations 85
A – Long terme 85
3.A.1 Les figures indiquant un retournement de la tendance 85
3.A.1.1 Tête et épaules 85
3.A.1.2 Double ou triple sommet et double ou triple creux 86
3.A.1.3 Les biseaux 94
Conclusion 98
3.A.2 Les figures confirmant la tendance en cours 99
3.A.2.1 Les drapeaux ou flags 99
3.A.2.2 Les fanions ou penants 100
Conclusion 101
3.A.3 Les figures indiquant une zone sans tendance 102
3.A.3.1 Les rectangles 102
3.A.3.2 Les triangles 103
3.A.3.4 Les cônes d'évolution 110
3.A.3.3 Les diamants 112
Conclusion 112
B – Court terme 114
3.B.1 Les bougies japonaises 114
3.B.1.1 Le marteau 114
3.B.1.2 Le pendu 115
3.B.1.3 L'engouffrement 116
3.B.1.4 Les étoiles 117
3.B.1.5 Le Harami 122
3.B.1.6 L'éjection 124
3.B.1.7 Les deux corbeaux 126
3.B.1.8 Les trois corbeaux 126
3.B.1.9 Les fenêtres 128
3.B.1.10 Le nuage noir 130
3.B.1.11 La percée 130
3.B.1.12 La formation Mat 132
3.B.2 Les bar-charts 133
3.B.2.1 Les gaps de continuation 134
3.B.2.2 Les gaps de rupture 134
3.B.2.3 Les gaps terminaux 135
C – Intemporel 136
3.C.1 Interprétation des points et figures 136
3.C.2 Représentation des différents signaux d'achat 137
3.C.3 Représentation des différents signaux de vente 138
D – Comment utiliser avec succès ces outils ? 141
3.D.1. Le rôle déterminant des volumes 141
3.D.2 La durée de la tendance 141
3.D.3 Le nombre d'appuis constituant les lignes 142

3.D.4 La quantification du mouvement identifié 142
3.D.5 L'environnement tendanciel de la figure 142

IV – Enfin détecter les cycles 143
4.1 La théorie des vagues d'Elliott 143
4.1.1 Les fondements de la théorie 144
4.1.2 Le descriptif des vagues d'Elliott 147
• Les vagues de tendance 147
• Les vagues de correction 148
4.1.3 Les figures graphiques tracées par les vagues ... 149
Pendant les vagues d'impulsion 149
Pendant les vagues de correction 150
Conclusion 157
4.1.4 Quels enseignements tirer de la théorie d'Elliott ? 158
4.2 La série de L. Fibonacci 159
4.2.1 La construction de la série 159
4.2.2 Comment utiliser concrètement la série de Fibonacci ? 160
4.2.3 Les niveaux de retracement de Fibonacci 161
4.2.4 Les zones de temps de Fibonacci 162
4.3 L'analyse de Gann 162
4.3.1 Introduction 162
4.3.2 Le système angulaire de W.D. Gann 163
4.3.2.1 Principe général 163
4.3.2.2 Construction et interprétation 163
4.3.3 Les niveaux de retracement de W.D. Gann 165
4.3.4 Les arcs de W.D. Gann 168
4.4 Conclusion 169

Chapitre 3 – L'ANALYSE TECHNIQUE 171

I – Qu'est-ce que ces indicateurs ont en commun ? ... 171
1.1 Généralités 171
1.2 Méthodes d'interprétation 173
1.2.1 Lecture de seuils 173
1.2.2 Divergences entre les plus hauts ou les plus bas du cours et de l'indicateur 174
1.2.3 Application de l'analyse graphique aux indicateurs 175
1.3 L'outil informatique 176
1.3.1 Puissance de calcul 177
1.3.2 Optimisation 178

II – En quoi les indicateurs sont-ils différents, ou comment les utiliser ? 186
2.1 Comment les classer ? 187
2.2 Comment les utiliser ? 189

III – Les principaux indicateurs 191
3.1 Les indicateurs à utiliser de préférence dans un marché non orienté 191
3.1.1 RSI (Relative Strength Index) 191
3.1.2.1 Définition 191
3.1.2.2 Exemple 192
3.1.2.3 Utilisation et interprétation du RSI 193
3.1.2 Stochastique 204
3.1.2.1 Définition 204
3.1.2.2 Utilisation et interprétation du Stochastique . . . 205
3.1.3 Momentum 212
3.1.3.1 Définition 212
3.1.3.2 Utilisation et interprétation du Momentum 212
3.1.4 ROC (Rate Of Change) 214
3.1.4.1 Définition 214
3.1.4.2 Utilisation et interprétation du ROC 215
3.2 Les indicateurs à utiliser de préférence dans un marché en tendance 215
3.2.1 MACD (Moving Average Convergence Divergence) 215
3.2.1.1 Définition 215
3.2.1.2 Utilisation et interprétation du MACD 216
3.2.2 Les droites de régression linéaire 219
3.2.2.1 Description 219
3.2.2.2 Interprétation 219
3.2.3 Le TRIX (Triple eXponential Moving Average). . 221
3.2.3.1 Définition 221
3.2.3.2 Interprétation et exemple 221
3.2.4 Le système parabolique de Wilder 223
3.2.4.1 Description 223
3.2.4.2. Présentation de l'indicateur 223
3.2.4.3 Fonctionnement de l'indicateur 224
3.2.4.4 Formation de la parabole de Wilder 225
3.3 Les indicateurs à utiliser pour connaître l'état d'un marché (mesure de la volatilité) 228
3.3.1 ADWP (Accumulation Distribution Williams Price) 229
3.3.1.1 Présentation de l'indicateur 229
3.3.1.2 Méthode de calcul 229
3.3.1.3 Interprétation 230
3.3.2 DMI (Directional Movement Index de Wilder) . . 231
3.3.2.1 Description 231
3.3.2.2 Fonctionnement de l'indicateur 232
3.3.2.3 Calcul du DMI 233
3.3.2.4 Interprétation du DMI 234
3.3.3. Les bandes de Bollinger 237
3.3.3.1 Présentation 238
3.3.3.2 Fonctionnement 238

3.3.3.3 Interprétation 241
3.3.4 CCI (Commodity Channel Index) 246
3.3.4.1 Définition 246
3.3.4.2 Utilisation et interprétation 247
3.4 Les indicateurs qui analysent les volumes 250
3.4.1 PVI et NVI (Positive Volume Index et Negative Volume Index) 250
3.4.1.1 Présentation de l'indicateur 250
3.4.1.2 Méthode de calcul 251
3.4.1.3 Interprétation 252
3.4.3 OBV (On Balance Volume) 255
3.4.3.1 Présentation de l'indicateur 255
3.4.3.2 Fonctionnement de l'indicateur 255
3.4.3.3 Interprétation 255
3.4.4 Accumulation distribution Volume 257
3.4.4.1 Présentation de l'indicateur 257
3.4.4.2 Méthode de calcul 257
3.4.4.3 Interprétation 258
3.4.5 Accumulation distribution de Chaikin 259
3.4.5.1 Présentation de l'indicateur 259
3.4.5.2 Interprétation 260
3.4.6 L'indicateur de soutien résistance 261
3.4.6.1 Présentation de l'indicateur 261
3.4.6.2 Interprétation 261
3.5 Les indicateurs qui analysent plusieurs vecteurs financiers 263
3.5.1. Evolution comparative de plusieurs vecteurs ... 263
3.5.1.1 Force relative 263
3.5.1.2 Écart relatif 264
3.5.2. Les indicateurs de marché 266
3.5.2.1 La ligne des avances et déclins (AD Line) 266
3.5.2.2 L'oscillateur de Mc Clellan 268
3.5.2.3 Arms Index 270

Conclusion – SUR LE CHEMIN DE LA FORTUNE 273

Mode d'emploi du CD-Rom Winix 276

Introduction

L’analyse graphique est de plus en plus pratiquée par les investisseurs boursiers. Même si la France oppose une résistance culturelle à cet outil et présente un retard par rapport aux pays anglo-saxons, il semblerait bien que la vague soit en train de la rattraper.
L’objectif de cet ouvrage n’est pas de passer en revue de façon exhaustive tous les modèles que l’on peut recenser sous le vocable analyse graphique ou technique mais bien de donner un éclairage d’ensemble sur cette approche et de mettre en perspective les principaux outils qui en sont nés.

Sans graphes, l'intervenant est comme aveugle. Il ne voit pas ses valeurs et s'il ne sait pas d'où le marché vient, il saura encore moins où il va.

Pour un investisseur boursier, la pratique de l'analyse technique est au mieux, le seul moyen de définir une stratégie gagnante et au pire, l'instrument du bon timing. C'est, dans tous les cas, un outil incontournable.

Cet ouvrage n'est pas destiné à donner des recettes toutes faites mais à aider l'opérateur à élaborer sa propre technique car cette discipline est avant tout un art.

Chapitre 1

NAISSANCE ET FONDEMENTS DE L'ANALYSE GRAPHIQUE

I – OÙ ET COMMENT EST NÉE L'ANALYSE GRAPHIQUE ?

1.1 Très à l'Est... au Japon

Depuis le 17e siècle, le marché du riz au Japon est représenté sous forme de bougies.

Bien qu'étant la première analyse graphique développée dans le monde, c'est la dernière à être connue en Occident. En effet, il a d'abord fallu qu'un intérêt naisse et grandisse pour ce type d'analyse avant que des spécialistes dénichent en Extrême Orient les fameuses bougies japonaises.
On doit cette redécouverte à Steve Nilson qui a publié aux États-Unis, en 1991, le livre de référence sur le sujet : « Japanese candlestick charting techniques ».
La terminologie employée, spécifique (étoile filante, marteau inversé,...), rappelle très clairement la culture d'origine de cette technique.

Un peu d'histoire : après un siècle de guerre interne incessante (le 16e siècle), quatre généraux unifièrent le Japon pendant 50 ans. Dans cette période, Osaka devint la capitale économique de la région car la recherche du profit était, dans cette ville, socialement « correcte » et donc un moteur puissant de développe-

ment. Le commerce du riz prospéra avec la montée de la classe des marchands. Une bourse traitant de cette denrée de première nécessité fut même instituée dès la fin du 17e siècle.
Comme il n'y avait pas de monnaie en circulation, le riz joua naturellement ce rôle et les premiers contrats à terme jamais négociés connurent une expansion formidable. Homma, père de l'analyse technique japonaise naquit en 1724 à la tête d'une grande plantation de riz. Il commença à rassembler les historiques météorologiques puis les historiques de cours afin d'analyser les facteurs psychologiques dans la formation des prix. Son succès et sa fortune furent tels qu'il obtint à la fin de sa vie le titre de samouraï. Ses écrits sont à l'origine de la méthode des bougies.

L'analyse japonaise est à la fois une façon de présenter les cours et d'obtenir des signaux d'achat et de vente.

La présentation en bougies japonaises est certainement la plus riche visuellement puisqu'elle permet, outre les points d'ouverture, de clôture, les plus hauts et les plus bas, de connaître immédiatement la tendance de la journée (haussière ou baissière). Cette présentation s'accommode parfaitement bien des autres indicateurs donnés par l'analyse occidentale. Elle est donc recommandée surtout lorsqu'on visualise une période courte où le détail de chaque journée apparaît clairement.

Les signaux d'achat et de vente sont, eux, donnés par des formations aux noms exotiques (étoile doji filante, étoile du soir, étoile du matin, marteau,…). Ce sont des signaux plutôt court terme et graphiques qui nécessitent une interprétation visuelle. Ils peuvent donner des indications complémentaires par rapport à des indicateurs plus classiques.

Le succès actuel de l'analyse japonaise vient d'une part de son ancienneté qui a permis de fiabiliser les signaux qu'elle propose et d'autre part de sa compatibilité avec l'analyse technique occidentale qui nous est plus proche.

1.2 Plus tard à l'Ouest… Charles Dow

À la fin du siècle dernier, aux États-Unis, Charles Dow a construit deux indices : l'un de valeurs industrielles et l'autre composé de valeurs du chemin de fer. Il a énoncé les principales règles qui constituent les fondements théoriques de l'analyse graphique.

1.2.1 L'analyse graphique classique

La naissance de l'analyse graphique aux États-Unis, à la fin du siècle dernier, nous est plus familière.
Charles Dow, dont le nom est resté dans l'histoire, associé à des indices, est en fait le père de cette discipline.

Au fil des articles parus dans le *Wall Street Journal*, il a développé l'idée selon laquelle l'information dans les marchés passe de quelques privilégiés au grand public selon un déroulement psychologique toujours identique. Cette affirmation a des conséquences très importantes. En effet, elle implique que les cours suivent des tendances ou des mouvements bien déterminés. C'est cette constatation essentielle qui est à la base de l'analyse technique. En effet, si les situations se répètent et qu'il est possible de les identifier, alors il devient possible, aussi, d'anticiper les cours.
À ce sujet, il est d'ailleurs intéressant de noter que la prévision ne constituait pas l'objectif originel de C. Dow.
En fait, le but premier poursuivi par ce dernier était de construire un baromètre de l'économie américaine. C'est la raison pour laquelle il avait créé deux indices qui sont restés célèbres : l'« Industrial Average » composé à l'époque de 12 valeurs équipondérées et le « Rail Average » composé de 20 titres représentant des compagnies de chemins de fer. Pour qu'une tendance véritable se dégageât, il fallait que ces deux indices soient orientés dans le même sens.
Outre l'importance des indices et de la moyenne, Charles Dow a également été le premier à mettre l'accent sur les volumes qui sont une composante à part entière d'un mouvement psycholo-

gique et doivent donc être étudiés en association avec les variations de cours.
L'analyse technique, dite traditionnelle, ou encore appelée graphique, découle directement des principes énoncés à cette période.
Elle s'est, bien sûr, enrichie par la suite de toutes les expériences des praticiens. Un observateur averti des marchés peut toujours reconnaître une configuration des cours récurrente qui soit l'expression d'un mécanisme psychologique particulier. Les découvertes peuvent être aussi nombreuses que les facettes du comportement humain.
Autant que les écrits, la « tradition orale » est importante et on ne sait pas toujours précisément à qui attribuer telle ou telle configuration car elle s'est transmise et fiabilisée d'opérateur de marché à opérateur de marché. C'est ce caractère empirique qui en fait sa richesse ou son approximation selon la crédibilité qu'on lui accorde.

Si, à partir de C. Dow, les principes fondateurs de l'analyse technique étaient déjà tous réunis, les premiers outils visuels constituant l'analyse graphique sont, quant à eux, marqués du sceau de l'objectif initial, à savoir déterminer précisément l'état de santé de l'économie américaine. Ils cherchent donc plus à déceler la tendance existante qu'à véritablement anticiper les retournements de cours.
Prévoir toujours plus loin de façon à gagner du temps et de l'argent, c'est le moteur qui ne cessera d'animer la suite de l'histoire de l'analyse technique.

1.2.2 L'analyse graphique philosophique

Si Dow est parvenu à ces principes par pragmatisme, c'est-à-dire après de longues études concrètes sur des historiques, c'est plutôt la démarche inverse qui a guidé une autre figure emblématique du monde de l'analyse technique : N.R. Elliott. Tous deux partagent, en tous les cas, un principe fondateur : celui de l'évolution cyclique des valeurs, et donc, la possibilité de prédire l'avenir. Par contre, Elliott est avant tout un théoricien et son ambition est grande : il cherche à décrire le fonctionnement de

l'univers comme en témoigne le titre de son livre paru en 1946 « les lois de la nature – le secret de l'univers ». Les cours de bourse ne sont qu'une illustration de ce vaste mouvement et ils fluctuent tels les vagues de l'océan (5 vagues dans le sens de la tendance puis 3 vagues correctives dans le sens inverse, 5 et 3 sont des chiffres clés faisant référence à la fameuse suite du mathématicien italien Fibonacci). Dans les années 30, ses écrits jugés obscurs n'ont pas suscité d'engouement particulier chez les boursiers. C'est Robert Prechter qui, en 1978, au travers de son livre « Elliott Wave Principle » a remis au goût du jour l'œuvre d'Elliott en montrant l'application extraordinaire qu'on pouvait en faire en bourse.
L'autre point très intéressant mis en lumière par Elliott, et qui donne un peu le vertige, réside dans la décomposition de chaque vague en sous vagues pouvant elles-mêmes être décomposées en sous vagues et ainsi de suite à l'infini. Cette mise en perspective ouvre de grandes possibilités notamment à l'analyste intra-day puisque les mêmes phénomènes se reproduisent pour chaque unité de temps très courte ou très longue. On ne peut s'empêcher de penser, à ce sujet, aux recherches sur l'univers fractal. Quel que soit l'horizon de temps sur lequel on travaille, il sera possible d'identifier les tendances, et donc d'utiliser les mêmes outils. Concrètement, le repérage de la durée et du point de départ du cycle initial est plus facile à faire *a posteriori*, qu'*a priori*.
Malgré l'intérêt intellectuel certain que cette théorie suscite, sa difficulté à être mise en pratique la condamne à une diffusion restreinte. Cette discrétion est largement compensée par la ferveur de ses adeptes.

Il est souvent fait référence à ce nouveau courant de l'analyse graphique sous le label d'analyse technique philosophique.

1.2.3 L'analyse graphique moderne

Avec W. Wilder, et son livre *New concepts in Technical Trading Systems* écrit en 1978, commence l'ère de l'analyse technique dite moderne. Son arrivée coïncide avec la vulgarisation des micro-ordinateurs et la possibilité d'obtenir immédiatement le résultat de très longs calculs. Les historiques de cours sont alors triturés mathématiquement et statistiquement dans tous les sens. Les principes théoriques restent les mêmes, mais le boursier dispose de nouveaux outils ou indicateurs pour compléter son analyse. Mais que l'on ne s'y méprenne pas ! Si les résultats des indicateurs sont, par essence, objectifs, la méthode n'en est pas pour autant infaillible car la partie laissée à l'interprétation est toujours aussi importante. En effet, si un cours statistiquement se trouve dans ses plus hauts historiques, que faut-il en déduire ? Qu'il va fatalement redescendre un jour ou l'autre ou que c'est le début du rallye du siècle ? L'indicateur vous avertit simplement de cette situation, dite de surachat. C'est une information précieuse mais insuffisante pour prendre une décision. Il faudra la combiner avec d'autres éléments d'analyse.

L'avènement de l'analyse technique moderne ne relègue pas l'analyse graphique traditionnelle. Elles se complètent. En revanche, la recherche va porter sur la façon d'anticiper des retournements de tendance pour pallier le défaut inhérent aux premiers outils à savoir un signal donné en retard. On va traquer ce qui, dans une tendance, représente les premiers signes d'essoufflement, et donc, un renversement potentiel de celle-ci. C'est la vitesse, voire l'accélération du mouvement, qui va être analysée en priorité.
Cette recherche des signaux anticipés ne se fait pas sans contrepartie. En effet, à guetter le moindre signe de faiblesse, la moindre divergence entre l'évolution d'un cours et sa vitesse, on rencontre beaucoup plus de faux signaux. Rappelons-nous que C. Dow disait qu'une tendance est réputée toujours valable jusqu'à preuve du contraire et qu'elle ne se renverse jamais brutalement.
L'analyste sera souvent confronté à ce dilemme récurrent : ou bien utiliser des signaux avant-coureurs au risque de générer de faux signaux, ou bien utiliser des indicateurs plus fiables mais donnant des alarmes tardives. Seule une bonne conscience de son profil d'investisseur (spéculatif, prudent long terme) devra dicter ses choix.

À partir de là, les indicateurs de toutes sortes ont fleuri, chaque praticien, ou presque, inventant le sien. Les plus célèbres ont

laissé leur nom attaché à ces formules. Pour s'y retrouver et distinguer l'essentiel de l'anecdotique, il est bon de savoir ce que l'indicateur mesure précisément. Cette démarche permet, d'une part, de reconnaître à quelle grande famille il appartient, et d'autre part, d'avoir une interprétation pertinente de ses résultats. À partir de là, il n'est nullement besoin de travailler avec une kyrielle d'indicateurs. Il est préférable d'en choisir trois ou quatre représentatifs de chaque catégorie, puis d'optimiser leurs paramètres de façon à prendre en compte le cycle de la valeur et la stratégie d'investissement retenue.
L'analyste ne devra surtout pas avoir l'obsession de retrouver la formule exacte de tel ou tel auteur. Tout simplement parce que la formule exacte n'existe pas. Si l'investisseur veut progresser en analyse technique, il ne doit pas avoir de respect "stérile" pour les indicateurs existants. Je veux dire par là, que beaucoup d'indicateurs présentent des aspects anecdotiques : la période de calcul en nombre de jours correspond à une observation faite sur le marché de Chicago, le calcul est fait sur le dernier cours tout simplement parce qu'à l'époque il n'y avait pas d'enregistrement des premiers cours, la moyenne mobile a été choisie exponentielle parce que graphiquement, elle est plus facile à dessiner qu'une autre moyenne mobile, etc. L'investisseur ne doit pas rester prisonnier de ces contraintes, il ne doit pas avoir peur d'explorer, d'innover, de remplacer des éléments de calcul par d'autres plus cohérents, de construire ses propres formules. L'usage de l'informatique permet justement ces recherches.

II – QUE NOUS DIT L'ANALYSE GRAPHIQUE ?

2.1 Les comportements psychologiques influencent de façon déterminante les cours

Les variations des cours reflètent les attitudes psychologiques des acteurs du marché : l'imitation, le remords, la panique, le refus de perdre la face, la difficulté à admettre qu'on s'est trompé, etc.

L'analyse technique part d'une constatation évidente pour quiconque a déjà investi en bourse. Les acteurs étant des hommes et des femmes, les facteurs psychologiques jouent un rôle prépondérant dans la formation des cours. En effet, les particuliers réagissent de la même manière ; par exemple, en cas de montée des cours (ça monte : je dois profiter du rallye puis c'est trop cher, ça va redescendre) ou de baisse (j'attends : ça va bien remonter puis ça ne se relèvera jamais, je vends).
Ces comportements se retrouvent sous forme graphique dans des configurations spécifiques

Mais de façon encore plus générale, c'est l'ambiance d'optimisme ou de pessimisme régnante qui est déterminante. Ainsi une nouvelle alarmiste qui s'inscrit dans une période d'euphorie aura, certes, un effet correctif passager, mais elle ne cassera pas la tendance haussière (voir par exemple la crise financière asiatique en février 1998). Par contre, une mauvaise nouvelle apparemment moins grave peut amorcer une phase de récession profonde. Pourquoi ? parce que tout simplement le marché est mûr pour un retournement de tendance et qu'il n'attend qu'un événement mineur qui sert de prétexte pour exprimer sa tendance profonde, à savoir le pessimisme. Le néophyte est souvent surpris par ces mouvements du marché qui ne semblent obéir à aucune rationalité. Au-delà du caractère superficiel des nouvelles (de l'écume des vagues), l'analyste s'attachera à identifier la tendance profonde qui anime le marché. Certains techniciens, appelés contrariens, vont même jusqu'à penser que cette tendance profonde est exactement inverse de l'apparente. Si tout le monde s'attend à un krach, un rallye s'annonce. À l'inverse, si le discours public est à l'euphorie, une dépression est à l'horizon. De nombreux exemples pourraient illustrer cette thèse (prenons-en pour preuve le climat régnant avant le rallye de janvier 1998 où le discours commun était de considérer que les cours étaient trop hauts et qu'une correction était imminente). Dans tous les cas, il peut être intéressant de connaître l'état d'esprit des investisseurs. Les États-Unis abondent en sondages dans ce domaine qui constituent autant de baromètres d'opinion des milieux d'affaires.

L'analyse technique considère donc que l'aspect psychologique a un rôle premier dans la formation des cours. Ce ne sont pas les informations de quelque nature qu'elles soient qui influencent directement les cours, mais bien la façon dont les investisseurs les perçoivent qui est déterminante.

Ceci est l'axiome fondateur de l'analyse technique.

2.2 L'étude des historiques de valeurs est cruciale

Comme les moteurs psychologiques sont relativement stables dans le temps, ils induisent des figures, des configurations qui se retrouvent régulièrement dans les cours. L'étude du passé nous aide donc à prévoir l'avenir.

La psychologie, comme chacun sait, n'est pas une science exacte. Même si tous les comportements ne sont pas recensés et parfaitement décrits, certaines règles peuvent néanmoins être dégagées. C'est ainsi que le chartiste va déceler dans les courbes des valeurs, des configurations typiques de telle ou telle attitude (imitation, remords, panique, entêtement,...). Une fois reconnues, elles l'aideront à prévoir l'évolution du titre.

Les comportements psychologiques ont en outre une caractéristique extrêmement intéressante : ils sont stables dans le temps. En scrutant le passé, l'analyste technique va donc pouvoir les observer à loisir et en tirer le maximum d'enseignements. D'autre part, pour le chartiste, tout est contenu dans les cours puisque les éléments macro-économiques ou fondamentaux sont déjà reflétés dans les cotations.

Aussi, l'historique des cours va prendre une importance capitale. C'est la matière première à observer, à travailler, à faire parler.

L'observation visuelle, relayée ensuite par des outils statistiques et mathématiques, va dégager les montées et les descentes successives des tendances et les retournements de tendance. Elle va mesurer, à partir des chroniques de cotations, la force du mouvement qui anime le marché, et déceler ses ralentissements ou ses accélérations.

Toutes les figures ou tous les indicateurs construits sur l'historique des cours ont pour but d'anticiper l'évolution des cours et d'aider l'investisseur à bien se positionner.

2.3 L'évolution des valeurs est cyclique

Les valeurs suivent des tendances haussières ou baissières. Une tendance peut être schématiquement décomposée en trois phases : phase d'accumulation, phase d'imitation et phase de distribution.

Pour l'analyste technique, les cours n'évoluent pas au hasard, bien que l'on sache maintenant, que le hasard lui-même obéit à des lois. Sous l'impulsion de courants alternés d'optimisme et de pessimisme, ils suivent des tendances haussières ou baissières, selon un certain rythme : c'est ce qu'on appelle des cycles.

Une tendance haussière est caractérisée par une succession de plus hauts, c'est-à-dire que la nouvelle hausse monte toujours plus haut que la précédente. À l'inverse, une tendance baissière est caractérisée par une succession de plus bas, c'est-à-dire que la nouvelle baisse descend toujours plus bas que la précédente. Pour C. Dow, une tendance est réputée en vigueur jusqu'à preuve du contraire. Il faut que la ligne soutenant les plus hauts ou les plus bas soit effectivement cassée pour qu'il y ait retournement de tendance.

Charles Dow décompose une tendance haussière en trois phases : la première phase, dite d'accumulation, est caractérisée par une prise de position chez un petit nombre d'initiés qui ramassent le titre. Les forces d'achat deviennent alors supérieures aux forces de vente mais le volume de transactions n'est pas énorme. Par contre, la puissance du mouvement est grande. La phase suivante, dite phase d'imitation, connaît une grande médiatisation ; l'intérêt pour la valeur devient public ; un grand nombre d'investisseurs décident de suivre la tendance ; les volumes augmentent ; la volatilité diminue, le marché étant très consensuel. Suit ensuite la phase de distribution au cours de laquelle les retardataires se joignent au mouvement, mais l'essoufflement se fait sentir ; les premiers investisseurs prennent leurs bénéfices ; les volumes fléchissent ; la volatilité s'accroît ; la force du mouvement s'affaiblit. Le retournement est proche.

Soulignons l'importance des volumes qui accompagnent les différentes phases (et mis en lumière pour la première fois.)

C. Dow a insisté également sur le fait qu'une tendance, pour être confirmée, devait être observée simultanément sur deux vecteurs ; en l'occurrence, les deux indices qu'il avait construits.

Elliott, pour qui les cycles avaient une importance capitale, n'a pas remis en question la description faite par son prédécesseur : il l'a complétée et enrichie. Pour lui, les valeurs progressent en cinq vagues successives et refluent ensuite en trois vagues, pour repartir après, toujours selon la même configuration. Mais à y regarder de près, chaque vague haussière se décompose elle-même en cinq vagues montantes et trois vagues descendantes (et ainsi de suite). Le décompte peut devenir vite fastidieux, mais on comprend que dans n'importe quelle unité de temps (l'heure, la journée, la semaine, le mois, l'année), on pourra retrouver ce mouvement.

L'existence de tendances est un credo de l'analyste technique. Ses outils, en traçant des droites de soutien et de résistance , en mesurant la volatilité, en scrutant les volumes vont l'aider à détecter à quelle étape du cycle, la valeur se situe de façon à prévoir sa dynamique.

III – COMMENT SE SITUE L'ANALYSE GRAPHIQUE PAR RAPPORT AUX AUTRES MÉTHODES DE PRÉVISION DES COURS ?

3.1 Ce sont les perspectives d'évolution de la société qui sont fondamentales

Pour les fondamentalistes, les cours sont d'abord dirigés par la valeur intrinsèque du titre, à savoir la perspective de bénéfices futurs et la santé financière de l'entreprise. L'analyse technique pense que ces éléments sont déjà intégrés dans le cours et n'ont donc aucune valeur prédictive.

Le conflit qui a opposé les tenants de l'analyse graphique et de l'analyse fondamentale est, nous semble-t-il, un peu dépassé. Certes, ces deux approches partent de points de départ très différents. Le fondamentaliste s'attache à connaître l'environnement économique et financier de l'entreprise, et à extrapoler sur les résultats, particulièrement sur les dividendes futurs. L'analyse des bilans et des comptes de la société lui permet de savoir semestriellement, ou annuellement, si l'entreprise est saine financièrement, si des gains de productivité ont été réalisés, si la progression du chiffre d'affaires est conforme aux prévisions. En comparant les entreprises entre elles, et en faisant notamment le rapport entre la valeur du cours de l'action et les bénéfices distribués, l'analyste est en mesure d'apprécier si la société est sur, ou sous cotée.
Mais des informations macro-économiques ou fondamentales en temps réel viennent à chaque instant modifier potentiellement cet environnement (par exemple, le cours du dollar pour des entreprises exportatrices, etc.). Les conséquences pour les entreprises concernées sont immédiatement intégrées dans les cours. D'autre part, l'accès à ces informations est inégal pour des raisons de coût et de temps.

En caricaturant, on peut dire que le fondamentaliste s'intéresse aux causes, aux moteurs qui pourraient expliquer l'évolution du cours sans s'occuper de son histoire alors que les chartistes s'attachent uniquement à la dynamique intrinsèque des courbes, arguant du fait que toute l'information relative à la société est déjà contenue dans les cotations.

Sans polémiquer, il est facile de convenir qu'il est de toute manière souhaitable de se positionner sur une valeur qui offre de bonnes perspectives d'avenir, qui est dans un secteur porteur et de plus, bien gérée. Par contre, une fois cette détection faite, l'analyse fondamentale ne dit rien sur le moment précis où il faut l'acheter. Il se peut que la valeur soit fondamentalement bonne mais, seulement de façon très conjoncturelle, qu'elle soit dans un cycle baissier. C'est là que l'analyse technique intervient comme outil de timing pour optimiser les achats et les ventes.

En résumé, une méthode efficace conciliant les deux approches consiste à sélectionner, dans un premier temps, les titres selon leur potentiel fondamental, et ensuite à utiliser l'analyse technique pour trouver le bon moment et le bon prix. Pour réaliser l'opération, il est également conseillé de continuer à suivre les valeurs de son portefeuille graphiquement de façon à pouvoir réagir rapidement en cas de sous performance.

■ *Conseil d'utilisation :*
L'analyse graphique s'appliquera mieux à des titres très liquides qu'à des valeurs qui font l'objet de peu d'échanges, tout simplement parce que les facteurs psychologiques jouent à plein sur les masses. À ce titre, les indices tels que le CAC40 représentent de parfaits champs d'application pour l'analyse technique.

3.2 Aucune prévision n'est possible : le marché est le règne du chaos

Ce n'est pas parce qu'on n'est pas en mesure de décrire un modèle complexe qu'il faut en déduire que le marché ne va nulle part. L'étude du passé montre qu'il existe des cycles à court terme, moyen terme et long terme qui se superposent. Le court terme reste cependant plus facile à prévoir.

Essayer de prévoir les cours est un exercice difficile, peut-on pour autant dire que c'est un exercice vain ?

Les investisseurs ont souvent été troublés par les résultats d'une expérience aux États-Unis où les valeurs choisies complètement au hasard, par un lancer de flèches, faisaient, sur une longue période, les mêmes performances que celles sélectionnées soigneusement par un fonds d'investissement.

Il est vrai qu'aucun modèle économique ne s'est avéré, jusqu'à présent, satisfaisant pour décrire complètement les cycles économiques. Si l'on se réfère, par exemple, aux fameuses études de Kondratieff, on retient que les investissements des entreprises entraînent une croissance économique qui tire tous les vecteurs dans le bon sens, puis, de saine, cette croissance s'emballe, tourne en surchauffe avec une accélération des prix et du taux de l'argent. La surcapacité conduit à son tour à une dépression avec ralentissement complet des investissements, chute des prix et des taux d'intérêt ; l'assainissement qui en découle permet à nouveau à la machine économique de repartir et ainsi de suite.

Ce descriptif ne rend malheureusement pas complètement compte de la réalité, comme les dernières décennies où la « déflation » a prévalu, ont pu le montrer. En fait, le système économique est extrêmement complexe à décrire, d'une part parce qu'il est influencé par de nombreux facteurs (plusieurs dimensions), d'autre part il n'évolue pas de façon linéaire c'est-à-dire que certains facteurs combinés entre eux, soit freinent le système dans son ensemble, soit au contraire l'emballent ce qui rend les prévisions d'autant plus difficiles.

En admettant même qu'on arrive parfaitement à dégager des cycles, le problème qui se pose est qu'on n'a pas affaire à un seul type de cycles. À l'intérieur d'un cycle long terme est contenu un cycle moyen terme qui lui même contient un cycle plus court terme, etc., comme l'a d'ailleurs très bien décrit Elliott. Or, ces nombreux cycles ne se superposent pas parfaitement, c'est-à-dire qu'ils n'ont pas exactement le même point de départ, ce qui entraîne un grand désordre et une difficulté d'analyse accrue.

Toutes ces données, transcrites sur le plan mathématique, montrent qu'à la limite, c'est-à-dire sur le long terme, il existe peu de différences entre un système complètement livré au hasard et ce

type de système (voir pour plus de détails sur ce sujet le livre *La psychologie des marchés financiers* de Lars Tvede).
Par contre, plus l'horizon de temps se rapproche et plus la faculté de prévoir s'améliore.

■ *Conseil d'utilisation :*
L'analyste aura intérêt à se concentrer sur des périodes de temps courtes, par exemple inférieures à trois ans.

3.3 Le marché est efficient et intègre, à tout moment, toutes les informations

Il ne faut pas aller chercher bien loin pour se rendre compte que les investisseurs sont inégaux devant l'accès à l'information (coûts et temps d'accès). Par conséquent, le schéma selon lequel une poignée de gens bien informés lancent une tendance qui est bientôt suivie par les professionnels, puis par le grand public, schéma développé au début du siècle, est encore tout à fait efficient.

C'est un conflit virulent qui a opposé les micro-économistes et les adeptes de l'analyse technique.

Pour les théoriciens de l'économie de marché, la cotation d'une valeur, qui est le résultat de la confrontation de l'offre et de la demande, intègre à tout moment l'ensemble des informations relatives à ce titre. La conséquence de cette assertion est la même que précédemment, à savoir qu'aucune prévision des cours n'est possible et que leur évolution suit les lois du hasard.

Il est pourtant assez aisé de démontrer que la diffusion des informations boursières n'est pas transparente et que la réalité n'a pas la perfection théorique imaginée. En effet, il existe toujours un premier cercle d'« initiés » proches de la valeur qui bénéficient d'informations privilégiées, ou plus souvent, qui savent interpréter plus astucieusement et plus rapidement des informations d'ordre général grâce à une connaissance approfondie de la

société. Ensuite, les observateurs avertis du marché se rendent compte d'un mouvement inhabituel sur le titre, et par une attitude d'imitation, suivent le début de la tendance. La montée devient, dans un troisième temps, publique ; on lui trouve des raisons objectives et le grand public arrive sur la valeur, etc. Ce mécanisme, précisément décrit à son époque par Charles Dow, est toujours d'actualité.
D'autre part, on peut noter l'utilisation d'outils communs tels que les coefficients alpha et bêta mesurant la volatilité d'un cours.

3.4 Trop d'analyse technique tue l'analyse technique

Si tout le monde avait la même analyse du marché, il n'y aurait plus de marché. La probabilité d'arriver à une telle situation est nulle. Tout d'abord parce qu'il existe plusieurs types d'investisseurs et même avec la seule analyse technique, les conclusions auxquelles ils arriveraient seraient différentes. Au contraire, plus un nombre important d'investisseurs ont les yeux rivés sur les droites de tendance et plus leur influence a des chances de s'accroître.

La crainte de certains investisseurs est de voir se répandre trop largement l'analyse technique. Ils se disent que si tout le monde a les moyens de repérer les bonnes valeurs, et donc de prendre en même temps les mêmes positions, il n'y aurait alors plus de marché.

Premier élément : l'analyse technique est loin d'être utilisée par tous les investisseurs, et à juste titre d'ailleurs, ne sera jamais le seul critère de décision de tous les investisseurs. Rappelons à ce sujet que les pays anglo-saxons qui travaillent bien plus que nous avec l'analyse technique n'enregistrent pas de problème de fonctionnement. La France a, dans ce domaine, un long chemin à parcourir avant d'avoir trop d'adeptes de cette discipline.

Deuxième élément : en admettant même que ce soit le cas, il n'y aurait pas, pour autant, de convergence, car n'oublions pas qu'il s'agit d'un art, et non pas d'une science exacte, et qu'au vu des mêmes éléments, les conclusions des différents acteurs ne seront jamais exactement les mêmes.

Troisième élément : il faut aussi prendre en compte le fait que tous les investisseurs ne suivent pas la même stratégie et ne travaillent pas sur le même horizon de temps. Certains spéculateurs peuvent vouloir profiter d'une correction court terme alors que d'autres, plus pères de famille, ne regarderont que la tendance haussière long terme dans laquelle s'inscrit leur valeur.

Bien au contraire, le fait que des investisseurs de plus en plus nombreux s'intéressent aux techniques de l'analyse graphique renforce sa fiabilité. En effet, si un nombre important d'intervenants remarque le croisement de moyennes mobiles et se porte sur un titre, sa hausse n'en sera que plus forte et vice versa.

Conclusion

L'analyse graphique n'est peut-être pas l'outil qui donne une satisfaction intellectuelle parfaite, mais compte tenu de l'impasse dans laquelle se situent, pour le moment, les modèles économiques qui n'arrivent pas à rendre compte du réel, et donc, qui échouent à prévoir, cette approche pragmatique a le grand mérite de proposer une aide concrète à l'investisseur. Si ses ambitions théoriques sont moins grandes que d'autres approches, elles n'en sont pas moins couronnées de succès. Pourtant on comprendra aisément de ce qui précède, que ces fondements ont rencontré moins d'échos au pays de Descartes, qu'en terre anglo-saxonne. L'analyse graphique n'est pas une science exacte, c'est un art. C'est la raison pour laquelle il n'existe pas de martingale. Chaque investisseur doit, à partir des outils qui lui sont proposés, faire son apprentissage et développer sa propre méthode sur la route de la fortune.

Chapitre 2

PRATIQUE DE L'ANALYSE GRAPHIQUE

I – D'ABORD VISUALISER LES GRAPHES DES TITRES

1.1 Les différentes représentations des cours

Forme : simple courbe, bar-charts, bougies japonaises, points et figures.
Unité de temps : tic, minute, heure, jour, semaine, mois, année.
Échelle : linéaire, logarithmique.

Comme nous venons de le voir, visualiser l'historique des cours est pour le chartiste absolument crucial. Il dispose pour cela de quatre représentations graphiques héritées du passé de l'analyse technique : les courbes simples ou continues, les bar-charts, les bougies japonaises et les points et figures.
Ce qui les différencie, c'est le nombre et la façon de présenter les quatre informations clés d'une cotation à l'intérieur d'une unité de temps à savoir : le premier cours, le dernier cours, le cours le plus haut et le cours le plus bas.

1.1.1 Les courbes continues

Très simple à lire, c'est aussi la représentation la plus élémentaire et la plus pauvre en informations : elle consiste à joindre les cours observés à intervalle régulier.

Ainsi, une courbe d'évolution quotidienne peut être tracée selon le premier cours côté de chaque journée, ou bien d'après le dernier cours ou encore, suivant le cours moyen du jour.
Lorsqu'on désire étudier un graphe sur une période plus longue, la courbe continue tracée prend en compte les valeurs observées sur un intervalle de temps plus large (dernier jour de la semaine, du mois, etc.).

Graphique 1. **Courbe continue**

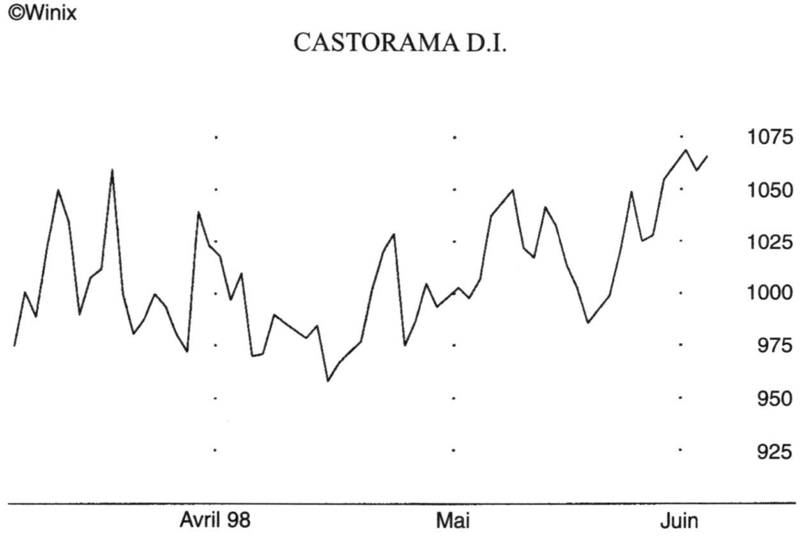

Cette représentation très pure est la plus pratique pour mettre en évidence les figures chartistes formées par les fluctuations de cours.

1.1.2 Les bar-charts

Les graphiques en bâtonnets anglo-saxons prennent en compte, au lieu d'une information, les quatre informations de la cotation (le premier cours, le plus bas cours, le plus haut cours et le dernier cours de la séance) de la manière suivante :

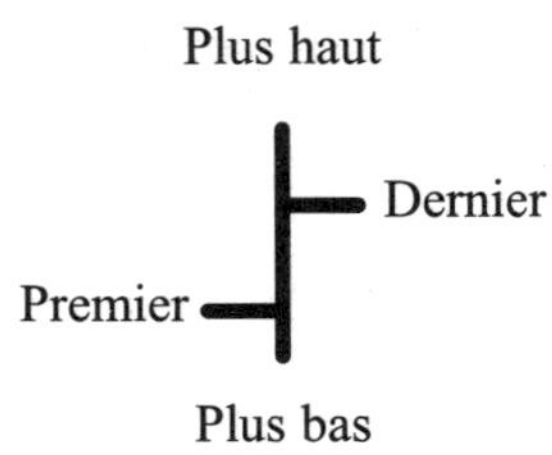

En regardant attentivement la représentation d'un titre en bar-charts comme ci-dessous, on notera que les plus hauts et les plus bas de la séance sont davantage mis en valeur par rapport aux cours d'ouverture et de clôture, ce qui est représentatif de l'importance relative de ces informations aux yeux de l'analyste occidental.

Graphique 2. **Les bar-charts**

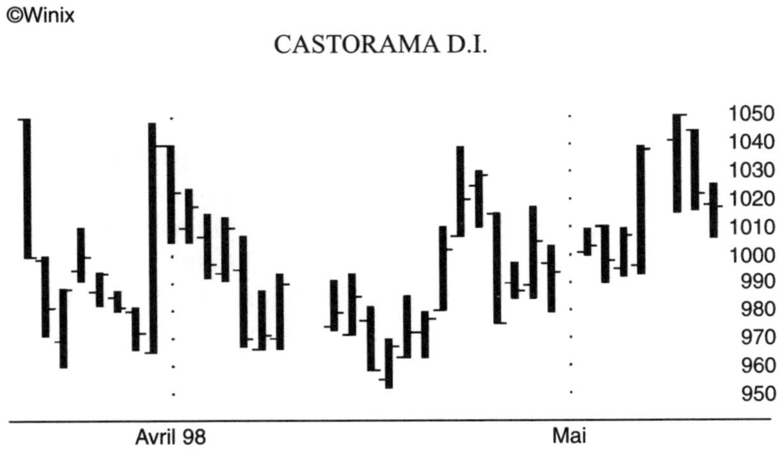

Les bar-charts permettent de bien mettre en évidence la volatilité quotidienne d'un cours notamment par rapport au tracé continu. En effet, un cours peut très bien varier avec une amplitude de

5 % dans une journée sans que l'évolution du cours de clôture par rapport à celui de la veille soit significative.
Le bar-chart rend compte plus complètement de ce qui s'est passé dans la journée.

À partir de ces informations, il est donc possible de faire une première analyse de la séance de bourse.

Cours d'ouverture/cours de clôture

Le premier élément de réflexion est l'ampleur de la différence entre le premier et le dernier cours côté. Il est évident que plus l'écart est important, plus son impact psychologique est fort sur les marchés. Les grandes amplitudes attireront donc naturellement l'attention de l'analyste, mais il sera bon d'y associer une étude sur les volumes qui jouent un rôle très important dans la détection des signaux d'achat ou de vente.

Cours extrêmes

Ceux-ci reflètent la volatilité d'une valeur sur une durée très courte, puisqu'il s'agit d'une représentation quotidienne de la variation des cours.
Ainsi, un marché très volatil est caractérisé par un intervalle [plus bas ; plus haut] anormalement large. Pour autant, cela ne signifie pas que le marché soit plus haussier que baissier. En effet, les opérateurs peuvent être tendus dans l'attente d'informations financières, ce qui va provoquer des aller retours rapides avec des amplitudes souvent importantes ; en fin de séance, le marché est susceptible d'être au même niveau qu'à l'ouverture, alors qu'il aura été tantôt positif, tantôt négatif pendant la journée (il est intéressant de noter, à ce sujet, qu'il est fréquent d'assister à un retournement de tendance sur les marchés européens, lorsque la cloche retentit, pour l'ouverture, à Wall Street).

Graphique 3. **La volatilité des cours**

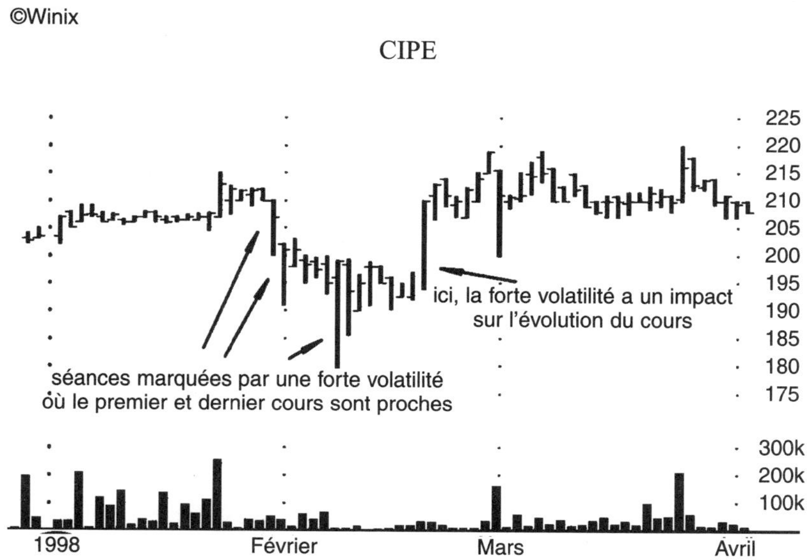

Sur le graphe de CIPE, on voit que certaines journées très volatiles se sont soldées par une différence entre le cours de clôture et le cours d'ouverture assez faible et d'autres par un écart très grand. Le premier cas caractérise un marché incertain qui n'est pas orienté dans une direction précise, alors que le deuxième cas peut se produire lorsque le marché est fortement orienté (à la hausse comme à la baisse). Des analyses complémentaires sont bien évidemment nécessaires pour confirmer cette assertion.

1.1.3 Les bougies japonaises

Par rapport aux bar-charts, cette représentation met l'accent sur les cours d'ouverture et de clôture, plutôt que sur les plus hauts et les plus bas d'une séance ; même si dans les deux cas de figures, toutes ces informations sont représentées.
En effet, pour les Japonais, ces deux cours sont les plus chargés d'émotions pour les opérateurs boursiers donc les plus signifiants psychologiquement.

De plus, les chandeliers intègrent une information complémentaire, c'est le sens de la tendance journalière.

Comme nous l'avons vu précédemment ; l'intérêt principal des *candlesticks* réside dans l'ancienneté de leur méthodologie (17e siècle).
On retrouve dans cette analyse des éléments de la philosophie asiatique : le Yin et le Yang.
Le Yin, symbole de l'énergie négative, caractérise un marché, ou une valeur, dont le cours de clôture de la séance est inférieur au premier cours coté.
Le Yang, symbole de l'énergie positive, est caractéristique d'une journée où le cours de clôture est supérieur au cours d'ouverture.

À chaque journée de cotation correspond un chandelier.
■ La partie rectangulaire de celui-ci est appelé **le corps**. Le premier et dernier cours côté de la séance constituent les extrémités de cette partie de la bougie.
■ La ligne verticale au-dessus du corps s'appelle **l'ombre supérieure**. Le sommet de cette ligne représente le plus haut cours atteint en cours de séance.
■ La ligne verticale en dessous du corps s'appelle **l'ombre inférieure**. Le bas de cette ligne correspond au plus bas cours atteint en séance.

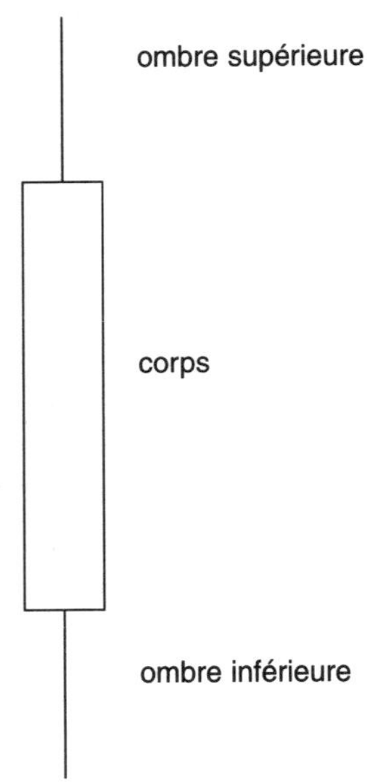

Les chandeliers japonais donnent, d'un seul coup d'œil, le climat psychologique des échanges :
■ Si le bilan d'une séance est **positif**, le corps du chandelier est **blanc**
■ Si le bilan d'une séance est **négatif**, le corps du chandelier est **noir**

■ Si le cours d'ouverture est égal au cours le plus haut ou le plus bas, et que le cours de clôture est égal au cours le plus haut ou le plus bas, la bougie n'a pas d'ombre supérieure, ni d'ombre inférieure.

Graphique 4. **Les bougies japonaises**

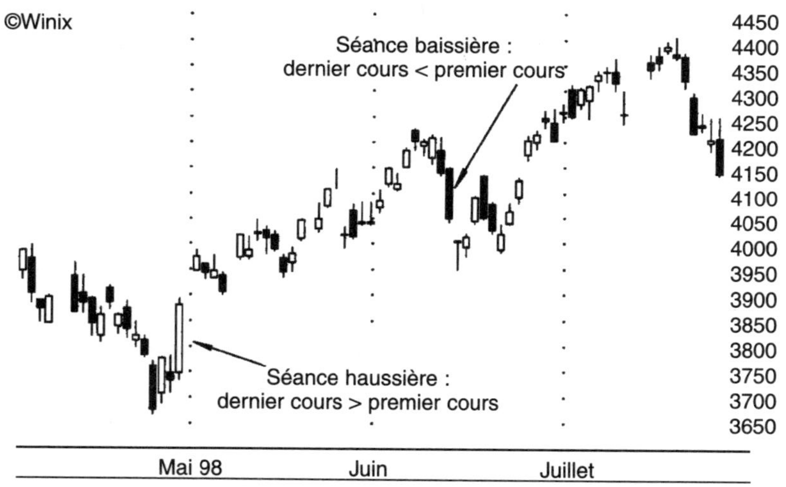

À l'opposé des configurations graphiques occidentales qui se forment sur des périodes de plusieurs jours, voire plusieurs semaines, les figures en chandeliers se dessinent sur un maximum de quatre jours : elles reflètent des tendances court terme.

1.1.4 Les points et figures

La représentation des cours en points et figures est une des premières représentations occidentales. À la fin du XIXe siècle ; les cotations de cours sur les marchés de matières premières étaient souvent schématisées selon cette méthode.

L'intérêt de cette construction singulière mais efficace ne s'est pas démenti au cours du temps.
Sa vraie originalité réside dans le fait qu'elle n'a pas d'axe de temps.

Les spécificités de l'analyse points et figures par rapport aux autres techniques de représentation vues précédemment sont les suivantes :

- le graphe ne prend pas en compte la dimension temporelle de l'évolution des cours,

- les cotations en francs ou en pourcentage sont étudiées par *plages*, ce qui atténue les effets des fluctuations mineures,

- les techniques de trading peuvent s'appliquer très facilement à ce modèle, et ce, de façon explicite.

Voyons concrètement comment se construit un graphe :

Les axes du graphe

L'axe des ordonnées représente une variation de cours exprimée en francs ou en pourcentage.
Cet axe a la particularité d'évoluer par « boîtes » (*box* en anglais). La boîte est également appelée « le pas », et mesure l'échelle d'évolution du cours. Elle peut s'exprimer en unités monétaires (50 Francs, par exemple) ou bien en pourcentage (1 %, par exemple).
Le choix du pas influence naturellement la taille de l'axe des ordonnées puisque, plus le pas est faible, plus cet axe doit être grand afin de pouvoir dessiner le graphe d'une valeur dont la volatilité est importante.

L'axe des abscisses contrairement à toutes les autres représentations graphiques ne traduit pas le temps, mais les retournements de tendance au fil des cotations (passage de la hausse à la baisse et de la baisse à la hausse). À chaque retournement, on se déplace horizontalement vers la droite. Néanmoins pour qu'il y ait retournement effectif de tendance, il faut que le seuil de retournement soit atteint.

Le seuil de retournement

Le seuil de retournement correspond au nombre de pas exprimés en francs ou en pourcentage nécessaires à la prise en compte du changement de tendance d'une valeur.
Il permet d'éliminer les fluctuations mineures des cours, et de retenir uniquement les variations significatives.
Le seuil de retournement peut être 2, 3 ou 4 pas (voire plus).

La construction du graphique

Les colonnes sont remplies respectivement par deux signes distincts :

- la croix X, symbole des hausses, apparaît dans les colonnes haussières
- le cercle O, indiquant à l'inverse les baisses, apparaît donc dans les colonnes baissières

Afin de mieux comprendre le raisonnement qui conduit à la construction du graphique en points et figures, étudions l'exemple suivant :

Soit l'action XYZ cotant 1000 F :
1. le pas est fixé à 10 F
2. le seuil de retournement choisi est de 3 pas (le retournement sera pris en compte sur le graphique, à partir d'une variation du cours de 30 F à la hausse, comme à la baisse).

Prenons la chronique de cotations suivante :
1000, 1008, 1035, 1042, 1025, 982, 968, 982, 1007, 1036, 1072, 1034, 1028.

On obtient la grille ci après :

1090						
1080						
1070			X			
1060			X			
1050			X			
1040	X		X			
1030	X		X	O		
1020	X	O	X	O		
1010	X	O	X			
1000	°	O	X			
990		O	X			
980		O	X			
970		O				
960		O				

1re colonne - il faut attendre la 3e journée de cotation où le cours atteint 1035 (+35>+30) pour inscrire les trois premières croix qui marquent la hausse de 3 pas.

2e colonne - bien que le cours baisse lors de la 5e séance de cotation, on attend la baisse du cours à 982 (-60 par rapport au plus de la hausse) pour tracer des cercles dans cette nouvelle colonne. La baisse de 17 (1042-1025) n'était pas suffisante pour être retenue.
Le premier cercle inscrit dans la boîte 1020 correspond au cours amorçant le changement de tendance (1025).
La baisse se poursuit jusqu'à 968.

3e colonne - le cours de 1007 (+39 par rapport à 968), atteint la 9e journée, entraîne la constitution d'une 3e colonne, formée de croix.
La hausse se poursuit jusqu'à 1072.

4e colonne - le retour à la baisse du cours vers 1028 (-44 par rapport à 1072) provoque la construction de cette 4e colonne baissière.

Graphique 5. **Les points et figures**

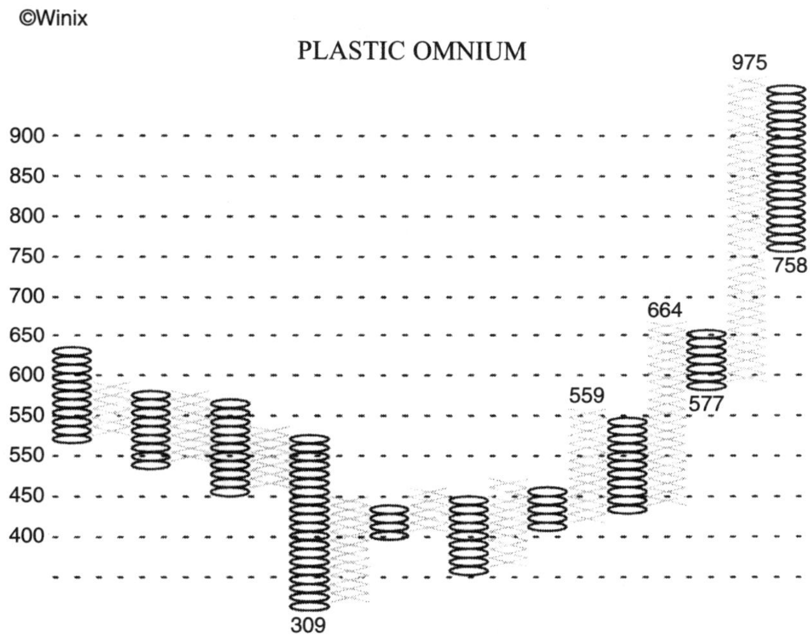

Dans cette représentation graphique de la valeur Plastic Omnium, le seuil de retournement qui a été choisi est de 3 pas valant 10 Francs chacun.

Le principe de construction des graphes en points et figures, une fois assimilé, s'avère relativement facile à mettre en œuvre. C'est ce qui explique certainement l'ancienneté de son utilisation.
Les points et figures présentent des configurations d'achat et de vente qui leur sont propres et que nous verrons en détail dans le chapitre qui leur est consacré ultérieurement.
Mais il faut savoir que l'analyse graphique classique (droites de tendance, tête et épaules, etc.) s'adapte parfaitement bien à ce type de représentation.

Conclusion

De façon générale, nous passerons en revue au chapitre B-III les interprétations spécifiques à chacun de ces modèles de représentation pour permettre au lecteur de tirer le maximum d'indications visuelles à partir d'un simple graphe.
Comme représentation graphique, nous conseillons d'utiliser les bougies japonaises pour un horizon de temps inférieur à une année car elles permettent de visualiser le maximum d'informations et les courbes continues pour une période plus longue en raison de leur lisibilité. Les bar-charts seront utilisés lorsqu'on aura besoin d'informations sur la volatilité intra-day.

1.1.5 Échelle graphique

Choix de l'échelle (linéaire ou logarithmique)

Pour un investisseur, la recherche du gain est le but principal de tout placement boursier ; de ce fait, il raisonne constamment avec un objectif de hausse exprimé en pourcentage (j'ai réalisé +10 % sur Accor, etc.)
Avec une échelle linéaire, l'intervalle entre chaque cours exprimé en francs, est identique, c'est-à-dire par exemple, l'intervalle entre 50 et 100 ou entre 1000 et 1050 sera le même. Par contre, l'échelle logarithmique prendra en compte l'évolution en pourcentage de la valeur (écart relatif non absolu) soit un rapport de 1 à 20 dans notre exemple. En effet, le pourcentage d'évolution entre 50 et 100 est de 100 % et entre 1000 et 1050, il n'est que de 5 %. En pourcentage, l'investisseur a effectivement réalisé 20 fois moins de profit sur la deuxième valeur que sur la première.
L'échelle logarithmique permet de prendre en compte ce facteur. Ainsi, graphiquement, une progression de x % sera toujours représentée par le même intervalle, quelle que soit la variation en francs correspondante.

Graphique 6. **Échelle linéaire**

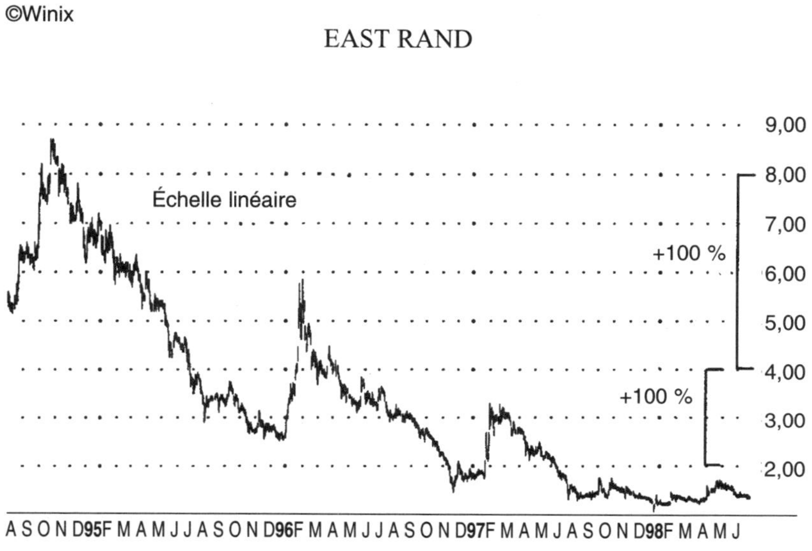

Graphique 7. **Échelle logarithmique**

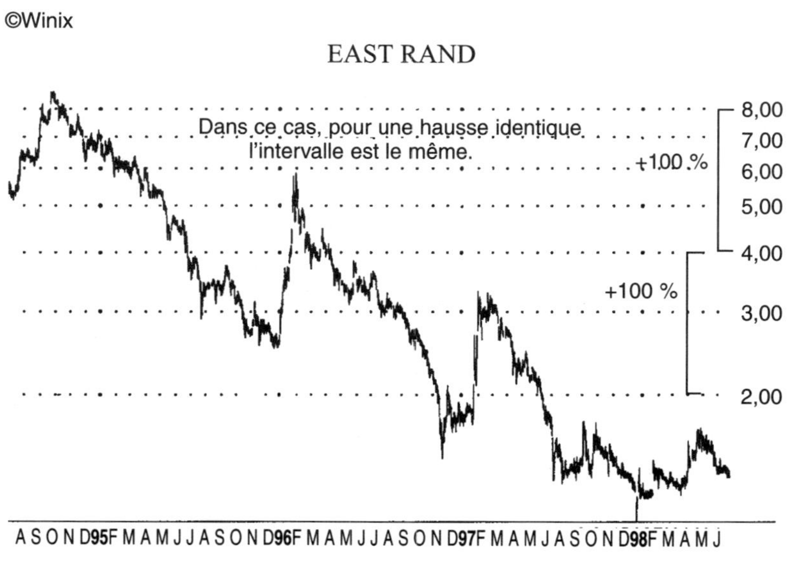

Pour des valeurs dont le nominal est faible comme East Rand, le choix de l'échelle logarithmique est particulièrement recommandé car un doublement de la valeur ou une division par deux n'est pas rare.

Choix de l'unité de temps

Après avoir présenté les différents types de graphiques pouvant illustrer l'évolution d'un cours de bourse, il convient d'étudier l'unité de temps sur laquelle un analyste chartiste va travailler.
Ce choix est d'abord fonction de sa stratégie d'investissement : un opérateur effectuant du trading intra-day a besoin d'indications en quasi temps réel, aussi, le **tic**, la **minute** et éventuellement l'**heure**, sont les unités de temps les plus appropriées.
L'opérateur effectuant des aller retours réguliers privilégiera le **jour** comme échelle de temps.
Enfin, l'intervenant occasionnel pourra suivre les cours sur une périodicité plus longue (**semaine, mois**).
La durée de l'historique visualisé se fait bien évidemment au détriment de la précision.

Quel que soit le profil de l'investisseur, il peut cependant être intéressant de comparer l'allure des courbes, voire les signaux qu'elles émettent, selon la fréquence de représentation choisie, une convergence, ou au contraire, une divergence d'interprétation se révélant significative.

Par exemple, si un signal à la hausse est donné à la fois sur le graphe quotidien, hebdomadaire et mensuel, ce signal s'en trouve renforcé. Si, par contre, il apparaît en quotidien mais n'est pas présent en hebdomadaire, sa force en est diminuée.
Dans le premier cas, on se trouve peut-être au début d'une longue tendance haussière, dans le deuxième cas, il peut s'agir d'une simple correction à l'intérieur d'une phase baissière.
Dans tous les cas, l'analyse d'un titre sous différentes perspectives temporelles apporte un complément d'informations précieux (voir chapitre sur la détection des cycles).

Graphique 8. **Graphique mensuel**

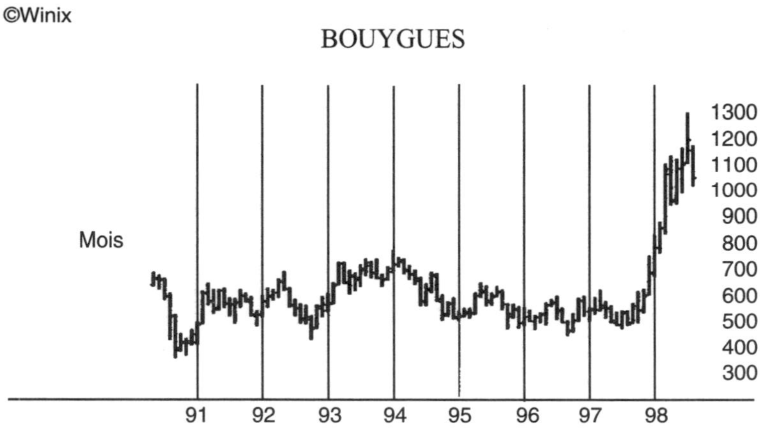

Graphique 9. **Graphique hebdomadaire**

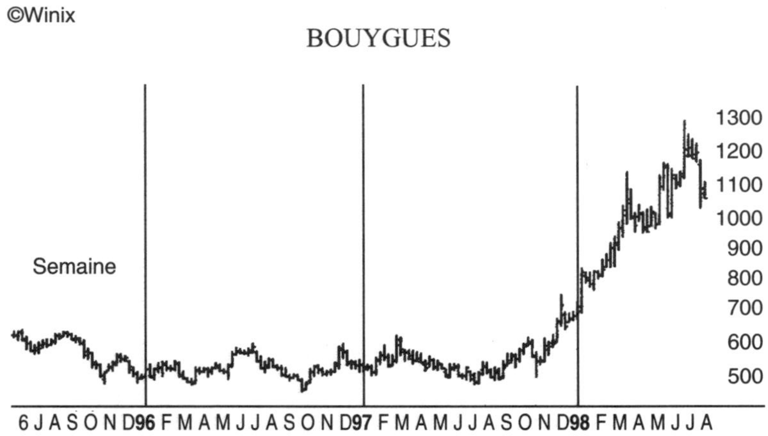

Comme nous pouvons le constater sur ce graphe de Bouygues, le changement de fréquence visualise des historiques très différents. Le graphe mensuel remonte jusqu'à huit ans en arrière et permet de constater la force de la tendance haussière apparue fin

1997. Le graphe hebdomadaire donnant trois ans d'aperçu confirme cette montée en commençant à la détailler sous forme de vagues. Quant au graphe journalier sur un an, il perd l'information de l'importance du rallye haussier dans l'historique de la valeur mais il indique déjà que le mouvement n'a plus la même force qu'au début.

Graphique 10. **Graphique journalier**

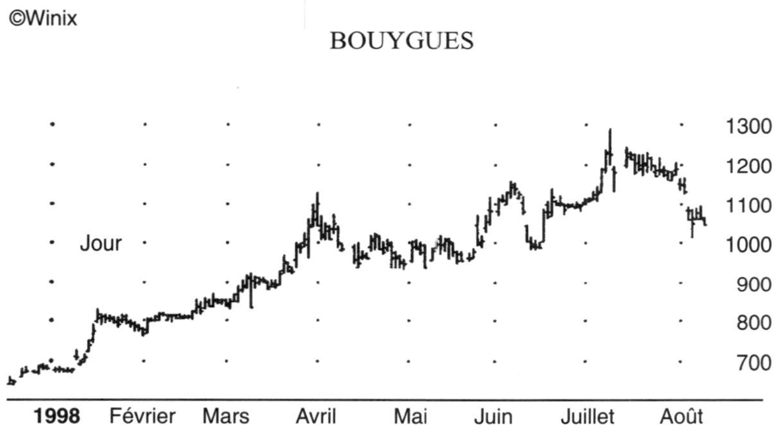

1.2 L'importance des volumes

Le volume se définit comme le nombre d'actions échangées au cours de la séance.
La multiplication du nombre de titres échangés par la valeur du cours s'appelle le flottant. Lorsque des opérations sur titres (division de cours, attribution d'actions gratuites, etc.) se produisent et que donc que la valeur du cours ou le nombre d'actions est affecté, il faut également réajuster le volume car le flottant doit rester inchangé (voir chapitre 1.3 le réajustement des historiques). Rappelons pour mémoire que la capitalisation boursière correspond au nombre total de titres émis par la société multipliés par la valeur du cours.

L'analyse technique étant fondée, rappelons-le, sur l'analyse psychologique des marchés, le volume s'avère être un indicateur primordial pour juger de la force d'une tendance et de son bien-fondé. Cette importance avait déjà été signalée à son époque par C. Dow. On considère que toute analyse d'un cours doit être accompagnée d'une analyse des volumes.
En effet, pour qu'elle soit significative, la baisse ou la hausse des cours doit être accompagnée d'un fort volume d'échanges.
Ainsi, une baisse ou une hausse, lors d'une séance peu active, sera ressentie comme une simple consolidation.
À contrario, les fluctuations de cours, sur un marché où l'activité semble supérieure à la normale, indiqueront une tendance solide. Ces périodes de forte activité sont surtout fréquentes à la suite (ou à l'approche) d'annonces concernant les marchés (PIB, indice de la consommation...), les valeurs (chiffre d'affaires, bénéfices..) ou d'autres éléments susceptibles d'influencer les places boursières (résultats d'élections, conflits sociaux, etc.).

Graphique 11. **L'importance des volumes**

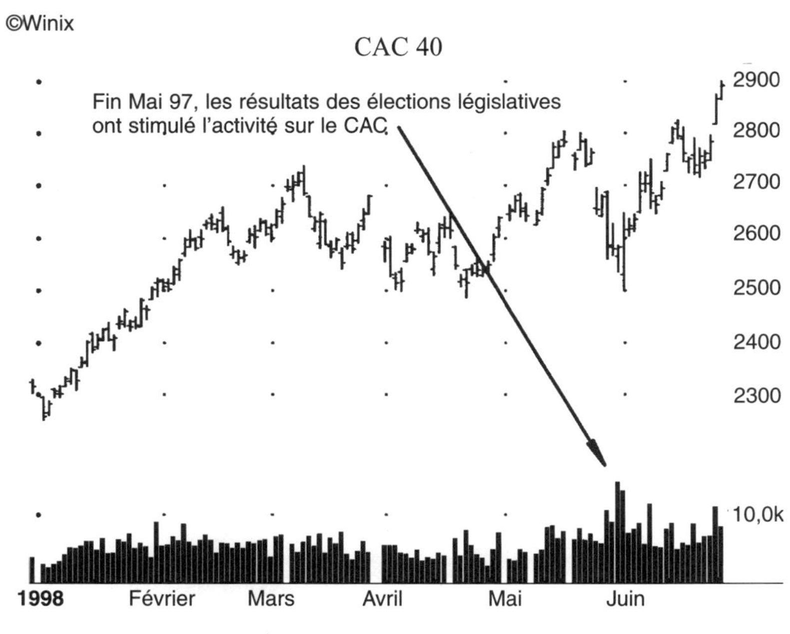

Sans autres éléments d'analyse, simplement en regardant les graphes et les volumes quatre cas peuvent se présenter :

① les cours subissent une très forte hausse, les volumes sont importants.

⇨ la hausse est significative et devrait perdurer : une nouvelle tendance est amorcée.

Graphique 12. **Hausse du cours / volumes élevés**

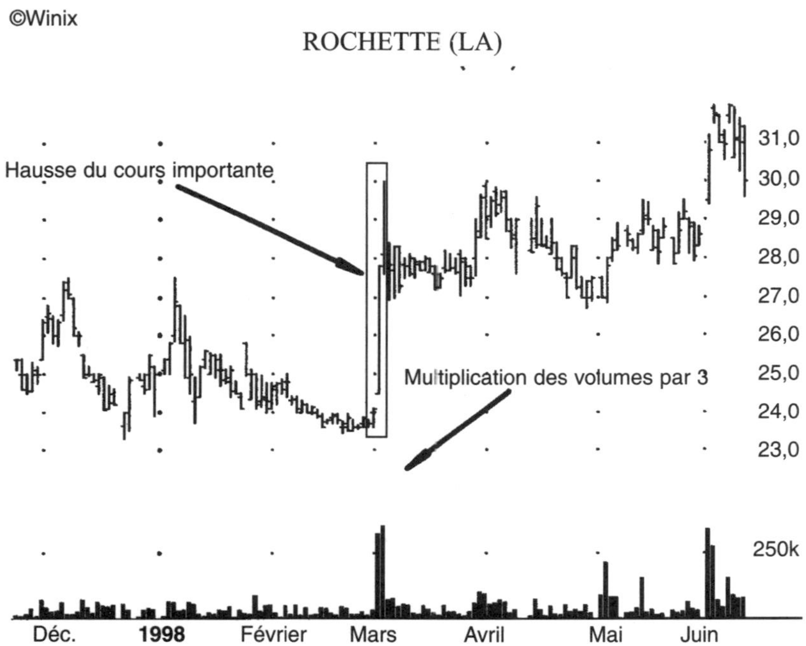

② les cours subissent une baisse, les volumes sont élevés
la baisse est significative et devrait se prolonger.

Graphique 13. **Baisse du cours / volumes élevés**

③ le marché est haussier ; les cours subissent une baisse dans une activité négligeable.

La baisse est assimilée à une simple correction du marché qui n'entame pas la validité de la tendance.

Graphique 14. **Baisse du cours / volumes faibles**

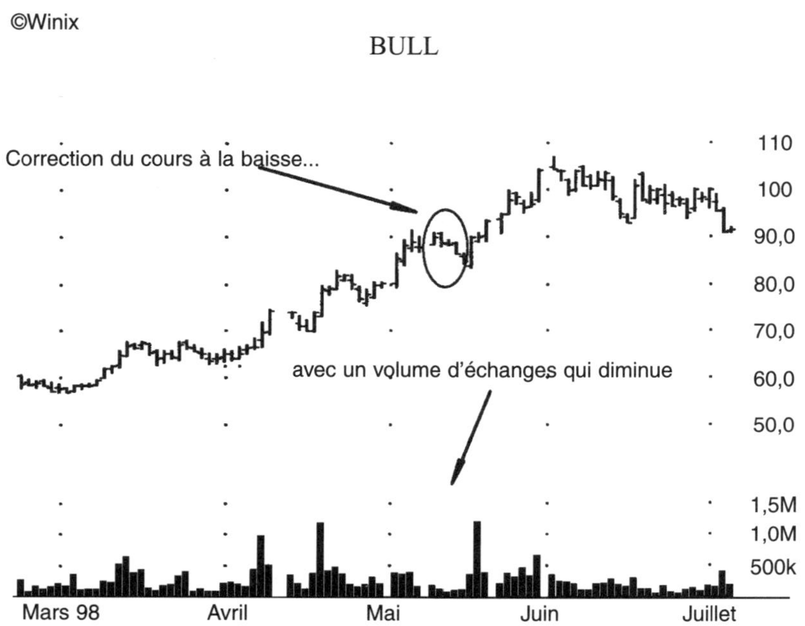

④ le marché est en baisse ; les cours augmentent et les volumes sont réduits.

La baisse correspond à une consolidation baissière du marché qui n'inverse pas la tendance.

Graphique 15. **Baisse du cours / faibles volumes**

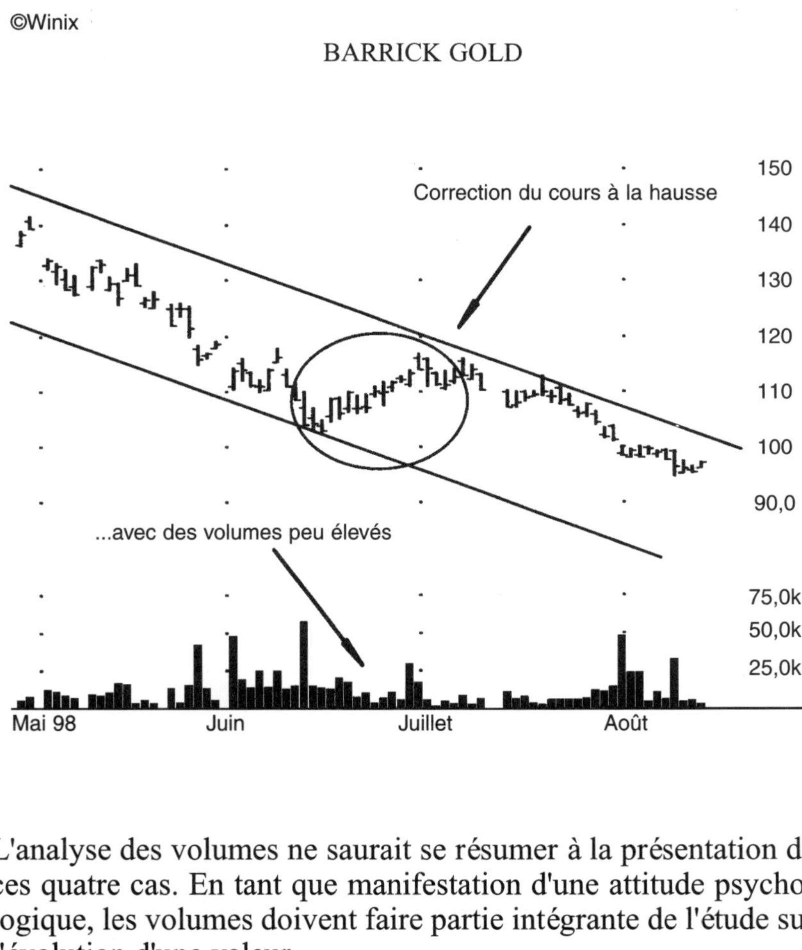

L'analyse des volumes ne saurait se résumer à la présentation de ces quatre cas. En tant que manifestation d'une attitude psychologique, les volumes doivent faire partie intégrante de l'étude sur l'évolution d'une valeur.

Ils doivent être mis en permanence en relation avec la dynamique des cours et les signaux d'achat ou de vente déclenchés.

Des indicateurs techniques spécifiques ont été construits pour prendre en compte l'évolution comparée des volumes et des cours et étudier leur rapport respectif (voir à ce sujet le chapitre C.3.4 intitulé : les indicateurs qui analysent les volumes)

1.3 Le réajustement des historiques

Durant leur cycle de vie, les valeurs mobilières sont susceptibles de connaître diverses opérations touchant à leur capital : augmentation de capital, rachat d'actions, division de titres par exemple.
Pour chacune de ces opérations, il est nécessaire de procéder à un réajustement de l'historique des cours de la valeur.
En effet, sans réajustement, le graphique est inexploitable pour l'analyse technique car une discontinuité importante apparaît dans les cours.

Prenons un exemple :
Le 29/06/98, le cours de Banco Santander, société cotée au Règlement mensuel étranger à Paris, a été divisé par 2.
Graphiquement, à partir de cette date, la valeur se présente comme suit :

Les cours se tassent de part et d'autre du jour de la division et rendent l'exploitation du graphe impossible.

Il convient donc de procéder à un réajustement qui consiste en deux opérations : d'abord, l'historique complet des cours de la valeur antérieurs à cette date est divisé par 2 ; puis, les volumes correspondants sont multipliés par 2.
En effet, il est très important de penser à multiplier les volumes des dates antérieures au réajustement car au total le flottant de la valeur (cours multipliés par volumes de titres échangés) doit bien sûr rester identique.

Le 26/06/98, le dernier cours de Banco Santander était 299,80, et 640 titres étaient échangés.

Graphique 16. **Représentation du cours de Banco Santander avant le réajustement**

©Winix

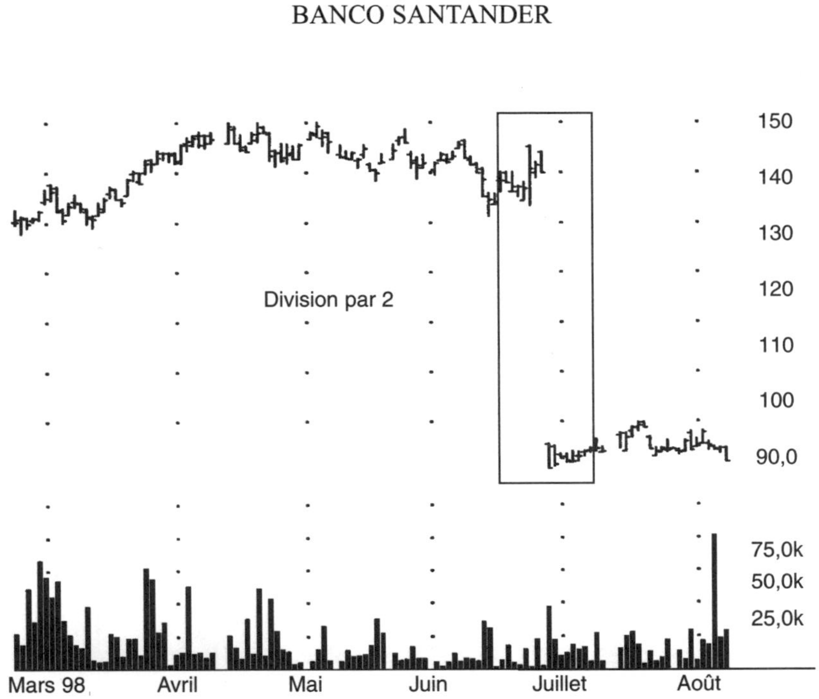

Le 29/06/98, le premier cours côté était 164 et le dernier, 152,20 avec 9439 titres échangés.
Tous les cours de Banco Santander de la période]-∞ ; 26/06/98] vont être divisés par 2, et les volumes multipliés par 2.
Le dernier cours côté du 26/06/98 devient alors 149,90, et les volumes s'élèvent à 1280.
Ce retraitement de l'historique de la valeur produit une courbe continue permettant à nouveau à l'analyse graphique et technique de s'appliquer comme nous pouvons le constater sur le graphe ci-dessous.

Graphique 17. **Représentation du cours de Banco Santander après réajustement**

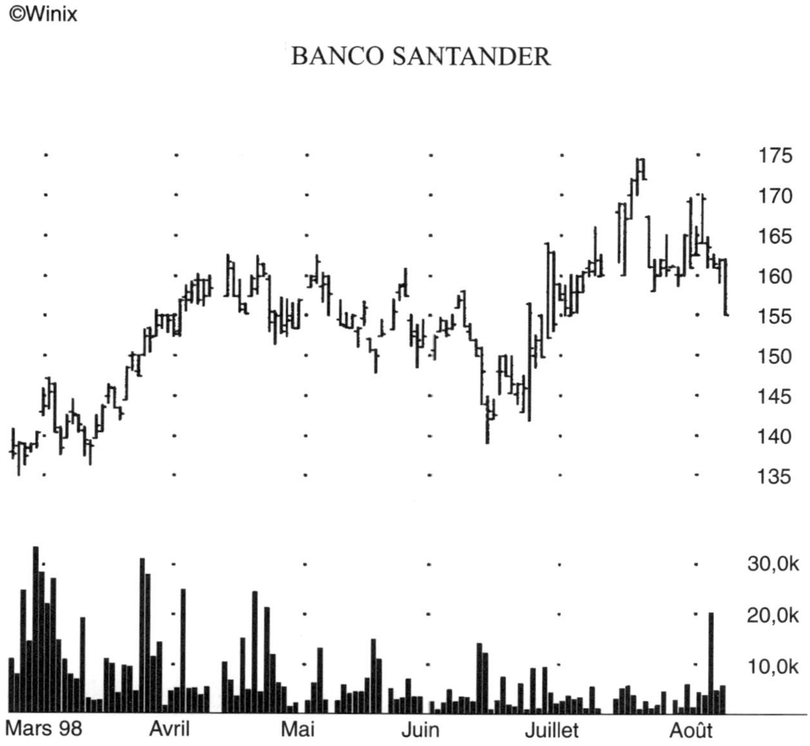

■ *Conseil d'utilisation :*

L'historique des valeurs constitue la matière première unique du chartiste. Celui-ci devra donc s'attacher tout particulièrement à la qualité de ces historiques et à leur maintenance dans le temps. La performance de ses résultats en dépend étroitement.

II- ENSUITE REPÉRER LES TENDANCES

2.1 Comment détecter une tendance ?

L'un des axiomes de l'analyse technique étant que les valeurs suivent des tendances, le chartiste aura pour premier objectif de les détecter.
Première précision : une valeur ou un titre peut connaître trois états : être sans tendance, dans une tendance haussière ou dans une tendance baissière.

Un marché sans tendance est un marché « plat » qui évolue sans direction précise alors qu'un marché en tendance suit une direction bien précise, à la hausse ou à la baisse.

On distingue les tendances court terme des tendances long terme car, sur un même graphique, une tendance haussière court terme peut tout à fait cacher une tendance baissière long terme, et vice versa, une tendance baissière court terme peut tout à fait s'inscrire à l'intérieur d'une tendance haussière long terme. Il convient donc de bien les identifier (par exemple en élargissant l'horizon de temps du graphe) afin d'appliquer le bon timing lors des prises de position.

2.1.1 Tracer les droites de tendance

Les droites de soutien et de résistance

Le premier travail du chartiste sera de tracer dans son graphe des droites reliant entre eux les points les plus hauts et des droites reliant entre eux les points les plus bas.
Les premiers types de droites seront appelés droites de résistance et les seconds, droites de soutien ou de support. En effet, elles forment respectivement une frontière supérieure et inférieure balisant l'évolution du cours. Ces droites peuvent être soit horizontales soit orientées à la hausse ou à la baisse.

Les droites de tendance

Si la droite de soutien et/ou la droite de résistance sont horizontales, il n'est pas possible de dégager une tendance. Le marché est incertain.
De même, si la droite de soutien est haussière alors que la droite de résistance est baissière ou encore l'inverse, la valeur n'est pas orientée.
Par contre si les deux droites sont orientées dans le même sens, le titre est en tendance, soit haussière soit baissière. Les droites deviennent alors des droites de tendance.

Pour qu'une tendance forte se dégage, il faut que les droites de tendance soient :
• constituées de nombreux points d'appui,
• pentues.

Graphique 18. **Les droites de soutien/résistance**

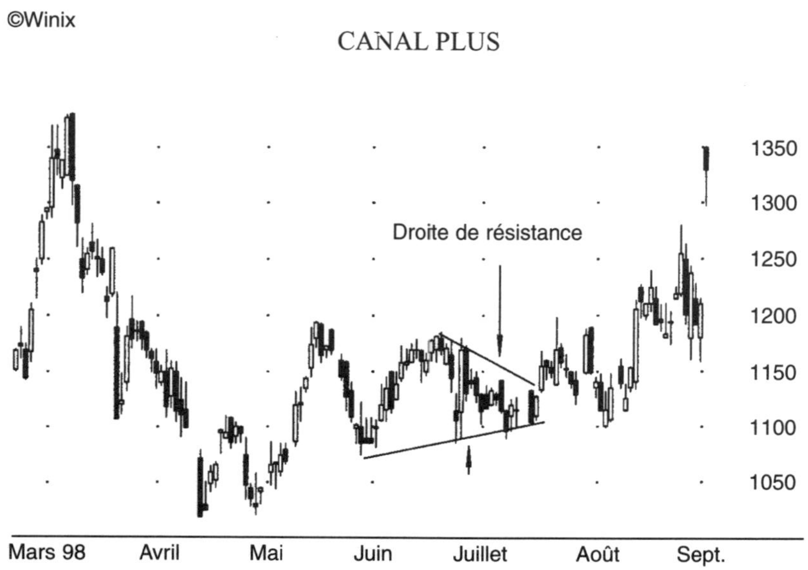

La droite de soutien est haussière et la droite de résistance baissière. Le marché est sans orientation. Il en irait de même si l'une des deux droites était horizontale ou si la droite de soutien était baissière alors que la droite de résistance serait haussière.

Graphique 19. **Les droites de tendance**

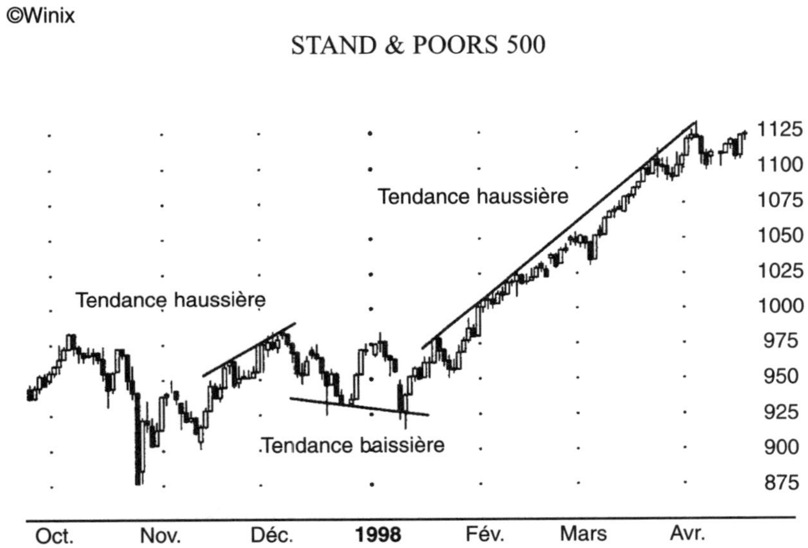

Par contre, dans ce graphe, les droites de soutien et de résistance vont dans le même sens. Ce sont donc des droites de tendance.

Interprétation des droites de soutien et de résistance

Un cours qui casse une droite de soutien ou de résistance surtout si ce franchissement est accompagné par de forts volumes doit être étudié attentivement par l'analyste.
Si une droite de résistance est franchie et que le cours vienne buter les jours suivants sur l'ancienne ligne, c'est que la droite de résistance est devenue droite de soutien.
À l'inverse, si le cours casse une droite de soutien et qu'il revienne taper sur cette droite les séances suivantes, c'est que la droite de soutien est devenue droite de résistance.

Le franchissement peut être aussi, dans certains cas, signe d'un retournement de tendance.
De plus, les droites de soutien et de résistance forment des figures sur l'interprétation desquelles nous reviendrons en détail au chapitre B.3.

Graphique 20. **Franchissement d'une droite de soutien**

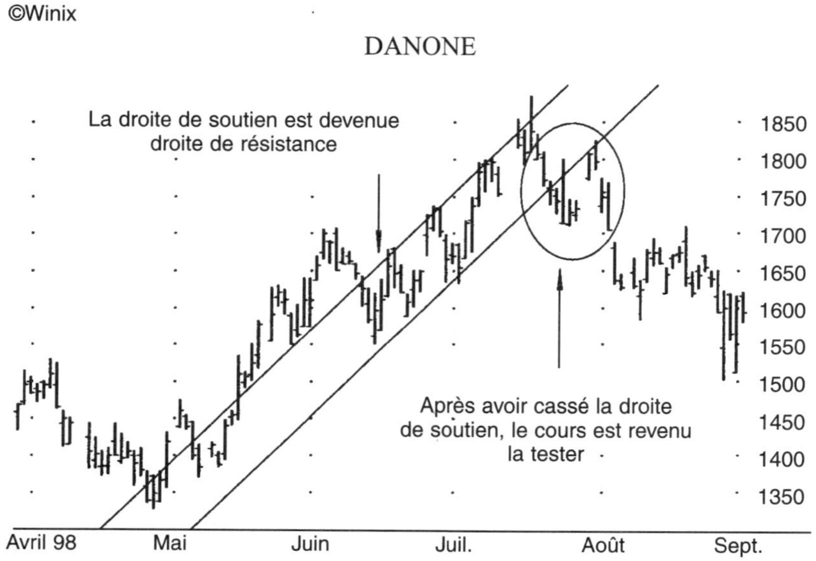

Sur ce graphe, on put voir les deux interprétations possibles du franchissement d'une ligne de soutien. Dans le premier cas, la ligne de soutien est devenue ligne de résistance. Par conséquent, le mouvement continue dans le même sens mais avec une pente plus faible. Dans le deuxième cas par contre, le franchissement de la ligne a annoncé un retournement de tendance. Le cours, après être revenu une fois testé la ligne, est parti à la baisse.

2.1.2 Tracer des canaux (droites de tendance parallèles)

À partir de là, on observe que les cours évoluent souvent à l'intérieur d'un canal, c'est-à-dire à l'intérieur de deux droites de tendance parallèles.

Un canal haussier est formé par deux droites de tendance haussières et parallèles.
Un canal baissier est formé par deux droites de tendance baissières et parallèles.
La courbe du cours oscille dans ce canal, entre la **ligne de support** et la **ligne de résistance.**

La ligne de support est la droite basse du canal qui joint au moins deux plus bas atteints par le cours.
Quant à la droite de résistance, elle est la ligne haute du canal, joignant au moins deux plus hauts atteints par le cours.

Graphique 21. **Franchissement d'une droite de soutien**

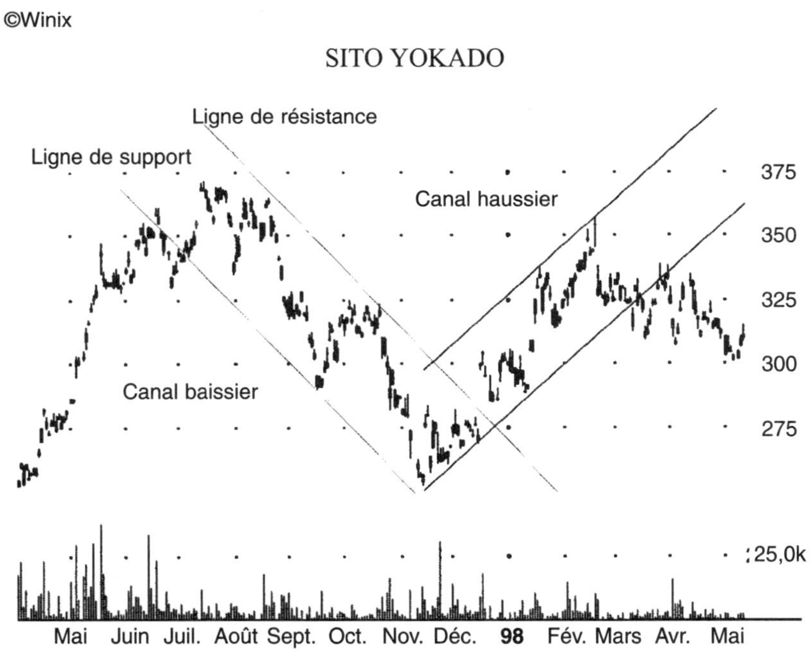

On constate, qu'à l'intérieur même des canaux tracés ci-dessus, on peut observer des canaux de très court terme (quelques semaines).

Graphique 22. **Les canaux**

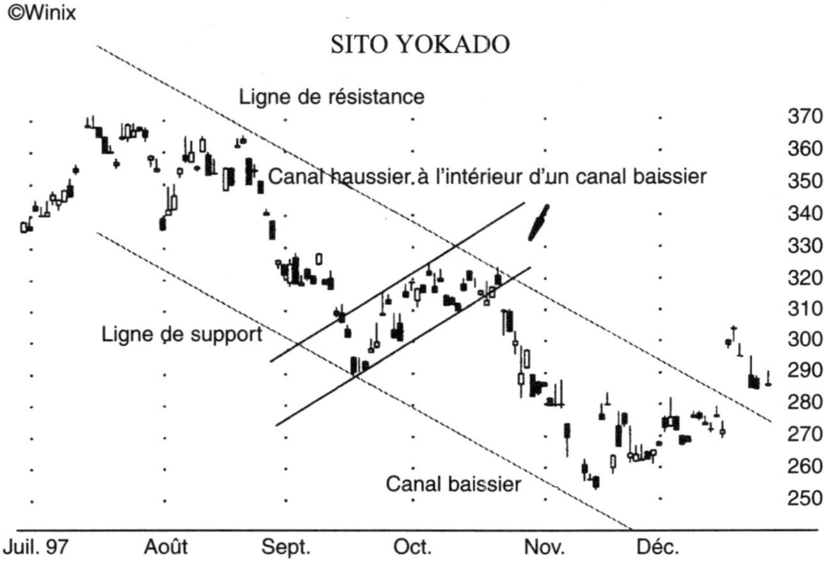

Les canaux peuvent être plus ou moins larges. Généralement, un canal étroit avec un angle élevé est synonyme d'une tendance affirmée. La dispersion autour du mouvement est faible. Toute l'énergie se concentre sur la montée ou la descente.

Par contre, à l'intérieur d'un canal large, il n'est pas rare de trouver une ligne parallèle aux deux droites de tendance qui partage en deux ce canal créant ainsi deux sous canaux. La droite située à l'intérieur du canal joue alternativement le rôle de droite de soutien ou de droite de résistance.

Graphique 23. **Ligne de soutien résistance dans un canal**

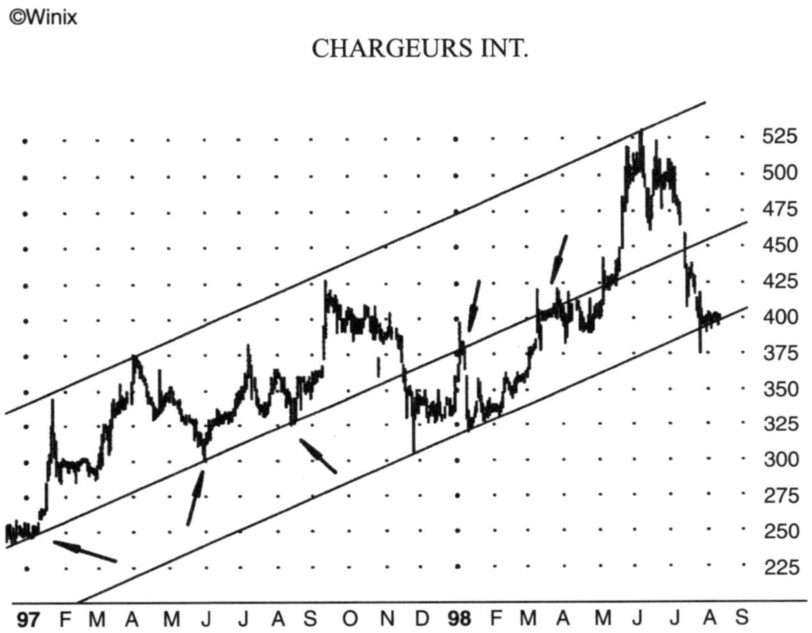

Enfin, une valeur n'est pas forcément en tendance ; dans ce cas, le cours oscille dans un canal horizontal.

La cassure d'un canal est toujours très significative, comme on peut le voir sur ce graphe. Après être restée pendant presque une année sans orientation, la valeur a franchi la ligne de résistance, est revenue la tester puis s'est envolée.

Graphique 24. **Canal horizontal**

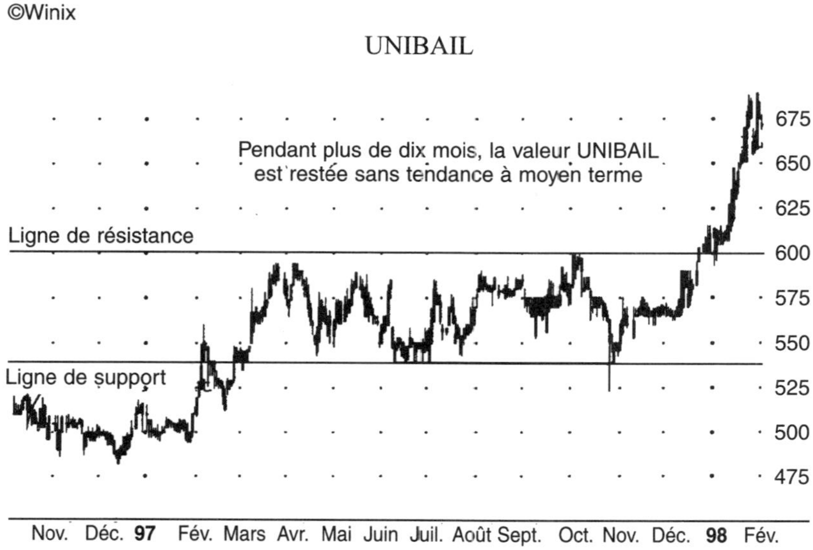

2.1.3 Utilisation des canaux

Comment utiliser les canaux ?

Il existe deux configurations principales pour utiliser les canaux. La première consiste à travailler une valeur à l'intérieur de son canal, la deuxième à s'y intéresser uniquement lorsqu'elle sort de son canal. Dans cette deuxième hypothèse, on distinguera le cas où la sortie se fait en continuation de la tendance existante ou en rupture par rapport à cette tendance.

Achat et vente à l'intérieur d'un canal

Acheter quand le cours rebondit sur la ligne de support du canal.
Vendre quand le cours bute sur la ligne de résistance du canal.

Ainsi, les investisseurs n'ayant pas pu acheter une valeur au début d'une vague haussière, peuvent se placer si une opportunité se présente : c'est-à-dire, si le cours vient rebondir sur la ligne de support de son canal haussier. Ils pourront ensuite revendre la valeur lorsqu'elle sera venue buter sur la ligne de résistance du même canal.
À l'inverse, les investisseurs souhaitant se positionner à la vente, prendront comme occasion la montée de la valeur sur la ligne de résistance du canal baissier et pourront procéder à l'opération contraire lors de la butée du titre sur la ligne de support de ce même canal.

Graphique 25. **Intervention dans un canal haussier**

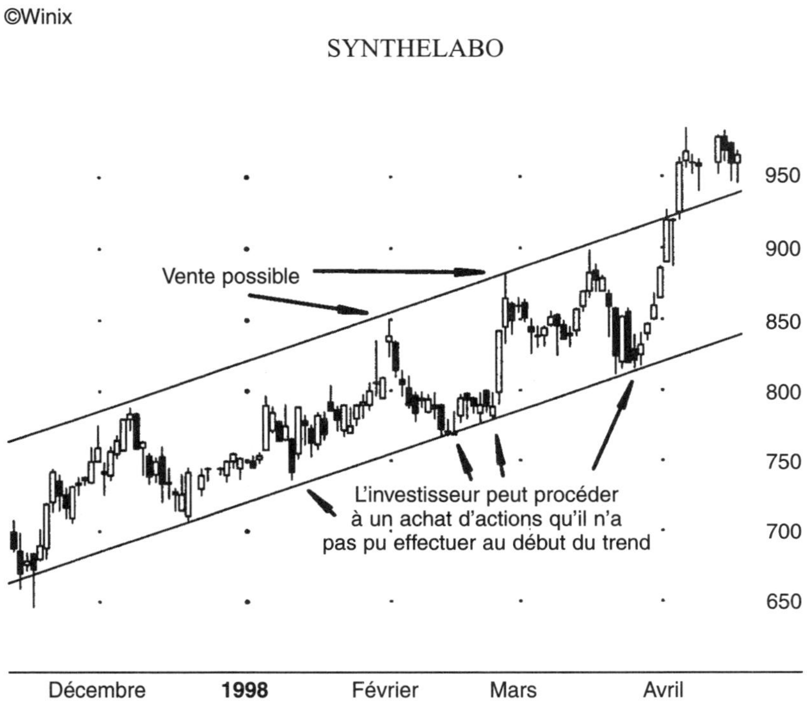

Ce trading n'est pas, on le sent bien, la meilleure façon d'utiliser les canaux puisqu'en fait, on achète quand la tendance haussière est déjà lancée et on vend lorsqu'elle n'est pas terminée et qu'il existe encore un potentiel de hausse.
Elle ne peut donc constituer une stratégie en soi. En revanche, elle permet d'optimiser certaines décisions prises sur des critères différents et constitue en ce sens, un bon outil de timing.
Si on a décidé, quoi qu'il en soit, de vendre une valeur ; mieux vaut attendre, dans le cas où elle évolue dans un canal haussier, qu'elle soit venue buter sur sa ligne de résistance et vice versa.

Sortie de canal en continuation de la tendance existante

Acheter quand le cours franchit la ligne de résistance du canal haussier.
Vendre quand le cours coupe la ligne de support du canal baissier.

Cette méthode s'appuie sur la règle selon laquelle une ligne de résistance franchie devient une ligne de support et à l'inverse, une ligne de support franchie devient une ligne de résistance.
Encore faut-il que le franchissement de la ligne soit confirmé. Le cours après avoir traversé la ligne de soutien ou de résistance, doit venir rebondir au moins une fois sur cette même droite, sans la couper.

Cette configuration indique nettement l'accélération de la tendance en cours.
Elle est souvent due à l'annonce d'un élément (négatif ou positif) propre à la société cotée. Dans tous les cas, une sortie de canal est toujours significative, particulièrement si elle s'accompagne de forts volumes.
Il est toujours souhaitable d'attendre la confirmation de la sortie du canal au cours des séances de bourse qui suivent le franchissement de la ligne avant de prendre position.

Cependant, cette utilisation des canaux ne paraît pas encore tout à fait optimale puisqu'on n'achète pas au début d'une montée et qu'on ne vend pas au début d'une descente.

Sortie de canal en rupture de la tendance existante

Acheter quand le cours franchit la ligne de résistance du canal baissier.
Vendre quand le cours coupe la ligne de support du canal haussier.

Dans ce dernier cas, la sortie de canal indique un retournement de tendance qui, s'il est confirmé, est extrêmement significatif. Les volumes sont à considérer de près.
Plus la tendance cassée est long terme et solide, plus le franchissement est net (par exemple grande bougie blanche) ; plus les volumes sont importants et plus le signal donné sera fort.

Graphique 26. **Intervention en sortie de canal**

Cette méthode constitue la meilleure façon d'utiliser les canaux puisque le mouvement haussier ou baissier est détecté relativement tôt. Ce qui permet à l'investisseur de profiter d'une grande partie de la hausse ou de la baisse du titre.

Conclusion

On retiendra qu'une sortie de canal est très significative. Elle annonce, soit une forte accélération de la tendance actuelle, soit un retournement radical de tendance. Dans les deux cas de figure, les volumes et les séances suivant le franchissement doivent confirmer le mouvement.

Graphique 27. **Canaux : les signaux d'achat et de vente**

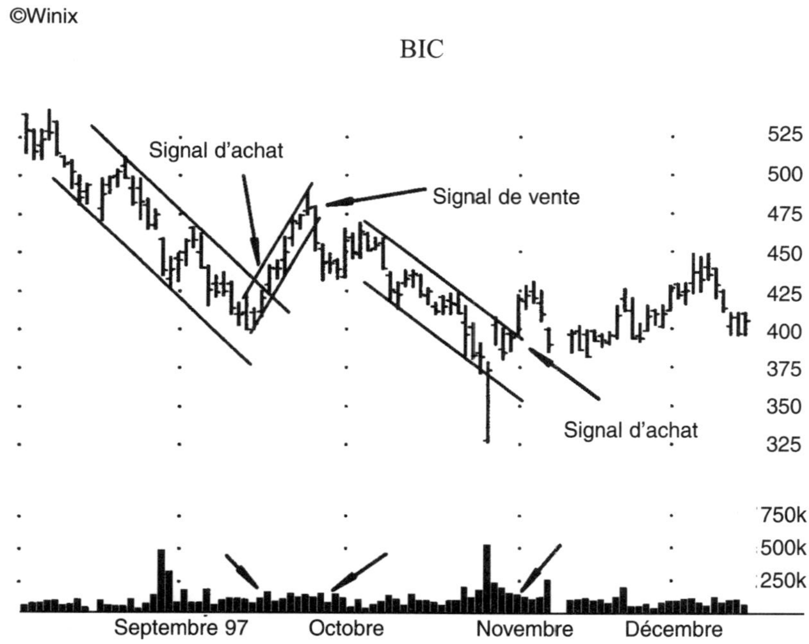

2.2 Les moyennes mobiles

2.2.1. Qu'est ce qu'une moyenne mobile ?

La moyenne mobile, puisqu'elle nécessite un traitement mathématique, ne fait pas partie à proprement parler des indicateurs graphiques. Néanmoins, sa simplicité de calcul alliée à son ancienneté d'utilisation, la place quasiment dans la même catégorie.
Elle est surtout un détecteur de tendance par excellence

La moyenne mobile appartient à la famille des filtres, c'est-à-dire des indicateurs qui tentent d'éliminer les fluctuations mineures (également appelées *bruits*) afin de dégager une tendance.

Une moyenne mobile est, avant tout, une moyenne calculée à partir d'une série de données numériques ; elle donne le cours moyen d'une valeur, pour une période donnée.
On parle de moyenne mobile parce qu'il s'agit d'une moyenne glissante : sa valeur évolue tous les jours. La moyenne mobile permet donc de suivre la tendance du cours moyen.

La moyenne mobile la plus utilisée aujourd'hui, est la moyenne mobile arithmétique car son principe de calcul est très simple et connu de tous. Mais il existe d'autres types de moyenne mobile, comme par exemple la moyenne mobile exponentielle qui a connu dans le passé un certain succès à cause de sa facilité de représentation graphique. Nous passerons également en revue les moyennes mobiles quadratique et harmonique.

Enfin, le défaut principal de la moyenne mobile étant comme pour tous les indicateurs de tendance de donner des signaux tardifs, il est possible de pondérer cette moyenne mobile en donnant plus de poids aux dernières cotations.

La moyenne mobile arithmétique

La moyenne mobile arithmétique est la plus utilisée par les analystes du fait de la simplicité de son principe de calcul.

On la calcule de la manière suivante :

MM(n jours) = Σ Cj / n pour j allant de 1 à n.

avec Cj : cours du jour j (ce cours peut être le cours de clôture, d'ouverture, le cours moyen de la séance, etc.)
n : nombre de jours choisi pour la période de calcul

Dans la pratique, les nombres de jours les plus fréquemment utilisés pour effectuer le calcul de la moyenne mobile sont : 5, 20 (qui correspond à peu près au nombre de séances boursières entre deux liquidations), 50, 100 et 200 (qui correspond environ à une année boursière) au maximum.

Prenons l'exemple suivant :

Jour	1	2	3	4	5	6	7	8	9	10
Cours	60	62	59	63	64	68	63	70	72	71
MM(3)	x	x	60,3	61,3	62	65	65	67	68,3	71
MM(5)	x	x	x	x	61,6	63,2	63,4	65,6	67,4	68,8
MM(10)	x	x	x	x	x	x	x	x	x	65,2

Dans ce tableau, on a calculé successivement la moyenne mobile à 3 jours, à 5 jours, puis à 10 jours : on observe que les résultats obtenus varient sensiblement en fonction de ce paramètre.

Détaillons par exemple le calcul de la moyenne mobile à 5 jours du 7e jour : il est égal à la somme des cinq derniers jours divisée par 5, soit :

MM(5) le 7e jour = [59+63+64+68+63] / 5 = 63,4

Sur ce graphe, figurent trois moyennes mobiles arithmétiques : une à 20 jours, la deuxième à 50 jours et la troisième à 200 jours. Bien évidemment, celle à 20 jours colle le plus à la courbe des cours alors que celle à 200 jours est presque plate. Plus la période de calcul est courte, moins la moyenne mobile est filtrée et donc le risque de rencontrer de faux signaux augmente. Mais en même temps, la moyenne mobile court terme est également plus réactive et permet d'obtenir un signal avant la moyenne mobile long terme.

Graphique 28. **Moyenne mobile arithmétique**

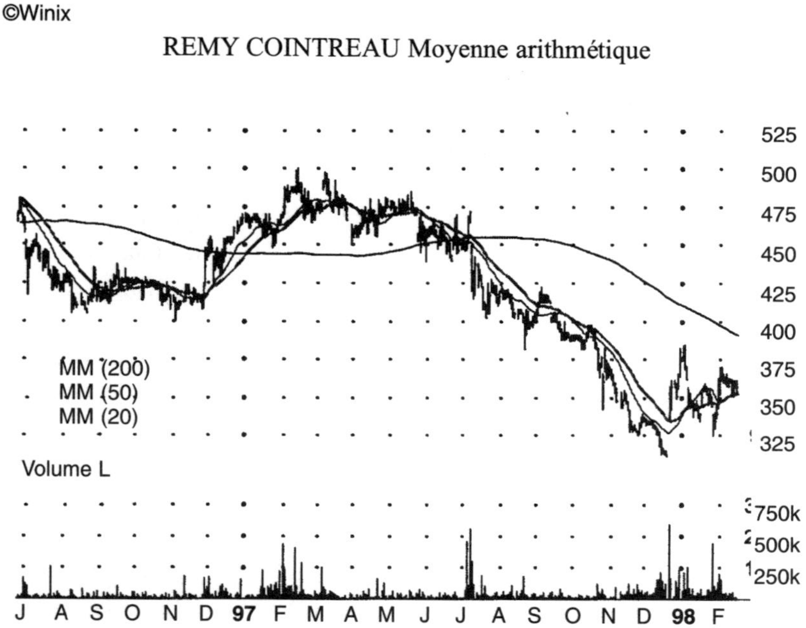

La moyenne mobile exponentielle

Comme son nom l'indique, cette moyenne mobile utilise dans son calcul la fonction exponentielle. Les analystes s'en sont beaucoup servi dans le passé car elle est très facile à représenter manuellement sur un graphe grâce aux propriétés mathématiques de sa suite. En effet, le nouveau point se déduit à partir du précédent par une simple addition (voir ci-dessous).
Cette particularité explique que l'on retrouve de façon privilégiée ce type de moyenne mobile dans des calculs d'indicateurs anciens.

La formule de calcul de cette moyenne mobile est la suivante :

MMe =
$[Cj + aCj_{-1} + a^{2}Cj_{-2} + ... + a^{n-1}Cj_{-n} + 1] / (1 + a + a2 + ..+a^{n-1})$

avec Cj : cours du jour j (ce cours peut être le dernier cours, le premier cours, le plus haut, etc.)
et $0 \leq a \leq 1$ (coefficient exponentiel)
n : période de calcul de la moyenne mobile

En reprenant l'exemple précédent, détaillons le calcul de la moyenne mobile exponentielle à trois jours le troisième jour :

$MMe(3) = [59 + 0{,}8 * 62 + 0{,}82 * 60 + 1] / [1 + 0{,}8 + 0{,}8^2]$
$MMe(3) = 60{,}65$ avec $a = 0{,}8$ (au lieu de 60,3 pour la Moyenne Mobile arithmétique).

Cette suite a une particularité : deux valeurs consécutives sont liées par le rapport suivant :

$MMej \approx (1-a)Cj + aMMe_{j-1}$

Graphique 29. **Moyenne mobile exponentielle**

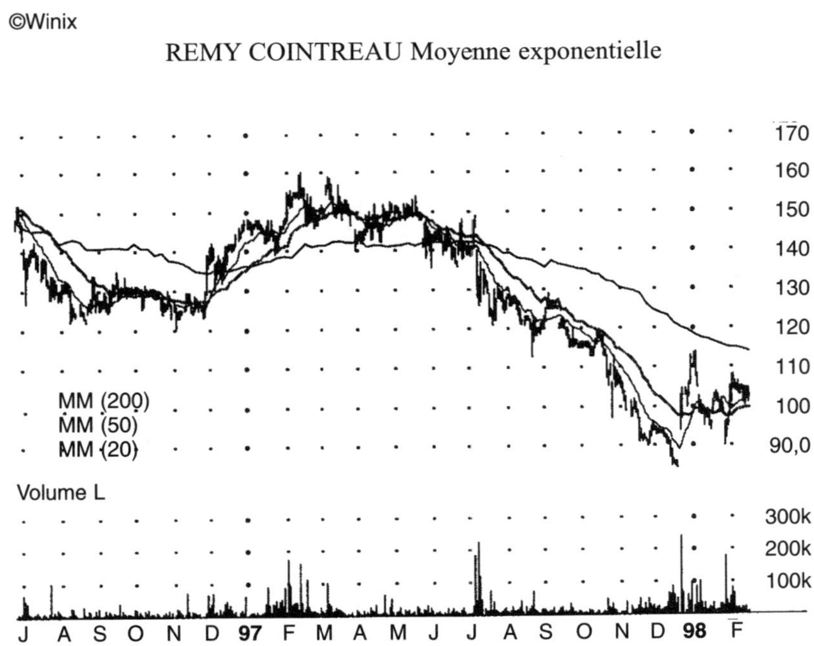

Si le quatrième jour, le cours est de 63, la moyenne mobile exponentielle sera de :
0,2*63+0,8*60,65 = 61,12 (à comparer à 61,3)
On comprend le succès de cette moyenne mobile qui, à l'époque précédant l'arrivée de l'ordinateur, s'explique aisément.

L'allure générale de la courbe est tout à fait comparable mais le dessin beaucoup plus heurté que celui de la moyenne mobile arithmétique.

La moyenne mobile quadratique

Le calcul de la moyenne mobile quadratique est basée sur la fonction « racine carrée » :

$MMq = [\Sigma Cj^2 / n]^{!}$
avec j allant de 1 à n, n étant la période de calcul de la moyenne mobile.

Graphique 30. **Moyenne mobile quadratique**

©Winix

REMY COINTREAU Moyenne quadratique

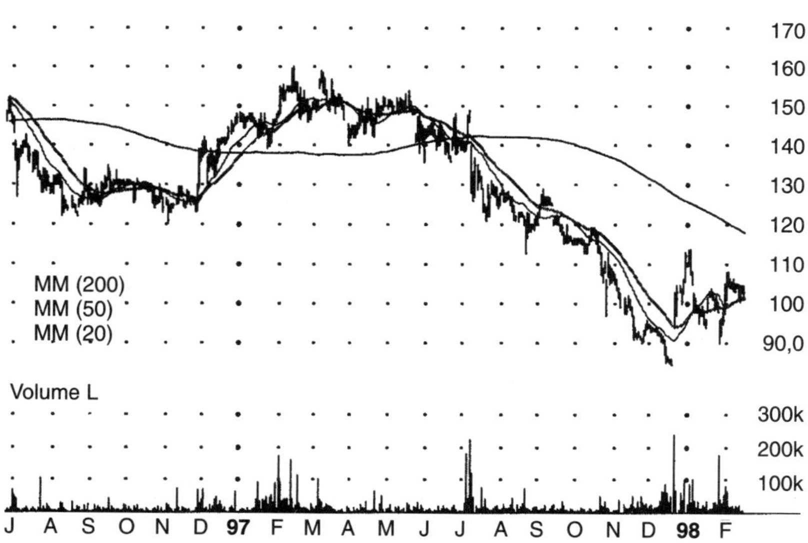

En reprenant le même exemple, détaillons le calcul de la moyenne mobile quadratique à trois jours le troisième jour :

$MMq(3) = [(59^2 + 62^2 + 60^2) / 3]^{1}$
MMq(3) = 60,34 (au lieu de 60,3 pour la moyenne mobile arithmétique et de 60,65 pour la moyenne mobile exponentielle

Cette moyenne mobile a un aspect tout à fait semblable à celui de la moyenne mobile arithmétique.

La moyenne mobile harmonique

Cette moyenne mobile repose sur l'utilisation de la fonction inverse :
$MMh = n / [\Sigma(1 / Cj)]$
avec Cj : cours au jour J (dernier ou premier cours, ou encore cours médian, etc.) et j allant de 1 à n, n étant la période de calcul de la moyenne mobile

En reprenant notre exemple, le calcul de la moyenne mobile harmonique à 3 jours au troisième jour est le suivant :

MMh(3) = 3 / [1/59 + 1/62 + 1/60]
MMh(3) = 60,30 (à comparer au 60,30 de la moyenne mobile arithmétique, au 60,65 de la moyenne mobile exponentielle et au 60,34 de la moyenne mobile quadratique).

Cette moyenne mobile est d'un aspect très semblable aux moyennes mobiles arithmétique et quadratique.

La moyenne mobile pondérée

Quelle que soit la méthode de calcul retenue, il est toujours possible de pondérer la moyenne mobile de façon à donner plus de poids aux derniers cours. Cette pondération permet de réduire le retard inhérent à son mode de calcul.
En effet, une baisse subite et importante du cours d'une valeur, liée par exemple à une remise en cause des fondamentaux de l'entreprise, ne permettrait pas à l'investisseur d'être dans le bon timing et de prendre en compte l'information dans son analyse technique aussi rapidement qu'il aurait été souhaitable.

Graphique 31. **Moyenne mobile harmonique**

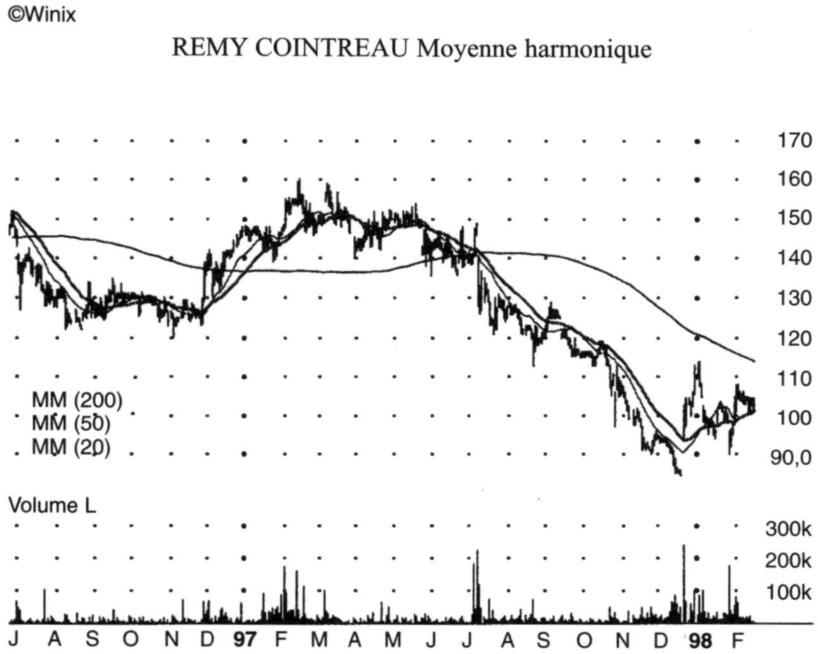

Prenons l'exemple de la moyenne pondérée arithmétique qui se calcule de la manière suivante :

MMp(n jours) = Σ (j * Cj) / Σ (j)

avec Cj : cours du jour j, j variant de 1 à n
j : jour j, variant de 1 à n

Cette formule permet de donner de plus en plus de poids aux derniers cours, lors du calcul de la moyenne.

En reprenant l'exemple précédant, la première moyenne mobile pondérée sur 3 jours est égale à :

MMp(3) = [1 * 60 + 2 * 62 + 3 * 59] / (1 + 2 + 3)
MMp(3) = 60,16 (au lieu de 60,3)

la baisse du troisième jour est davantage prise en compte que par le simple calcul de la moyenne arithmétique.

Graphique 32. **Moyenne mobile arithmétique pondérée**

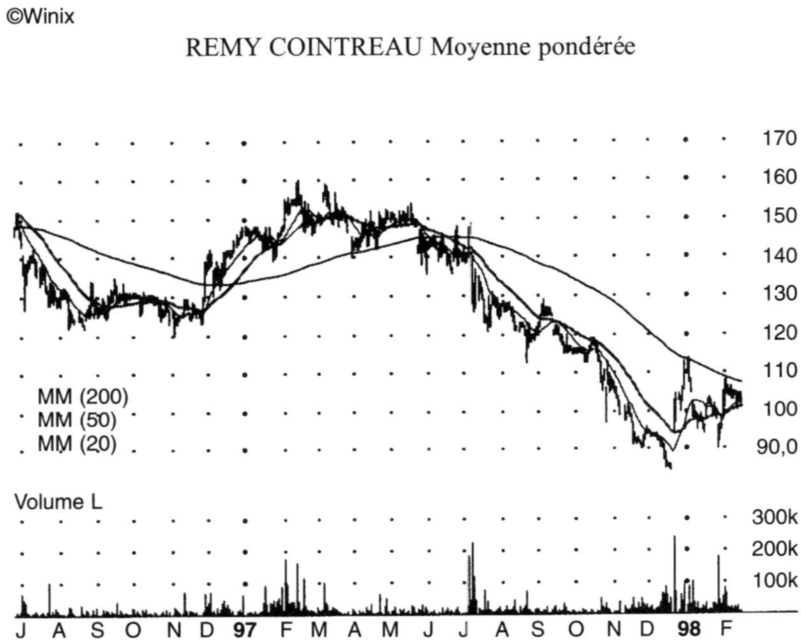

En accordant plus d'importance aux mouvements court terme, on augmente la réactivité de l'indicateur mais on diminue sa fiabilité puisque la possibilité de générer des faux signaux s'accroît. Néanmoins, il est tout de même conseillé, en général, d'utiliser une moyenne mobile pondérée, car le principe d'accorder moins d'importance aux cours anciens reste un bon principe, et ce d'autant plus que la moyenne mobile a une période de calcul longue.

Comparaison entre les différentes moyennes mobiles

Afin de mieux comparer les résultats de ces différentes moyennes mobiles, nous les avons réunis dans un même graphe.

Graphique 33. **Combinaison de différentes moyennes mobiles**

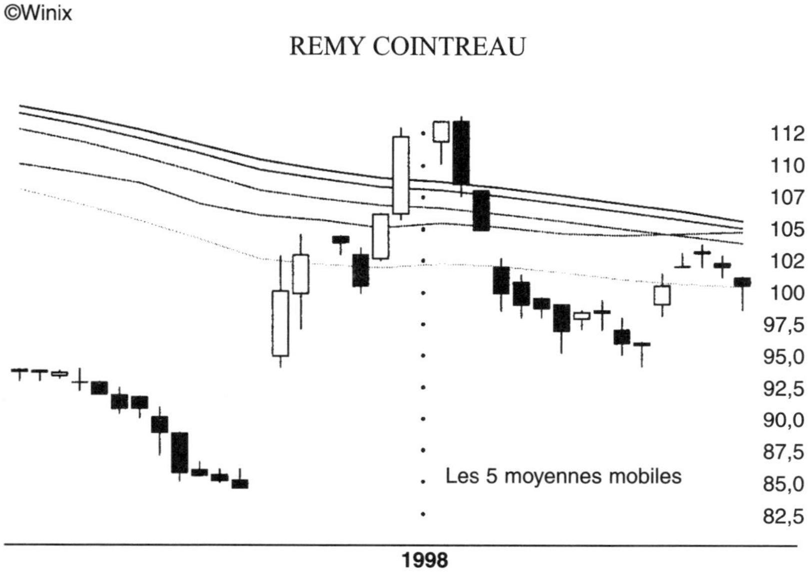

Dans ce graphe, de bas en haut en 1997 (partie gauche du graphe) , vous trouvez les moyennes mobiles suivantes calculées sur 100 jours : arithmétique pondérée, exponentielle, quadratique, arithmétique et harmonique.

Première remarque : les différences ne sont pas spectaculaires. Les tracés sont proches.
On constate que la moyenne mobile exponentielle est la plus nerveuse. Elle est plus heurtée que les autres dans son évolution car elle est plus sensible aux variations de cours.
Les trois autres ont la même allure plus lissée mais avec un petit décalage dans le temps. La plus lente est la moyenne harmonique, ensuite vient la moyenne arithmétique puis la moyenne quadratique.
La moyenne mobile arithmétique pondérée présente le plus d'écart avec les autres. Elle peut avoir ici jusqu'à quatre jours d'anticipation sur la moyenne arithmétique simple.

En résumé, on notera donc que le changement du nombre de jours comme paramètre de calcul ou encore la pondération de la moyenne mobile ont une influence bien plus considérable sur le résultat que le choix du type de moyenne.

Conclusion

Il existe plusieurs types de moyennes mobiles mais aucune n'est intrinsèquement meilleure qu'une autre. Certaines formules permettent une meilleure anticipation du signal mais cette anticipation se fait au détriment de la qualité (davantage de faux signaux sont générés). C'est à l'investisseur de choisir celle qui correspond le mieux à son profil (plus ou moins grande prise de risque). Pour celui qui cherche la plus grande anticipation, nous conseillerons donc **la moyenne mobile harmonique pondérée.**

En bref, il est important de retenir que les moyennes mobiles ont essentiellement pour but, de filtrer les fluctuations de cours peu significatives, afin de mieux juger le bien-fondé d'une tendance. La facilité de calcul et d'utilisation des moyennes mobiles explique l'ancienneté de cette méthode ; mais comme pour tous les outils d'analyse, l'important reste leur paramétrage et l'interprétation qui en est faite.

2.2.2 Comment utiliser et interpréter une moyenne mobile ?

Les moyennes mobiles peuvent être utilisées selon diverses méthodes : seules, combinées aux cours ou encore, combinées entre elles, les moyennes mobiles ont beaucoup de succès auprès des opérateurs, si bien que des modèles personnels de plus en plus sophistiqués sont construits.

Sur quelle période faut-il étudier une moyenne mobile ?

Le nombre de jours pris en compte pour le calcul d'une moyenne mobile est très important : il va conditionner l'horizon d'analyse, et donc, d'investissement, que l'opérateur se fixe.

Plus ce nombre augmente, plus la période d'investissement considérée s'élargit.
Un investisseur long terme utilisera plutôt une moyenne mobile 100, voire 200 jours parce que tout changement de tendance significatif sur le long terme sera visible sur une moyenne mobile long terme.
En revanche, une moyenne mobile court terme est très volatile ; elle est donc très sensible à toute hausse ou baisse subite des marchés : de ce fait, elle convient davantage à des opérateurs effectuant des aller retours réguliers.

Hormis l'horizon d'investissement retenu, un autre élément essentiel à prendre en compte est le cycle propre à chaque valeur ou marché. En effet, une société ayant une activité saisonnière, par exemple liée au ski, aura un cycle annuel (quatre mois de gros chiffre d'affaires puis huit mois de calme), ce cycle s'inscrivant lui même dans un plus grand cycle (saisons enneigées de très gros chiffre d'affaires qui reviennent tous les 50 ans). Dans ce cas, prendre une période de deux mois ne correspondrait à rien. Il sera préférable de retenir une période d' un an. Dans la réalité, repérer avec précision les cycles d'une valeur s'avère une opération très complexe. Néanmoins on essaiera de coller le plus possible à ce qui se dégage des cours, les valeurs « père de famille » acceptant des cycles plus longs que les valeurs spéculatives.
Pour plus de détail sur la reconnaissance des cycles, voir le chapitre B-IV.

Peut-on utiliser les moyennes mobiles seules ?

Les moyennes mobiles ont pour but, nous l'avons vu, de dégager la tendance dans laquelle se trouve un marché ou une valeur en éliminant les fluctuations mineures. Il est donc possible de les utiliser seules, comme de simples courbes de tendance.
Un retournement à la baisse d'une moyenne mobile indique l'avènement d'une tendance baissière des cours.
À l'inverse, un retournement à la hausse de la moyenne mobile marque le début d'un mouvement haussier des cours.
Ce retournement est d'autant plus significatif à long terme que la moyenne mobile est calculée sur une longue période.

Bien évidemment, le mouvement décelé par la moyenne mobile a toujours du retard par rapport au mouvement du cours. Ce décalage s'accentue dans le temps, plus la moyenne mobile s'allonge mais, dans ce cas, les tendances détectées sont également plus longues.

Graphique 34. **Le retournement de moyennes mobiles**

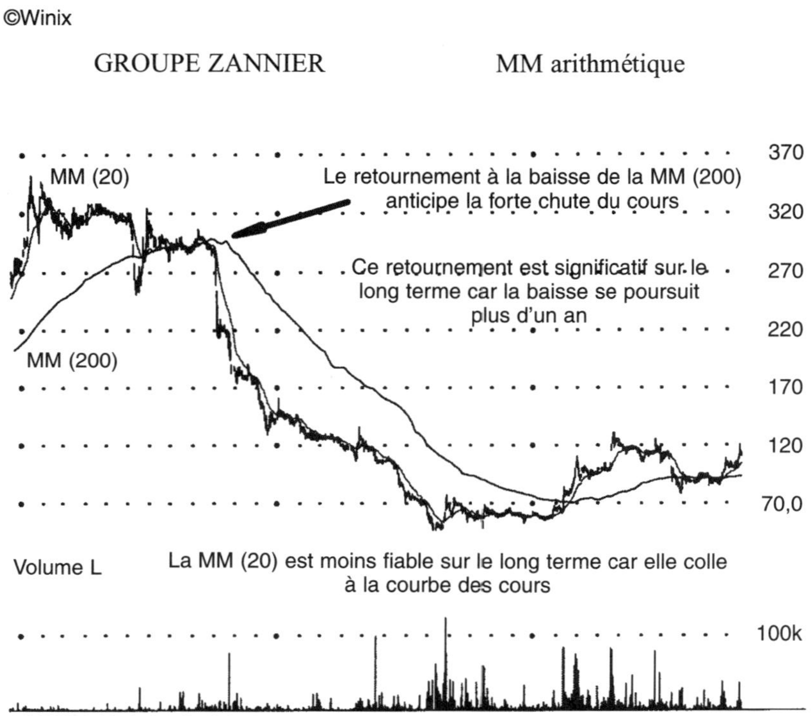

Utiliser les moyennes mobiles avec les courbes de cours

L'utilisation la plus classique qui est faite des moyennes mobiles reste celle du croisement avec les cours.
La moyenne mobile, indiquant la tendance des cours, constitue une ligne de soutien résistance, pour la courbe des cours.
En effet, une valeur en tendance haussière (baissière) voit sa courbe évoluer au-dessus (en dessous) de sa moyenne mobile.

Tant que la valeur conserve ce mouvement, sa moyenne mobile suit la même tendance.
Le croisement de la courbe des cours et de sa moyenne mobile est alors analysé comme un éventuel signal de retournement de tendance surtout si la moyenne mobile est « longue ».
Le cours peut donc rebondir plusieurs fois sur sa moyenne mobile avant de la franchir car elle constitue un soutien (ou une résistance) technique très important(e).
Le franchissement, de manière significative, de la moyenne mobile par les cours rend le signal fort, notamment si les volumes d'échanges sont élevés.

La stratégie de base est la suivante :

■ **Acheter** quand la courbe de la valeur traverse la moyenne mobile, à la hausse.
■ **Vendre** quand la courbe de la valeur traverse la moyenne mobile, à la baisse.

Graphique 35. **Croisement du cours et de sa moyenne mobile**

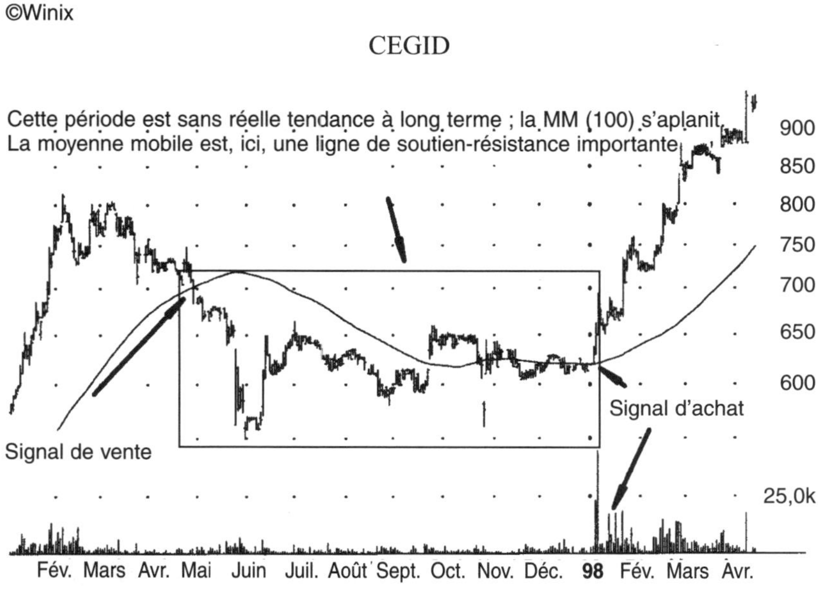

Ce graphe illustre parfaitement l'importance pour un opérateur de déterminer si un marché est en tendance ou non. En effet, le cours a traversé sa moyenne mobile 100 jours une première fois, mais il était dans une phase dite sans orientation, donc ce franchissement n'était pas significatif. Par contre, le deuxième passage était le bon. Nous reviendrons tout au long de cet ouvrage sur les outils qui permettent d'aider à déceler un marché en tendance d'un marché plat. Nous noterons simplement dans cet exemple la présence de forts volumes fin décembre 1997 et surtout l'allure générale de la moyenne mobile qui ne s'est véritablement retournée qu'à cette date là.

Combiner les moyennes mobiles entre elles

Afin de pallier la contrainte du timing, une méthode consiste à travailler sur le croisement de plusieurs moyennes mobiles.
Deux, voire trois moyennes mobiles peuvent être ainsi utilisées :

1. une moyenne mobile court terme (3 à 10 jours),
2. une moyenne mobile long terme (100 à 200 jours),
3. et éventuellement, une moyenne mobile moyen terme (20 à 50 jours).

Bien sûr, chacun choisit les moyennes mobiles qu'il veut étudier en fonction de sa stratégie. Par exemple, deux moyennes mobiles court terme semblent être la meilleure option pour des opérateurs court terme (ou intra-day).
La moyenne mobile la plus longue représente la tendance long terme de la valeur ; à l'opposé, la moyenne mobile la plus courte correspond à la tendance court terme.

Pourquoi prendre en compte le croisement ?

Avec le croisement, on introduit en fait la notion de vitesse du mouvement. On va capter le moment où la vitesse de la tendance court terme va devenir supérieure à celle de la tendance long terme et vice versa.
En fait, on repère ainsi une tendance naissante, haussière ou baissière, qui a suffisamment de force pour entraîner un retourne-

ment de tendance majeur. Grâce au croisement, ce repérage s'effectue avant même que la moyenne mobile long terme ne se retourne.
Là encore, plus le franchissement est net avec des moyennes mobiles qui s'écartent fortement après leur croisement et plus le signal sera fort.
En fait, graphiquement, on reconstitue un oscillateur (grande famille de l'analyse technique dont nous reparlerons plus loin), c'est-à-dire un indicateur dont la propriété est d'osciller, de varier autour d'un axe central, en l'occurrence la ligne des « 0 » qui correspond au moment précis du croisement (moyenne mobile long terme moins moyenne mobile court terme).
L'opération consiste donc à filtrer les fluctuations non significatives à court terme et long terme avec leurs moyennes mobiles respectives puis à appliquer un oscillateur pour travailler sur les vitesses respectives de ces tendances de façon à pallier le retard dans le signal généré par le premier filtre.

En pratique, le raisonnement suivant est appliqué :

- Un signal d'**achat** est généré quand la moyenne mobile court terme coupe, à la hausse, la moyenne mobile long terme.
- Un signal de **vente** est généré quand la moyenne mobile court terme coupe, à la baisse, la moyenne mobile long terme.

Dans le cas d'*Immeubles de France*, l'utilisation des moyennes mobiles à 10 jours et 100 jours s'est avérée efficace, sur l'intervalle de temps étudié.

En regardant attentivement cet exemple, certains enseignements supplémentaires peuvent être déduits :
Les deux signaux indiqués par des flèches se sont avérés très concluants. Mais il y a eu également, juste avant ces deux signaux, au moins deux franchissements en montée de la moyenne mobile 100 jours par rapport à la moyenne mobile 10 jours qui n'ont rien donné. On notera que, dans les deux cas, d'une part le franchissement n'était pas net, les deux moyennes mobiles restant collées l'une à l'autre et d'autre part la moyenne mobile long terme n'était pas positionnée pour un départ de tendance haussière.

Graphique 36. **Croisement de moyennes mobiles**

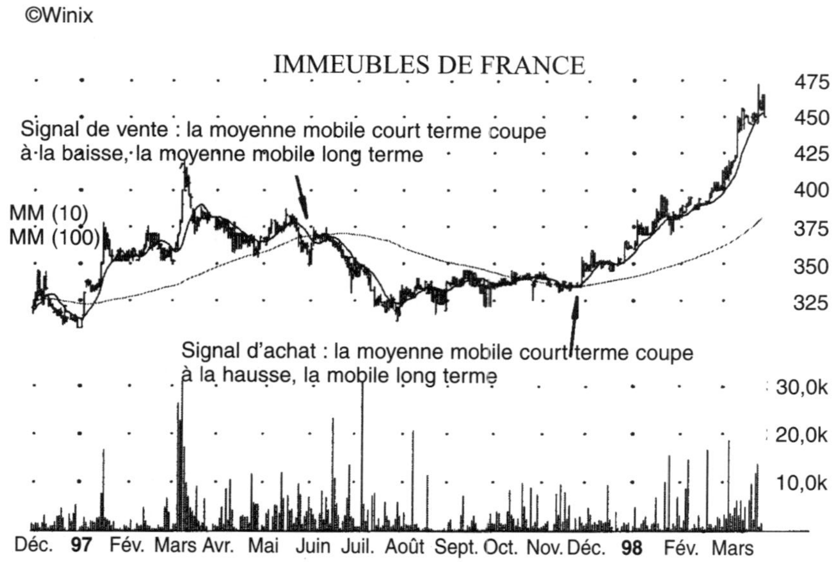

Par contre pour les deux « vrais » signaux, il y a eu franchissement net avec une moyenne mobile long terme prête à emboîter le pas d'une tendance baissière dans le cas du premier signal et haussière dans le cas du deuxième signal.

Conclusion

Plus que la méthode retenue : retournement de la moyenne mobile, franchissement des cours par la moyenne mobile ou encore croisement de moyennes mobiles entre elles (méthodes dont les résultats d'ailleurs convergent), c'est la netteté du signal qui est déterminante pour générer les informations les plus fiables. N'oublions pas non plus que pour éviter les faux signaux, il faut toujours répondre en parallèle à la question : le marché est-il en tendance ou non ?

III – PUIS ANTICIPER LES RETOURNEMENTS OU AUTRES CONFIGURATIONS

Nous venons de passer en revue des outils graphiques simples permettant de dégager la tendance actuelle ou naissante dans laquelle la valeur évolue. Mais le marché n'est pas toujours clairement en tendance. Il existe d'autres figures graphiques reflétant des comportements psychologiques caractéristiques qui permettent d'aider l'investisseur à prendre des décisions.
Ces figures sont anciennes et nombreuses. L'important n'est pas de les connaître toutes mais de repérer les principales.
Nous évoquerons d'abord les configurations qui se forment sur plusieurs semaines ou plusieurs mois et qui annoncent respectivement une phase de retournement, de consolidation ou d'incertitude. Ensuite nous nous pencherons sur l'analyse de signaux court terme formés sur quelques jours dans les représentations en bâtonnets et en bougies japonaises. Enfin nous examinerons les figures spécifiques à la configuration en points et figures et qui par construction ne prennent pas en compte l'élément temporel.
En conclusion, nous soulignerons l'intérêt de cette analyse graphique ancienne basée sur des comportements psychologiques connus en essayant de dégager les conditions qui permettent de l'utiliser avec succès.

A. LONG TERME

3.A.1 Les figures indiquant un retournement de la tendance

3.A.1.1 Tête et épaules

Il s'agit d'une des figures les plus fiables et les plus anciennes de l'analyse technique.
Toute sa construction repose sur la psychologie des marchés ; la courbe des cours évolue selon une séquence comportementale bien précise :

① A l'origine de la figure, le marché est en tendance haussière ; les cours montent jusqu'à un plus haut avant de revenir tester la droite de soutien haussière. Ce plus haut constitue la première épaule.
La hausse vers ce plus haut est accompagnée de volumes élevés.

② La courbe rebondit sur la ligne de tendance, et atteint un nouveau plus haut qui constitue la tête.
Les volumes échangés durant cette phase diminuent par rapport à ceux échangés lors de la formation de l'épaule gauche.
Moins d'opérateurs sont convaincus d'une hausse durable ; ils sont donc moins nombreux à prendre position.

③ Le retournement de tendance se produit, et la baisse s'accentue au moment où le cours franchit la ligne de tendance haussière initiale. La chute est stoppée par la droite de support horizontale qui passe par le creux de l'épaule gauche (**ligne de cou**).
La panique ayant envahi les opérateurs, l'activité sur les marchés se révèle plus importante.

④ la courbe rebondit sur la ligne de cou pour atteindre un niveau proche du sommet de la première épaule, avant de repartir, à nouveau, à la baisse.
L'épaule droite est alors construite.
La figure en tête-et-épaule ainsi repérée, la baisse s'accentue car la chute pouvant être plus brutale et plus grave que prévue, les opérateurs vendent en masse les titres qu'ils détiennent.
Ce signal de baisse importante est donné lorsque la ligne de cou est franchie dans un contexte de forte activité.
Avant d'entamer son mouvement baissier de manière significative, la courbe des cours peut revenir tester la ligne de cou, devenue droite de résistance (en un point appelé **pull back**).
N.B : il est fréquent que le sommet de la seconde épaule se situe légèrement en deçà de celui de la première épaule.

Le **tête-et-épaule inversé** est la figure symétrique du tête-et-épaules, par rapport à sa ligne de cou.
Cette configuration intervient pour mettre fin à une phase baissière et possède un potentiel de retournement haussier important.

Dessin 1. **Formation en tête et épaules**

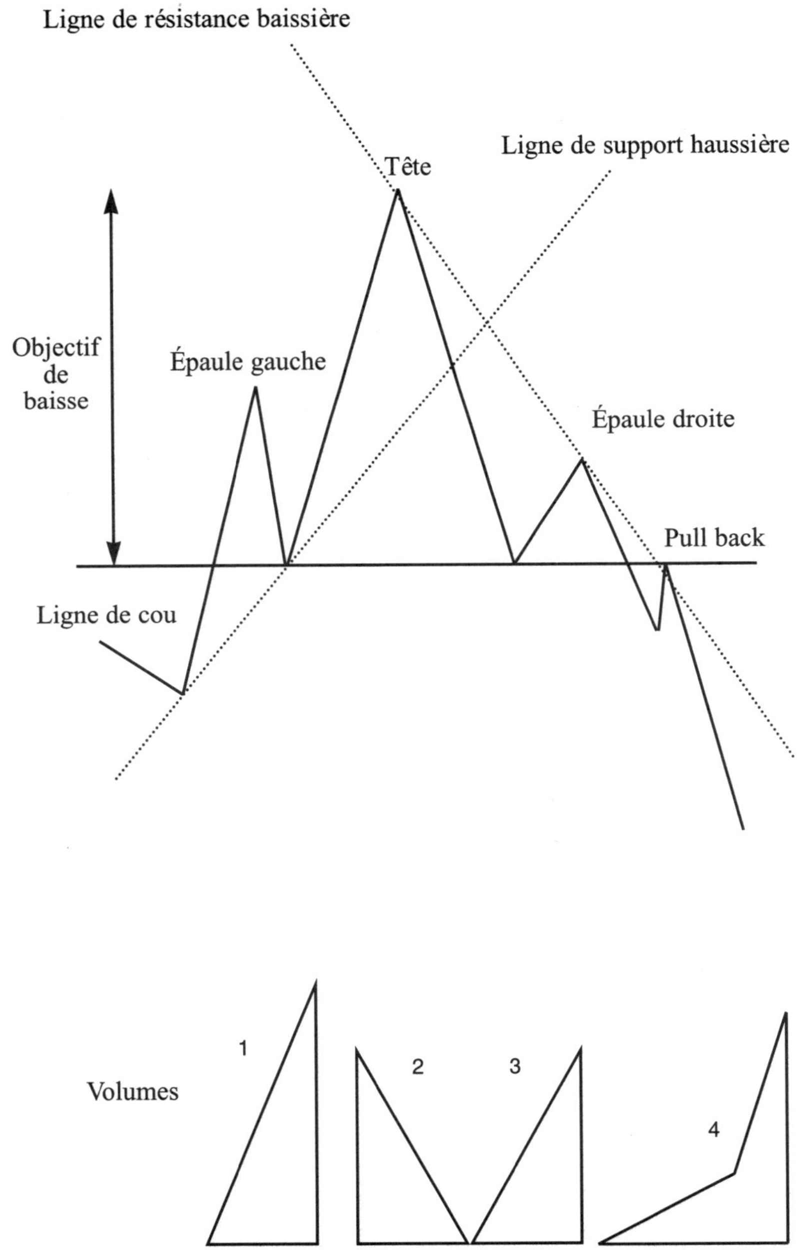

Graphique 37. **Illustration de la figure en tête et épaules**

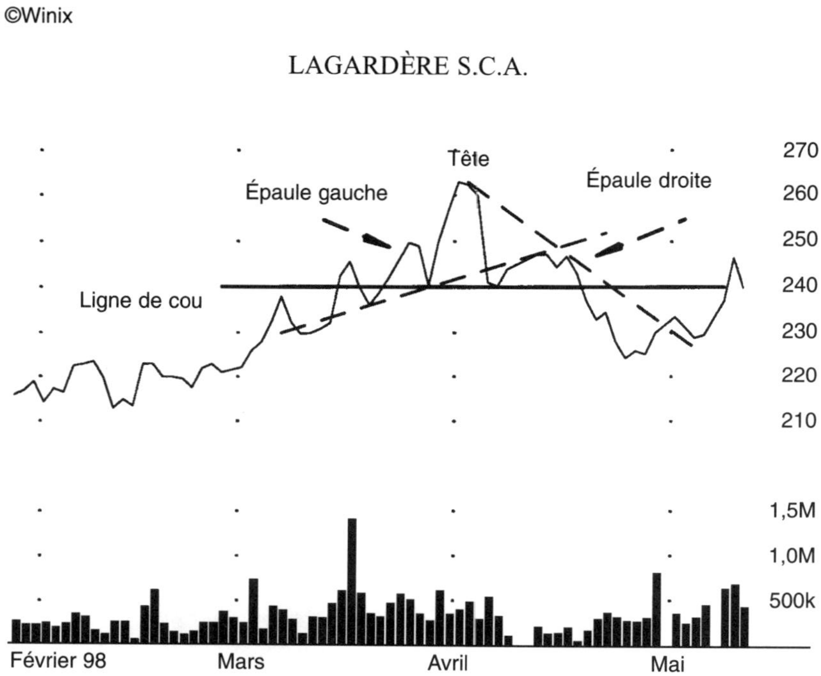

Les volumes échangés pendant sa formation sont identiques à ceux du tête-et-épaules, et l'objectif de cours est calculé de la même manière (voir graphe 35).

Graphique 38. **Illustration de la figure en tête et épaules inversée**

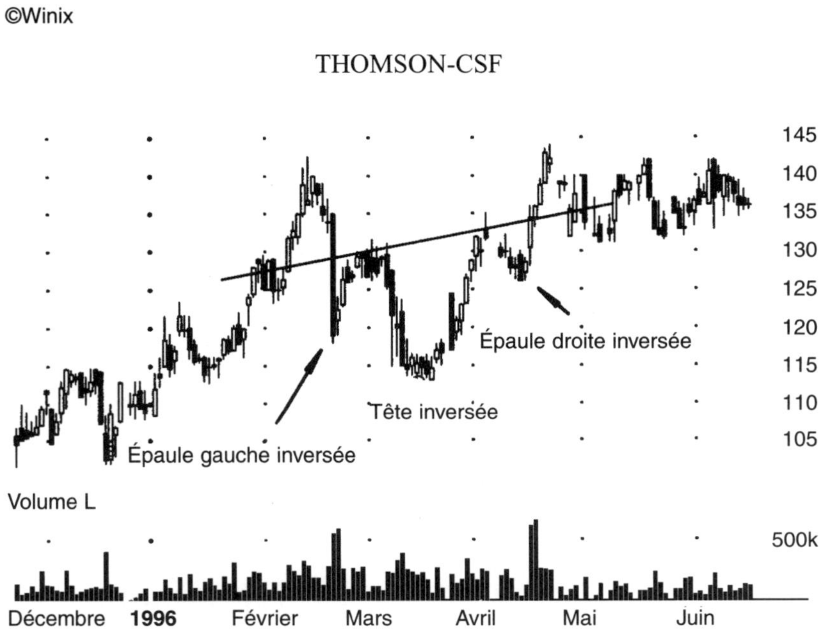

3.A.1.2 Double ou triple sommet et double ou triple creux

Le double-sommet

Également appelé *figure en M,* le double-sommet est une figure de retournement qui apparaît en fin de phase haussière, où deux sommets se succèdent avant que la tendance ne s'inverse.
Une forte poussée des volumes, alors que le cours augmente, conduit la courbe à son premier sommet.
Ce dernier incite certains opérateurs à prendre leurs bénéfices, ce qui a pour effet immédiat de faire chuter le cours de la valeur. Ceci fait, un courant « acheteur » refait surface et entraîne la courbe vers un second sommet (d'une hauteur quasi identique au premier) qui bouclera la construction de la figure étudiée. Naturellement, la part de méfiance envers la valeur concernée s'étant

amplifiée, les volumes d'échanges sur le titre diminuent pendant la formation du deuxième sommet.
Par contre, la valeur devient plus active dès que son cours franchit, à la baisse, la ligne de soutien passant par le creux séparant les deux sommets.
Après qu'un possible pull-back ait lieu, le cours se dirige vers son plus bas « potentiel ».

Dessin 2. **Formation du double sommet**

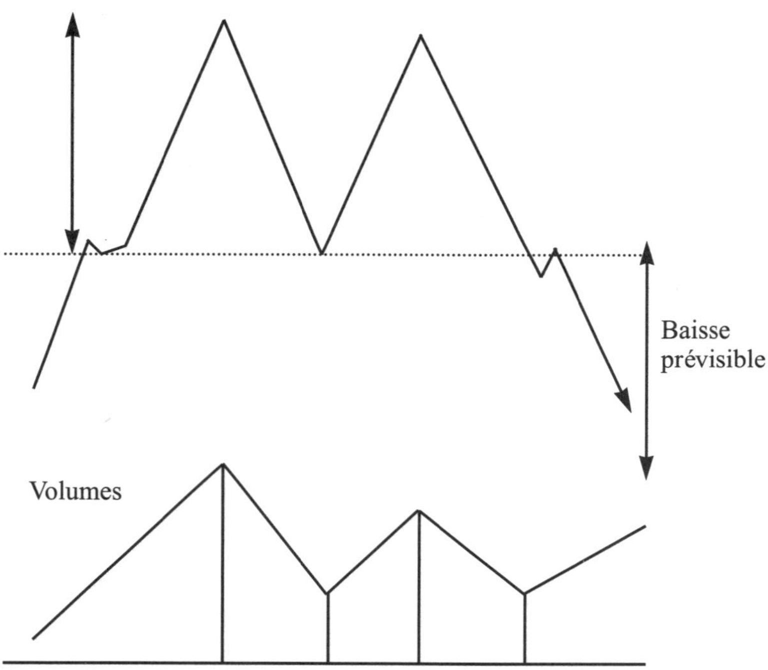

Le triple-sommet

Il est possible de rencontrer une figure dérivée du double-sommet : le triple-sommet.
Il diffère de la figure précédente du fait qu'un troisième sommet est formé par la courbe, avant le retournement de tendance.
Malgré cette distinction, sa construction et son analyse restent similaires au double-sommet.

Le double-creux

Figure inverse du double-sommet, le double-creux est aussi nommé figure en W, qualificatif qu'il doit à sa forme unique et facilement repérable sur un graphique.

Le double-creux est, à l'instar de son homologue baissier (le double-sommet), une figure de retournement. Il apparaît lorsque le marché se trouve en fin de phase baissière.
Le début de la formation est marqué par le franchissement de la ligne de support du trend baissier encadrant l'évolution du cours depuis une période plus ou moins longue. Cette cassure se fait dans un contexte de marché très actif, ce qui amène le cours au premier creux.

La vente massive des titres semblant exagérée, des opérateurs n'hésitent pas à revenir sur la valeur, ce qui pousse le cours de celle-ci vers le haut.

Après quelques prises de bénéfices effectuées dans de faibles volumes, le cours atteint un nouveau creux avant de rebondir à la hausse.

La figure est confirmée au moment où la courbe franchit la ligne de résistance passant par le point haut séparant les deux creux ; cette montée du cours s'accompagne de volumes conséquents.

Le triple-creux

Le triple-creux, qui n'est autre que la figure inverse du triple-sommet, se substitue parfois au double-creux, lorsque les marchés éprouvent des difficultés à s'orienter réellement, après le second creux. La courbe effectue alors un troisième cycle qui va dessiner un nouveau creux, avant de repartir à la hausse.

Enfin, les volumes suivent le même rythme d'évolution que pour le double-creux, et l'objectif de hausse est calculé de la même manière.

Dessin 3. **Formation du double creux**

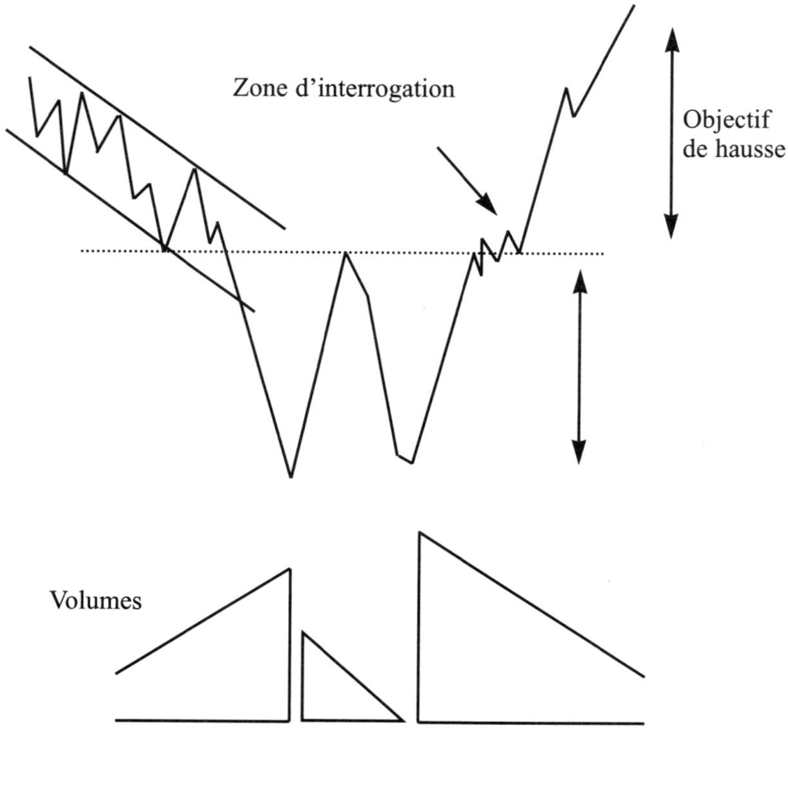

Graphique 39. **Illustration des double creux et double sommet**

©Winix

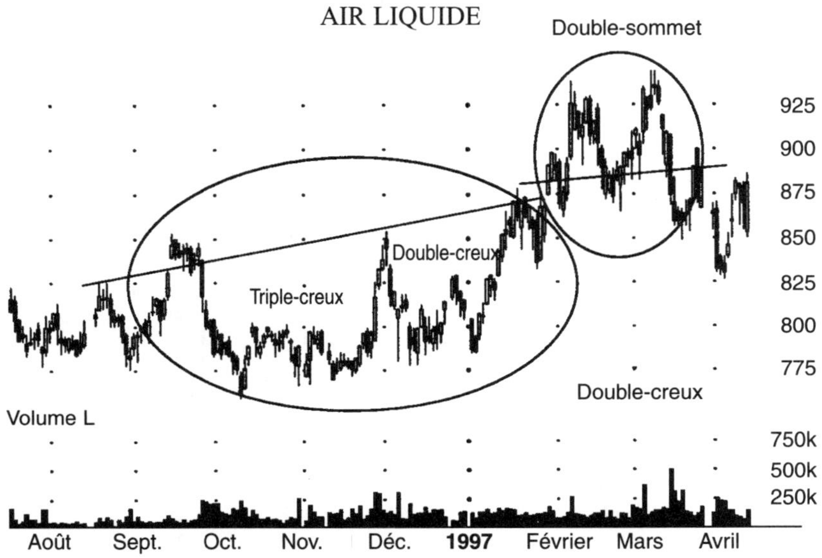

Graphique 40. **Deux double-sommets**

©Winix

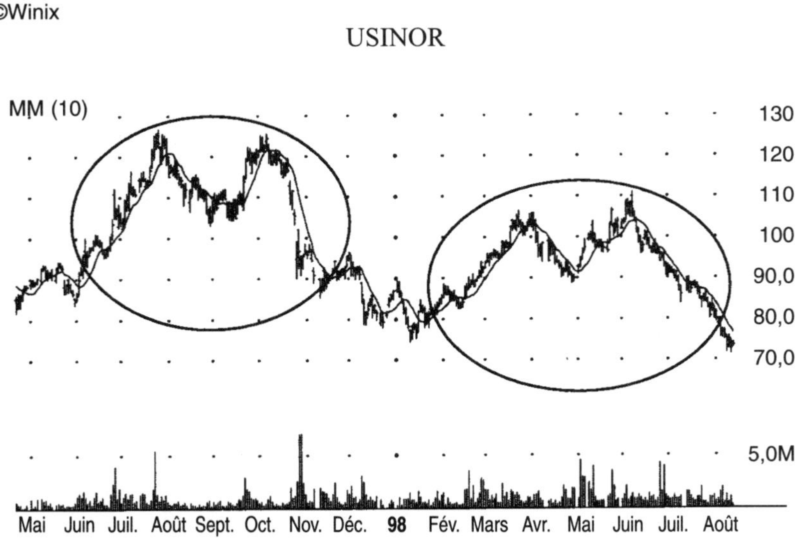

Graphique 41. **Le triple creux**

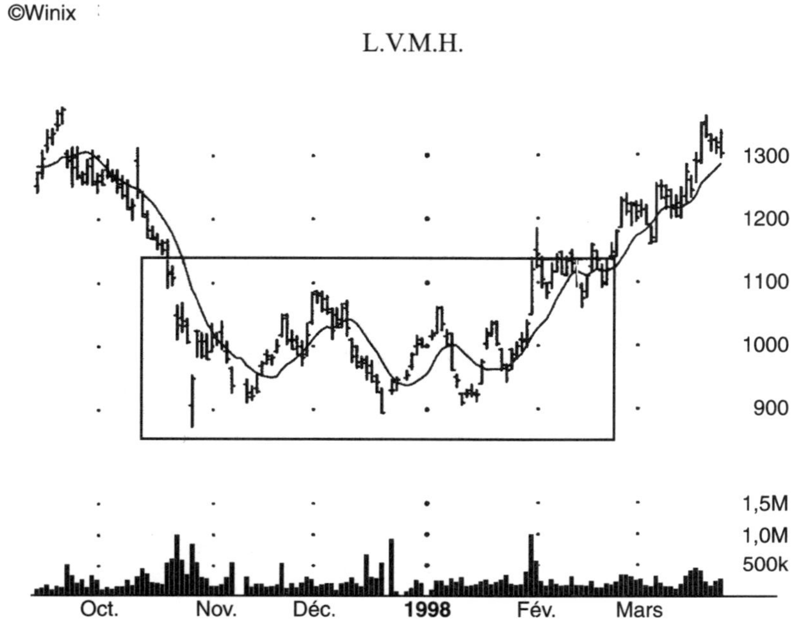

3.A.1.3 Les biseaux

Les cours évoluent à l'intérieur d'un canal qui se rétrécit avec le temps. Les biseaux sont formés par deux droites non parallèles. Les biseaux sont des figures laissant présager un retournement de tendance généralement plus rapide et plus violent que le mouvement baissier (ou haussier) précédent.

En fait un biseau est une succession de hausses et de baisses dont l'amplitude entre les plus bas et les moins hauts (et vice versa), atteints par les cours, se réduit jusqu'à ce que la pression se fasse plus forte à l'achat ou à la vente.
Un biseau évoluant à la hausse est appelé **biseau ascendant** ; un **biseau descendant** évolue, quant à lui, à la baisse.

Le biseau ascendant

Cette formation peut naître aussi bien en cours de tendance haussière (long terme), que pendant une phase baissière (long terme) ; seul le début de la configuration diffère.
Comme pour toute figure graphique, l'analyse des volumes met en évidence le comportement psychologique sous-jacent à l'apparition des biseaux.

Dessin 4. **Formation du biseau ascendant**

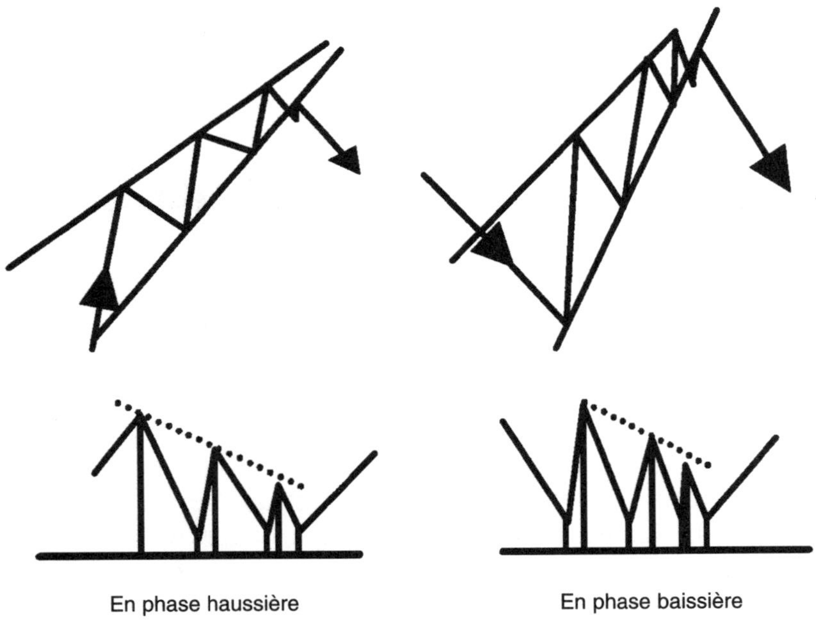

Les volumes diminuent au fur et à mesure que la figure se forme, tout en marquant des pics, les journées de rebonds techniques. Ils augmentent considérablement lorsque la courbe sort du biseau après avoir testé la ligne de support et que la baisse se confirme. Plus la figure se dessine nettement, moins les intervenants souhaitent se porter acquéreur d'un titre dont le risque de chute est réel.

Graphique 42. **Illustration du biseau ascendant**

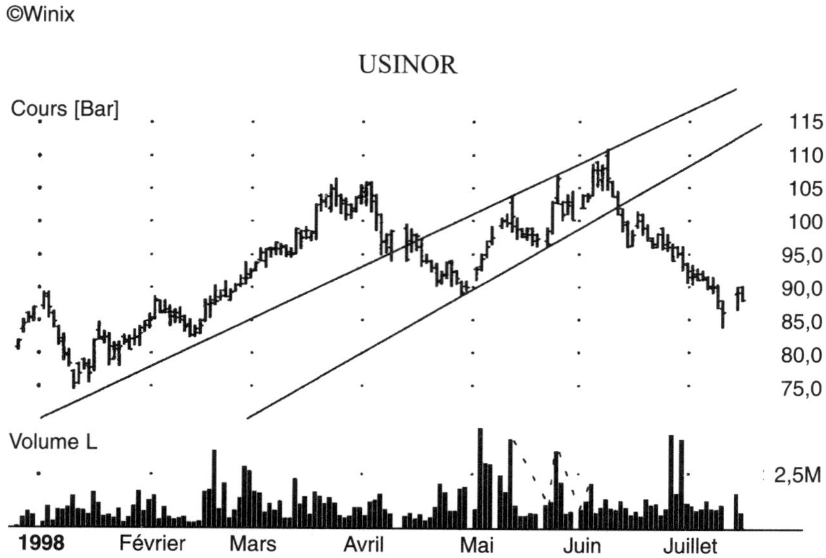

Le biseau descendant (ou fanion)

Le biseau descendant est un « entonnoir » dirigé vers le bas : la courbe du cours converge vers un point qu'elle n'atteindra pas puisque la théorie veut qu'une courbe évoluant dans un biseau descendant, coupe la ligne de résistance en se retournant à la hausse, dans un fort volume, avant le sommet du triangle formé par les deux droites de tendance.

Les volumes échangés s'amoindrissent, et ce, même quand la courbe vient buter contre la ligne de résistance. Ceci montre que les opérateurs ayant repéré cette figure, attendent la sortie du biseau pour se repositionner.
Une fois que la courbe établit une nouvelle tendance, les investisseurs se replacent en masse sur cette valeur.

Dessin 5. **Formation du biseau descendant**

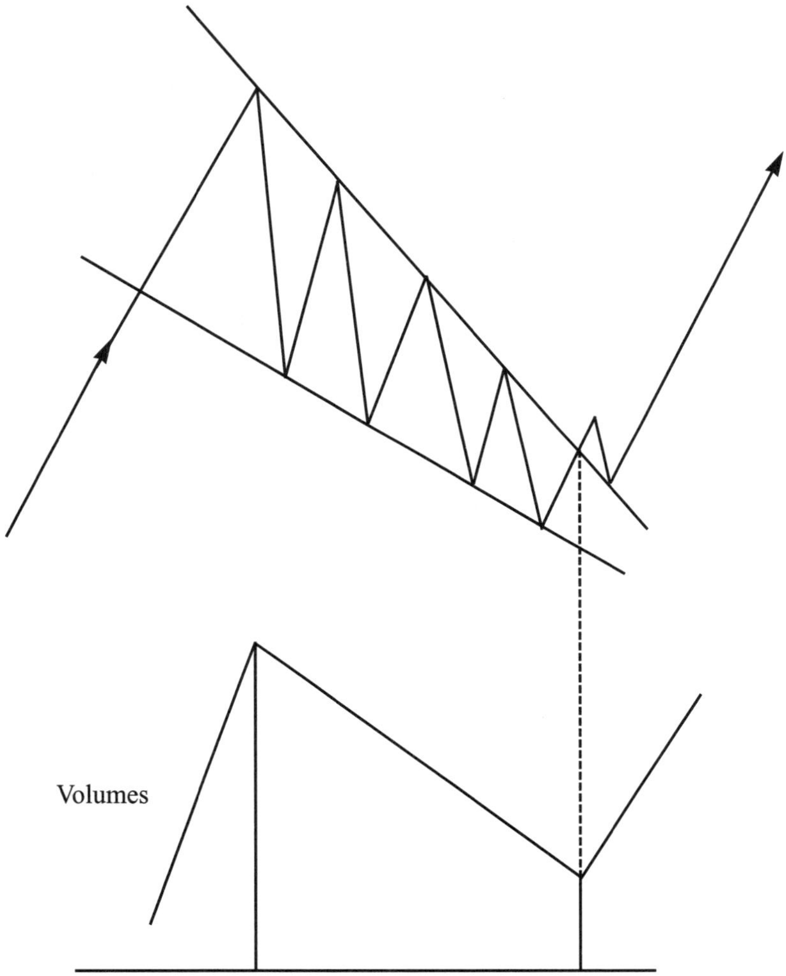

Cette figure peut se former sur des périodes assez longues comme en témoigne le graphe ci-dessus.

Attention à ne pas confondre les biseaux avec les triangles (voir chapitre 3.A.3) car l'interprétation est différente. Les biseaux s'inscrivent à l'intérieur d'une tendance, ils annoncent l'épuisement de cette dernière et son retournement.

Graphique 43. **Illustration du biseau descendant**

Conclusion

Les figures que nous avons évoquées dans ce chapitre témoignent d'un essoufflement de la tendance en cours qui, compte tenu du comportement humain, prend à chaque fois, des formes particulières, identifiables et annonciatrices d'un changement de tendance. La quantification de ce retournement est, qui plus est, possible avec la fixation d'un objectif de hausse ou de baisse.

3.A.2 Les figures confirmant la tendance en cours

3.A.2.1 Les drapeaux ou flags

Les drapeaux correspondent à des figures de continuation, dont la phase de consolidation s'inscrit dans un petit canal haussier ou baissier.

Le flag haussier (baissier) intervient à la suite d'une forte hausse (baisse), interrompue dans son élan, par une période de consolidation baissière (haussière).

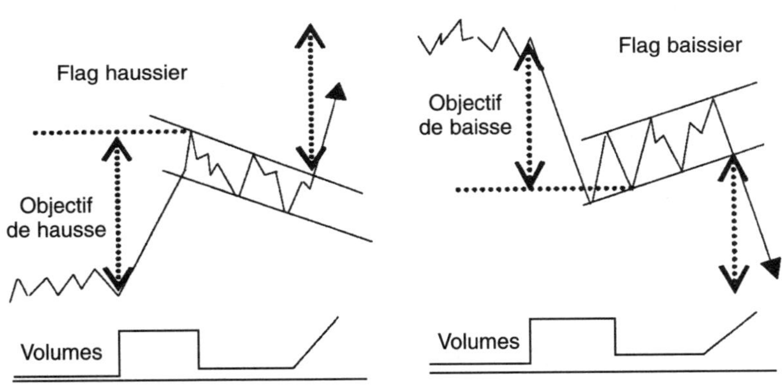

Psychologiquement, l'explication est la suivante : la forte hausse (baisse) précédant le flag est le fait d'un groupe d'intervenants bénéficiant d'une information privilégiée et qui opèrent donc, des achats (ventes) important(e)s. Après cette hausse (baisse), une phase de consolidation prend forme avant que cette information ne soit rendue publique et que le mouvement reprenne de plus belle.

Graphique 44. **Illustration du flag**

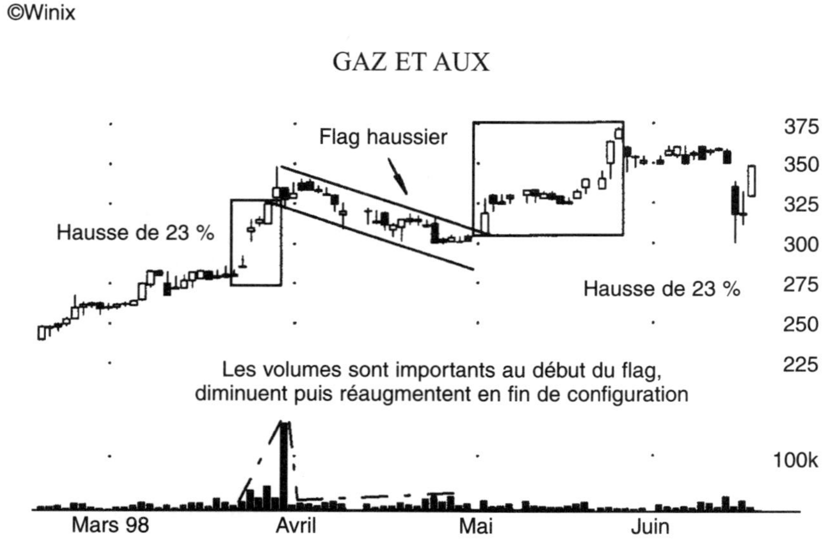

3.A.2.2 Les fanions ou penants

Le penant est basé sur le même principe que le flag. Simplement, la consolidation se fait à l'intérieur d'un triangle au lieu d'un canal.

Cette formation se constitue sur une période de temps courte.

■ *Conseil d'utilisation :*
Ces configurations graphiques peuvent changer de nature : figures de continuation, elles sont susceptibles d'apparaître lors d'une phase de retournement.

Étant difficiles à repérer et pouvant, de ce fait, conduire à des erreurs d'interprétation, il convient de les utiliser avec prudence.

Graphique 45. **Illustration du penant**

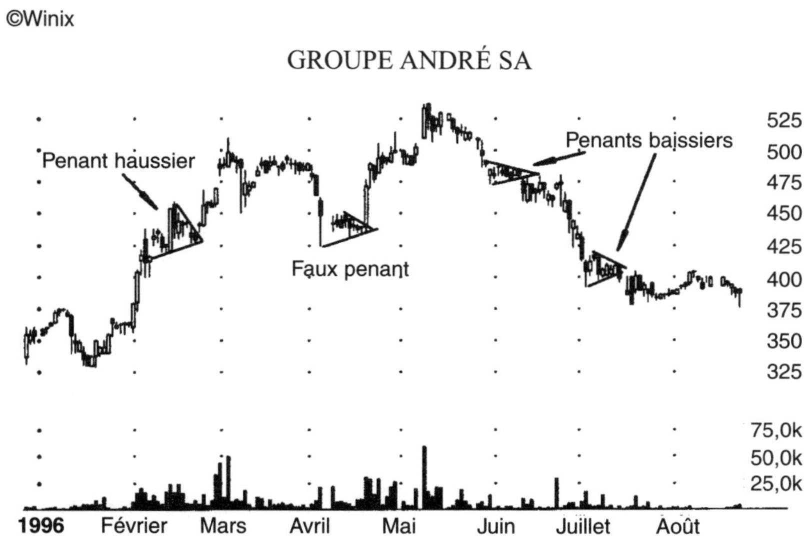

Ce graphe illustre la difficulté d'interprétation des penants. Normalement, figures s'inscrivant dans la tendance existante et donc la confirmant, ils peuvent aussi être confondus avec les faux penants qui, justement précèdent un changement de tendance. On attachera dons une attention particulière aux volumes accompagnant la formation de la figure et à la tendance générale dans laquelle elle s'inscrit.

Conclusion

Comme souvent, les figures de continuation ne sont pas aussi nettes que celles de retournement, il peut y avoir des confusions, par exemple avec les figures en triangles. La plus grande prudence s'impose donc dans leur utilisation.

3.A.3 Les figures indiquant une zone sans tendance

3.A.3.1 Les rectangles

Les rectangles sont des canaux qui ont la particularité d'être horizontaux donc de s'inscrire dans un marché sans tendance.
Mais comme la théorie veut que la sortie du rectangle se fasse dans le même sens que l'entrée, marché sans tendance n'est pas synonyme ici de marché incertain.
En règle générale, cette figure se dessine lorsqu'une phase de consolidation s'impose sur les marchés. Elle s'apparente plus à une pause que s'accorde le marché à l'intérieur d'une tendance haussière ou baissière.
Assimilé à une figure de continuation, le rectangle implique que la sortie du canal se fasse dans le même sens que son entrée. Par exemple, si le cours a pénétré le canal dans une montée, il en sortira en hausse. Par contre, s'il est entré en descendant, il sera en baisse lorsqu'il cassera la ligne de soutien.
L'objectif de hausse ou de baisse, c'est-à-dire la hausse ou la baisse attendue après la sortie du canal, est égal à la hauteur du rectangle.

Dessin 6. **Formation du rectangle**

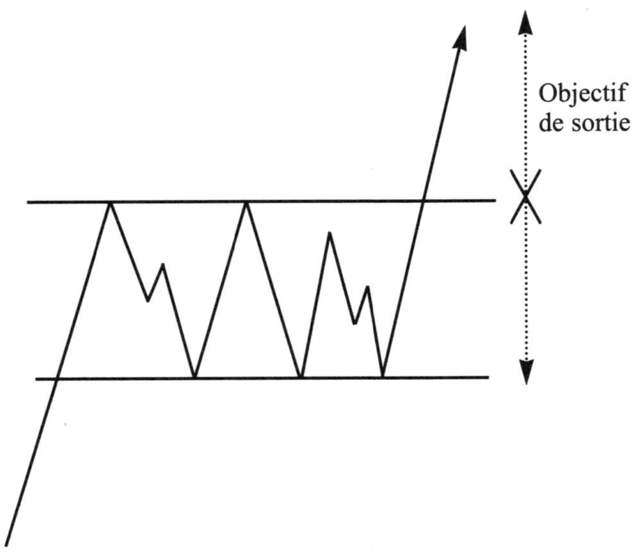

Graphique 46. **Illustration du rectangle**

©Winix

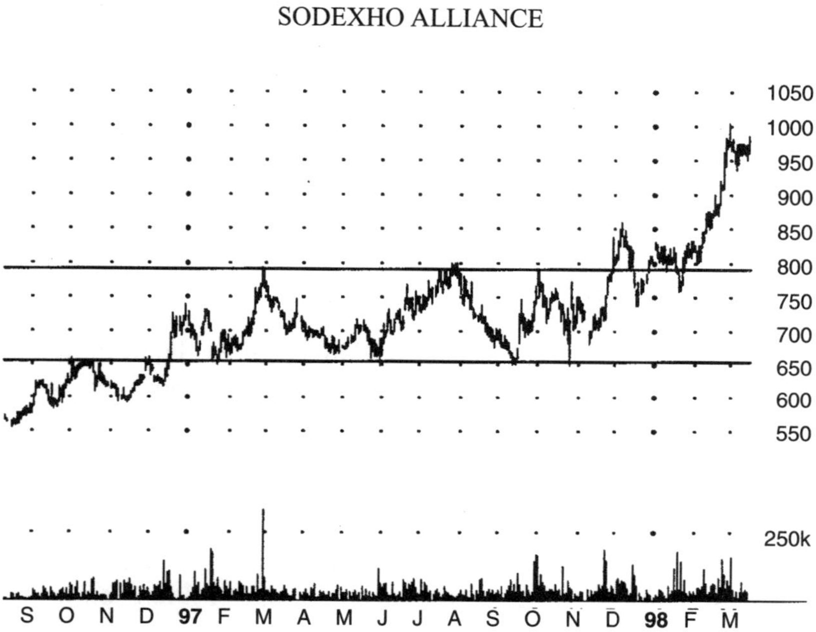

Comme on peut le constater sur le graphe de cette valeur, la formation en rectangle se fait généralement sur une longue période.

3.A.3.2 Les triangles

Les triangles sont des figures apparaissant lors de périodes indécises sur les marchés. Les cours oscillent avec une amplitude de plus en plus faible pour finalement converger vers un point qui n'est autre que le sommet du triangle. En fait, les opérateurs n'ont pas les éléments suffisants leur permettant d'identifier la nature de l'évolution future.
La sortie de la configuration triangulaire marque la nouvelle tendance du marché.

De forts volumes doivent confirmer ce mouvement de sortie. Dans le cas où les échanges ne sont pas nourris, le potentiel haussier ou baissier de la valeur concernée peut se révéler faible.
Différentes formes de triangles existent, chacune avec ses particularités :
le triangle isocèle *ou symétrique*, qui marque l'avènement d'une nouvelle tendance à la hausse, ou à la baisse
le triangle rectangle ascendant, ou encore, le triangle rectangle descendant, qui sont des figures de continuation confirmant la tendance existante.

Le triangle isocèle

Le triangle isocèle est formé de deux droites, l'une haussière, l'autre baissière, dont les pentes sont de signe opposé, mais quasiment équivalentes en valeur absolue. La bissectrice de l'angle ainsi formé, est plate et peut constituer une ligne de support-résistance pour le cours.
Le triangle isocèle se dessine souvent à l'issue d'une forte hausse, ou d'une forte baisse, et marque un point d'arrêt, à un moment où les opérateurs se posent des questions sur le bien-fondé d'un mouvement qui pourrait être exagéré.
Le triangle se forme alors sur une période plus ou moins longue (de quelques semaines à plusieurs mois), au bout de laquelle la courbe des cours retrouve une tendance haussière ou baissière.
La sortie du triangle doit se faire avant le dernier quart du triangle pour que le signal soit valable, à défaut de quoi, de faux signaux peuvent apparaître sur le graphe.
Les volumes suivent également une évolution calquée sur l'intérêt porté sur la valeur : le début de la formation se traduit par une activité importante, puis à l'intérieur du triangle, les volumes diminuent pour connaître une nouvelle impulsion à la sortie de celui-ci.
Un faible volume d'échanges lors du franchissement de la ligne de résistance peut constituer un faux signal : il faut donc surveiller attentivement cet indicateur.

Dessin 7. **Formation du triangle isocèle**

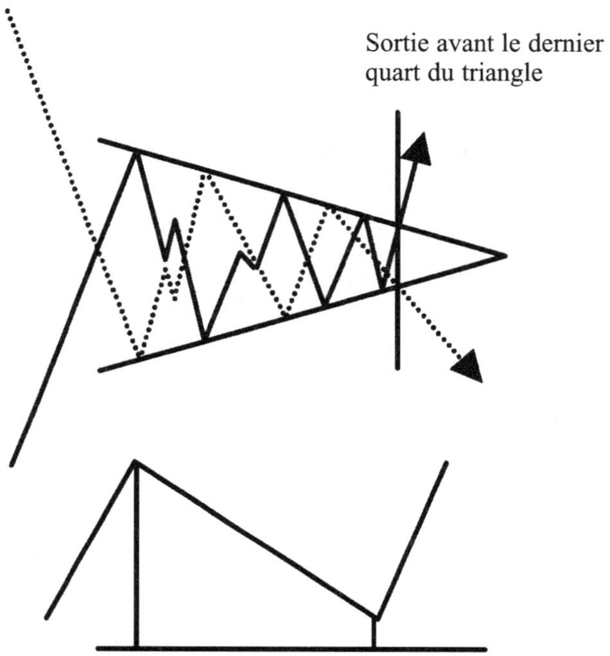

La sortie peut se faire aussi bien à la hausse, qu'à la baisse.

Il est possible de procéder à un calcul d'objectif, d'après cette figure.
Il correspond à la hauteur entre les deux droites du triangle, au niveau du second impact marquant le début de la forme graphique.
Si l'on prend l'exemple du graphe ci-dessus, le second impact a eu lieu lorsque le cours valait 2057. A ce moment là, l'écart entre les deux droites du triangle était de 317 soit environ 15 %. Cela signifie que lorsque le cours est sorti du triangle, son potentiel de hausse court terme était de 15 %.

Graphique 47. **Illustration du triangle isocèle**

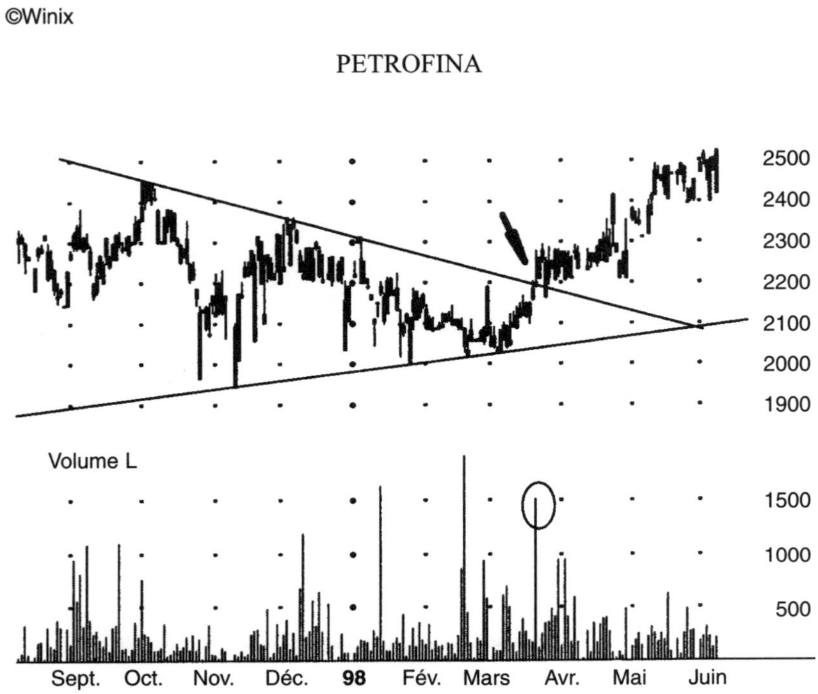

Les triangles rectangles

Les deux configurations triangulaires suivantes sont considérées comme des figures de continuation. A la différence des triangles isocèles, ces formations graphiques permettent de savoir dans quel sens le cours va s'orienter à la sortie de la figure.

Dessin 8. **Objectif de hausse du triangle isocèle**

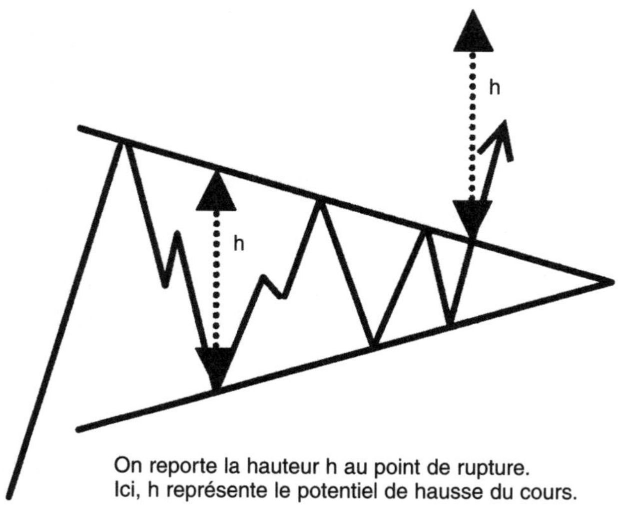

le triangle ascendant

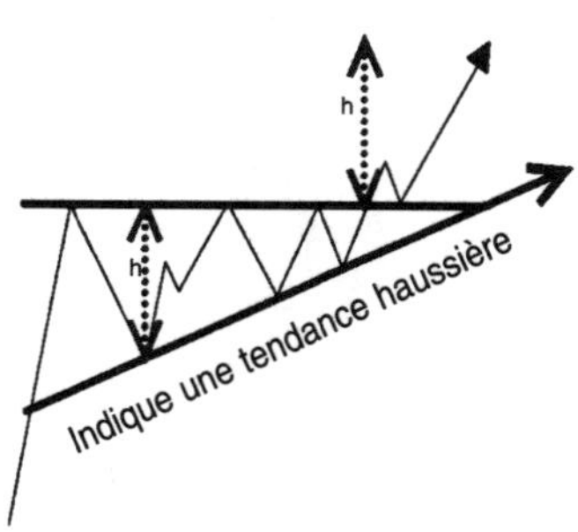

le triangle descendant

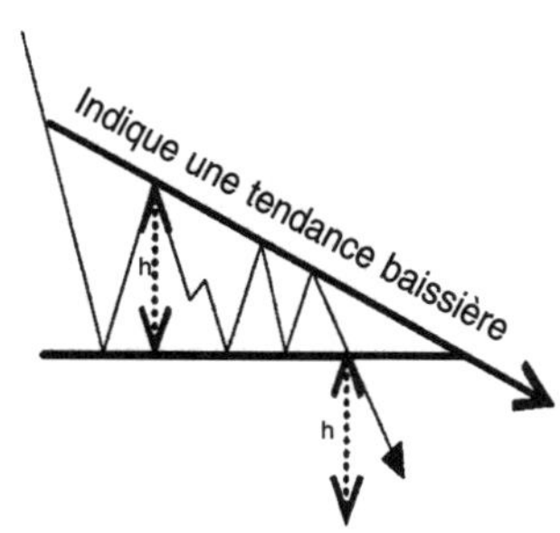

Les triangles ascendants

Ses caractéristiques sont les suivantes :

- ■ la ligne de résistance est « plate ».
- ■ la droite de soutien est haussière.

Elle indique donc qu'un franchissement, à terme, de la ligne de résistance est fortement probable.

■ les volumes régressent tout au long de la formation du triangle (des séances très actives peuvent néanmoins subsister), puis augmentent fortement au point de rupture, de la droite de résistance.

■ le cours peut venir tester la droite de résistance devenue droite de soutien, après être sorti de la configuration triangulaire.

■ les deux droites formant le triangle doivent être confirmées par trois points, au minimum.

L'objectif de hausse correspond à la hauteur (h) entre les deux lignes de tendance, au premier point d'impact de la courbe sur l'hypoténuse du triangle.

Graphique 48. **Illustration du triangle rectangle ascendant**

©Winix

Les triangles descendants

Ses caractéristiques sont quasiment identiques à celle du triangle ascendant sauf que :

- la ligne de soutien est « plate »
- la droite de résistance est baissière.

L'objectif de baisse est calculé de la même manière que pour le triangle ascendant.

Graphique 49. **Illustration du triangle rectangle descendant**

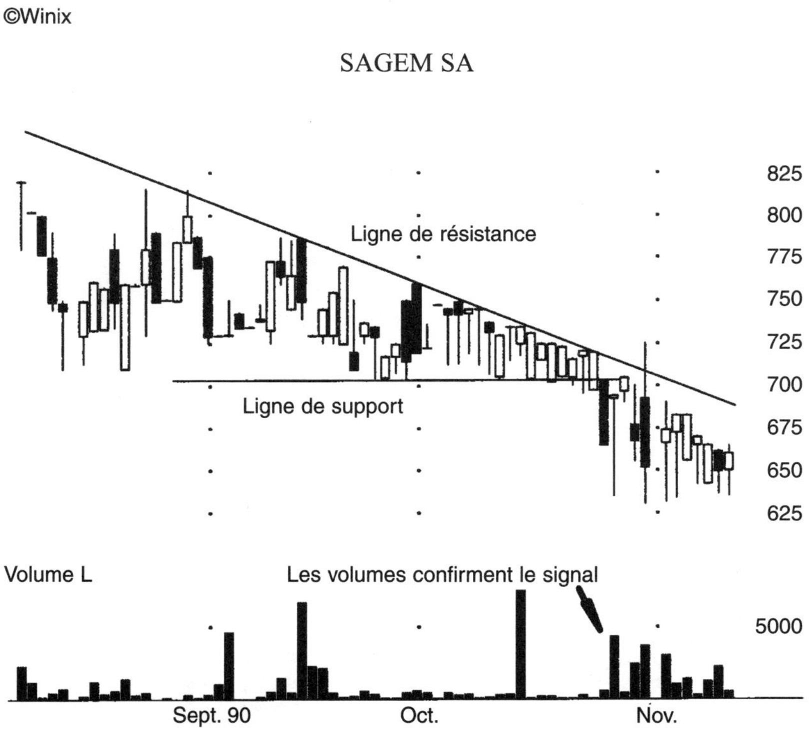

3.A.3.4 Les cônes d'évolution

Le cône d'évolution est une figure prospective. En effet, il permet de visualiser les objectifs à court, moyen et long terme pouvant être atteints par une valeur. On le considère comme le « miroir » du triangle isocèle.
La courbe des cours oscille entre deux droites formant un angle ouvert, contrairement aux triangles où ces deux lignes convergent.

Les opérateurs qui utilisent cette figure graphique peuvent ainsi évaluer le potentiel de hausse d'une valeur, lorsque le cours de celle-ci vient rebondir sur la droite de support baissière.
A l'inverse, le potentiel de baisse est déterminé quand la courbe bute contre la droite de résistance haussière.

Toute la difficulté de cette figure réside dans la fixation de l'origine du cône car il est souvent possible d'en tracer plusieurs sur un même graphique, ce qui ne facilite pas son utilisation.

Dessin 9. **Formation du cône**

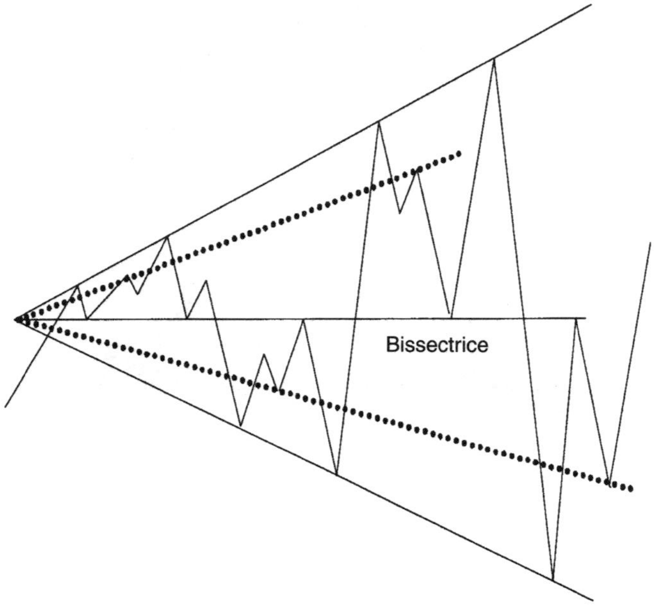

Graphique 50. **Illustration du cône**

©Winix

NORSK HYDRO

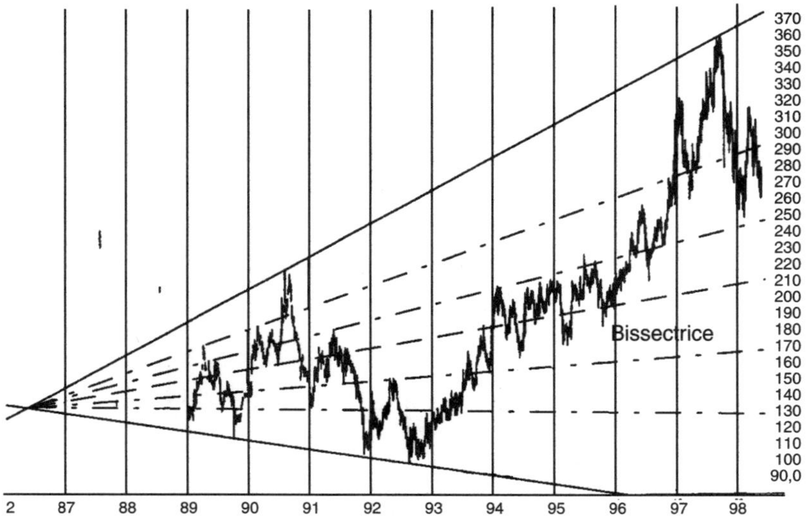

La bissectrice de l'angle constitue une ligne de support-résistance contre laquelle le cours vient buter régulièrement avant de la franchir.

D'autres droites viennent s'interposer dans la construction de cette figure; elles constituent un palier à dépasser lors de chaque phase de hausse ou de baisse.

Il est conseillé de construire cette figure sur le plus grand historique possible de la valeur, à minima plusieurs années. C'est dans ces conditions que ses qualités prédictives s'avèrent les plus performantes.

3.A.3.3 Les diamants

Le diamant est une figure juxtaposant un cône d'évolution et un triangle isocèle.
La sortie du triangle se fait dans le sens inverse de l'entrée. Si, par exemple, le cours avait pénétré le cône en montant, il sortira du triangle en descendant et vice versa.
Certains comparent cette formation à une tête et épaule dont la ligne de cou serait incurvée.
Cette figure est extrêmement difficile à déceler, mais revêt un potentiel de hausse ou de baisse très important.

Dessin 10. **Le diamant**

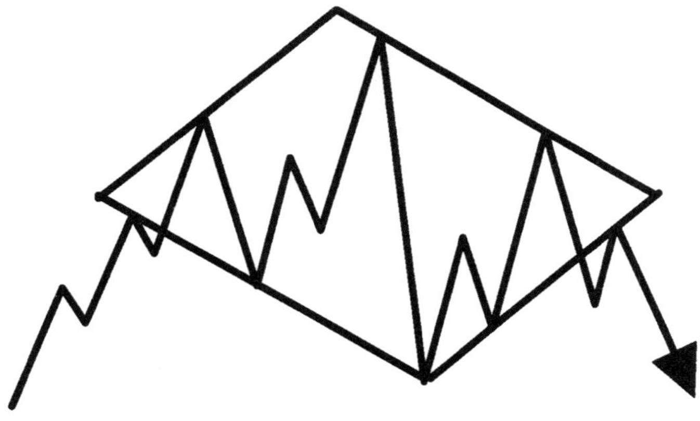

Conclusion

Un marché ou une valeur sans tendance tel que nous l'avons défini au chapitre B-II, c'est-à-dire avec les droites de soutien et de résistance de sens opposés ou au moins l'une d'entre elles horizontale n'est pas, nous venons de le voir, synonyme de marché incertain. Certes, on y rencontre bien des figures dont il n'est pas possible d'anticiper le sens de sortie mais on peut également y découvrir des figures de continuation qui sont de simples pauses à l'intérieur d'un mouvement déjà existant et qui à ce titre permettent d'anticiper l'orientation du cours.

L'exercice consiste à bien distinguer ces différents types de figures.

Graphique 51. **Exemple de diamant**

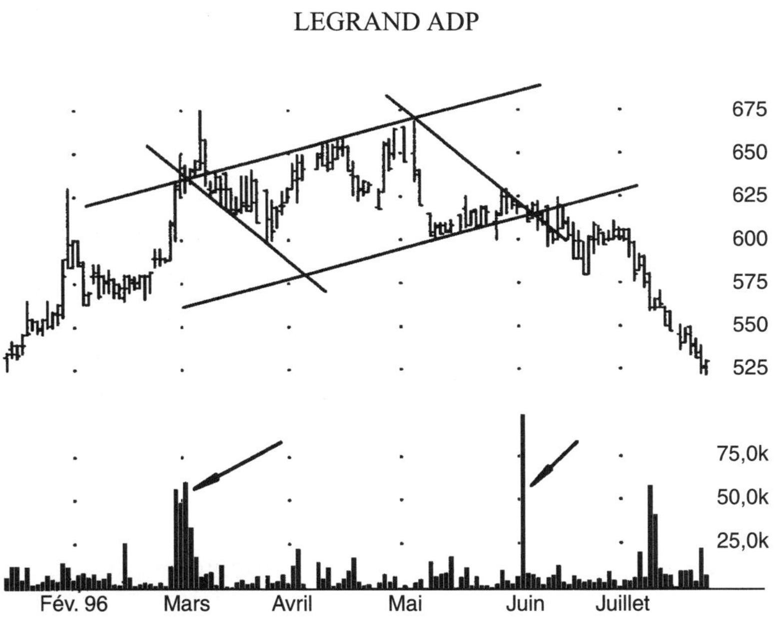

B. COURT TERME

3.B.1 Les bougies japonaises

Les bougies japonaises, riches de siècles d'observation nous offrent, à partir de leur représentation, de multiples configurations aux noms exotiques et annonciatrices de mouvements court terme.

3.B.1.1 Le marteau

Un marteau est caractérisé par :

L'absence d'une ombre supérieure (ou alors très minime)
- un corps peu important,
- une ombre inférieure notable

Il s'inscrit dans le cadre d'une **tendance baissière.**

Le marteau est un signal d'arrêt de la phase baissière : il indique un *possible* retournement à la hausse.
Si l'ouverture de la séance suivante se fait en hausse, plus l'écart avec le corps du marteau est important, plus le signal de retournement est fiable.

Une variante du marteau est le **marteau inversé** ; une importante ombre supérieure remplace l'ombre inférieure.
Pour autant, l'utilisation de cette figure reste identique à celle du marteau.

Si un marteau inversé apparaît dans une tendance baissière, il marque la fin de l'évolution négative tout en rendant possible un retournement à la hausse.

3.B.1.2 Le pendu

Un pendu est caractérisé par :

- l'absence d'une ombre supérieure (ou très minime)
- un corps peu important
- une ombre inférieure notable

Il s'inscrit dans le cadre d'une **tendance haussière**

Le pendu est un signal d'arrêt de la phase haussière : il indique un *possible* retournement à la baisse.
Si l'ouverture de la séance suivante se fait en baisse, plus l'écart avec le corps du pendu est important, plus la probabilité d'une baisse est importante.

Un signal de retournement de tendance suggéré par le pendu doit, pour être confirmé, être suivi d'un chandelier noir clôturant nettement en dessous du corps du pendu.

Comme pour le marteau, il existe une figure inversée du pendu, nommée **étoile filante**, qui entre dans la catégorie des étoiles.
Ses caractéristiques sont identiques à celles du marteau inversé, sauf qu'elle apparaît lors d'une phase haussière et indique un *possible* retournement à la baisse.

Il existe une autre figure, dérivée de l'étoile filante, qui est la **pierre tombale**, et qui n'est autre qu'une étoile filante doji (elle n'a pas de corps).
La pierre tombale est un fort signal de retournement de tendance.

Graphique 52. **Marteau et pendu**

©Winix

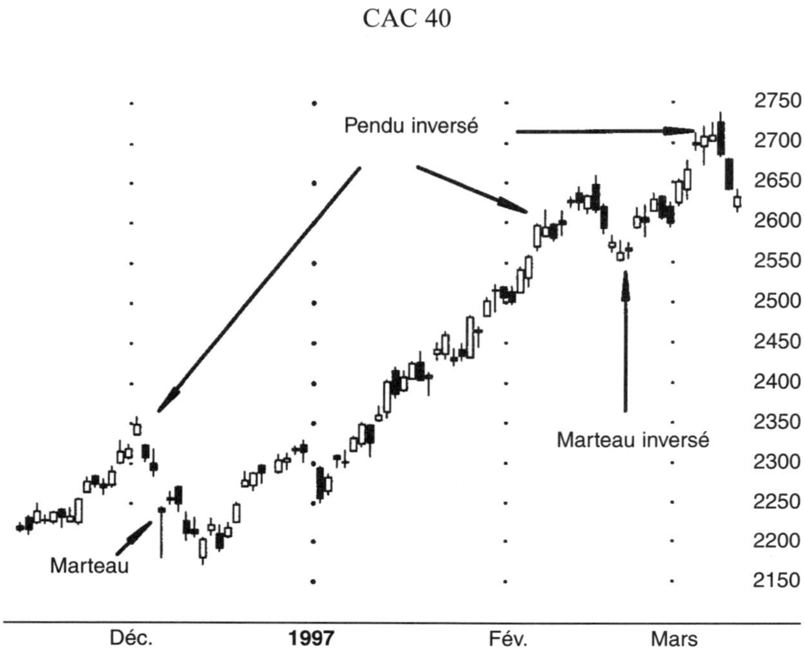

N.B : La couleur du corps de ces deux figures n'a aucune importance : il peut être blanc, comme noir.
L'apparition d'un pendu et d'un marteau annonce la probabilité qu'une tendance s'estompe ; cependant, le retournement n'est pas certain.
Ils peuvent apparaître lors d'une phase de consolidation ; dans ce cas, il faudra observer d'autres indicateurs.

3.B.1.3 L'engouffrement

L'engouffrement haussier

L'engouffrement haussier a les caractéristiques suivantes :

Un chandelier positif (blanc) succède à un chandelier négatif (noir) en englobant la totalité du corps de celui-ci.
De plus, l'ombre inférieure du chandelier positif descend plus bas que celle du chandelier négatif et l'ombre supérieure du chandelier positif monte plus haut que celle du chandelier négatif.

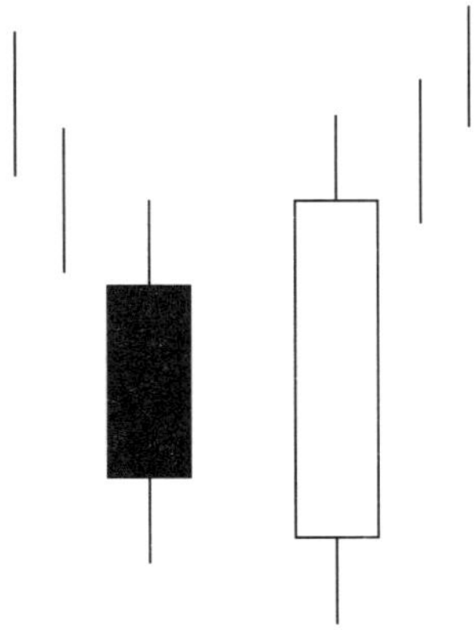

Il s'inscrit dans le cadre d'une **tendance baissière.**

L'engouffrement haussier est une formation à deux bougies. Il annonce la fin d'une phase baissière ; un retournement à la hausse est possible si d'autres indicateurs viennent confirmer ce changement de tendance.

L'engouffrement baissier

L'engouffrement baissier a les caractéristiques suivantes :

Un chandelier positif (blanc) succède à un chandelier négatif (noir) en englobant la totalité du corps de celui-ci.
D'autre part, les ombres inférieures et supérieures du chandelier négatif vont plus loin que celles du chandelier positif.

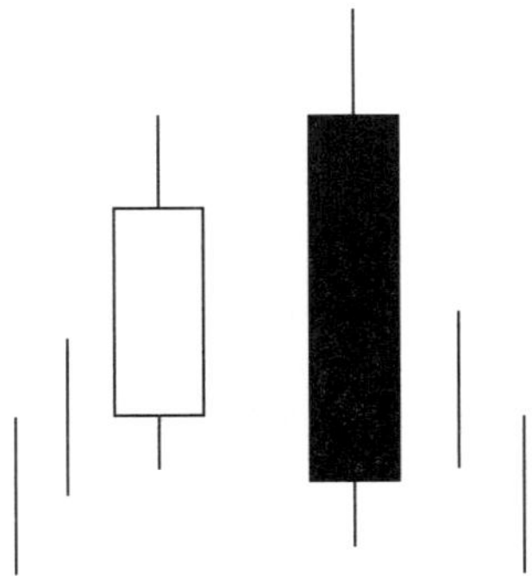

Il s'inscrit dans le cadre d'une **tendance haussière.**

L'engouffrement baissier est également une formation à deux bougies. Il annonce la fin d'une phase haussière à l'issue de laquelle, un changement de tendance paraît possible.

Graphique 53. **Les engouffrements**

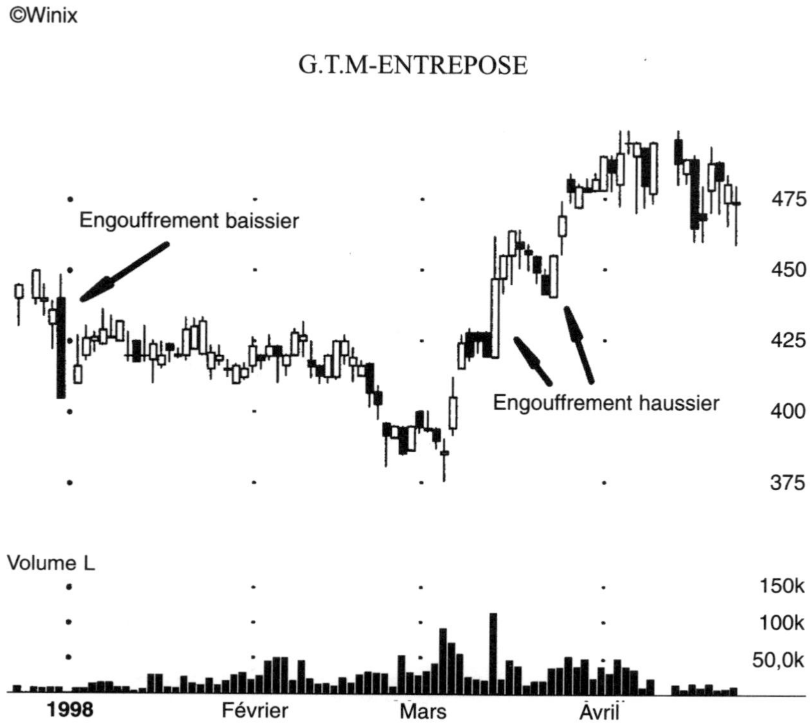

N.B : l'engouffrement est un signal d'autant plus significatif que les volumes échangés durant la séance d'apparition de la seconde bougie sont importants.
Plus la phase précédente est intense, plus le retournement de tendance est significatif.

3.B.1.4 Les étoiles

L'étoile est une bougie avec des ombres plus ou moins longues, **dont le corps ne recoupe pas le corps de la bougie précédente.**
La couleur du corps est sans importance.
On distingue les étoiles « normales » des étoiles **doji.**

Ces dernières ont la particularité de ne pas posséder de corps : le premier cours coté est égal au dernier cours coté. Le corps est donc réduit à une simple ligne horizontale.

La présence d'une étoile sur un graphe indique que la tendance actuelle du marché est sur le point de s'achever et témoigne d'un équilibre dans les forces du marché (le nombre d'acheteurs est sensiblement identique au nombre de vendeurs).

Les étoiles apparaissent aussi bien en période de baisse qu'en période de hausse :

Dans une tendance haussière, un long chandelier blanc suivi d'une étoile est le signe d'une neutralisation des effets haussiers et baissiers

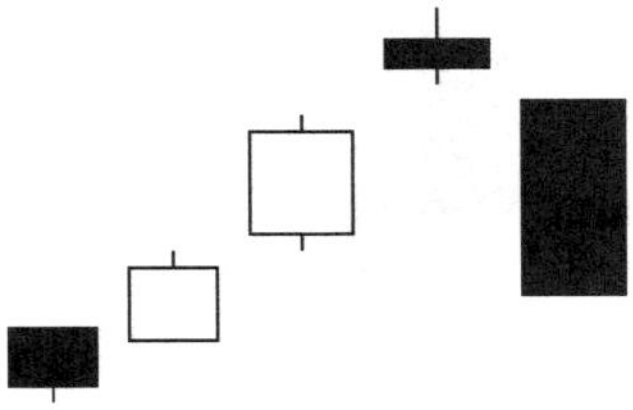

En phase baissière, une longue bougie noire suivie d'une étoile signifie qu'il y a équilibre entre les tendances haussières et baissières

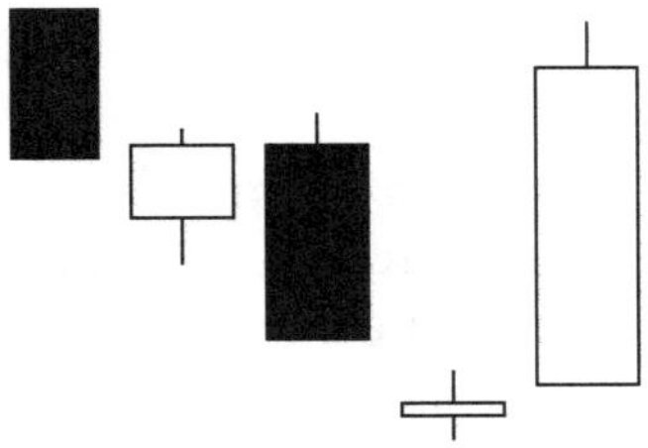

La première bougie traduit la tendance principale du marché, l'étoile indique que l'on est arrivé à une situation d'équilibre durant la séance et la troisième bougie va venir infirmer ou confirmer le renversement de tendance envisagé.

Les principales formations en étoile

L'étoile du matin

Cette configuration apparaît lorsque le marché se retourne à la hausse, en fin de phase baissière.

Elle est formée de trois bougies successives : une grande bougie noire, une petite bougie blanche ou noire puis, une grande bougie blanche confirmant le retournement de tendance. Le second chandelier se situe en dessous des deux autres.

L'étoile doji du matin se distingue de l'étoile du matin par le fait que l'étoile centrale de la formation est une étoile doji.

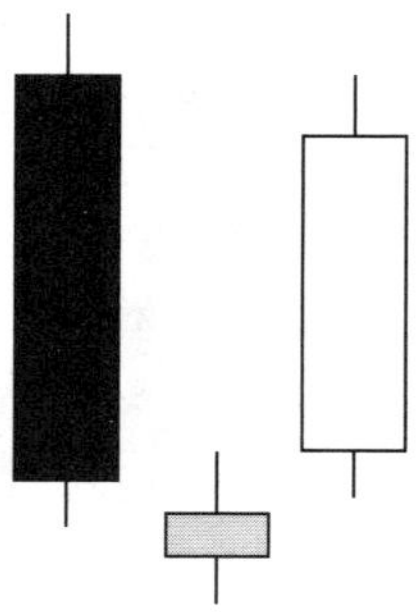

Étoile du matin

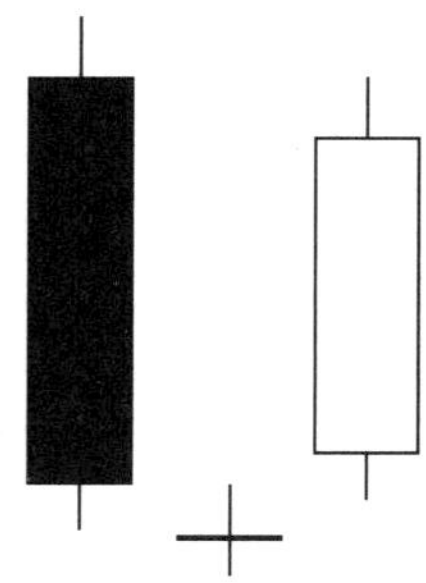

Étoile doji du matin

L'étoile du soir

A l'opposé de l'étoile du matin, l'étoile du soir apparaît en fin de phase haussière et annonce le début d'une phase baissière.
Elle est formée de trois bougies successives : une grande bougie blanche, une petite bougie blanche ou noire puis, une grande bougie noire confirmant le changement de tendance. Le second chandelier se situe au-dessus des deux autres.

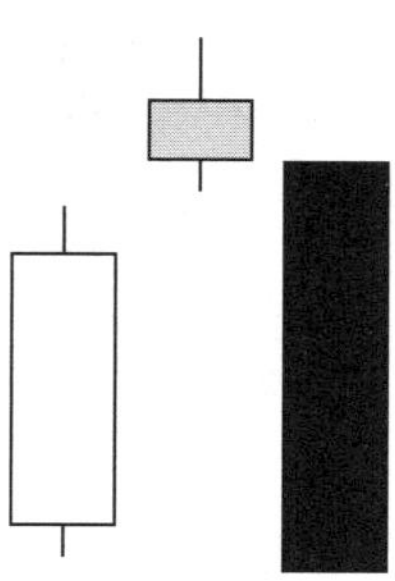

Étoile du soir

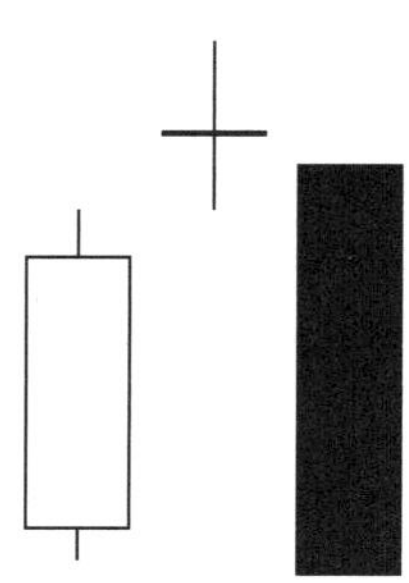

Étoile doji du soir

■ *Conseils d'utilisation*

- Plus l'étoile se trouve isolée, c'est-à-dire éloignée des corps des deux autres bougies de la formation, plus le changement de tendance s'annonce significatif.
- Plus le niveau de clôture de la troisième bougie est bas, plus la nouvelle tendance risque d'être marquante.
- Si le volume de la troisième bougie dépasse largement le volume de la première, la phase de retournement risque de supplanter la phase précédente.

Graphique 54. **Les étoiles**

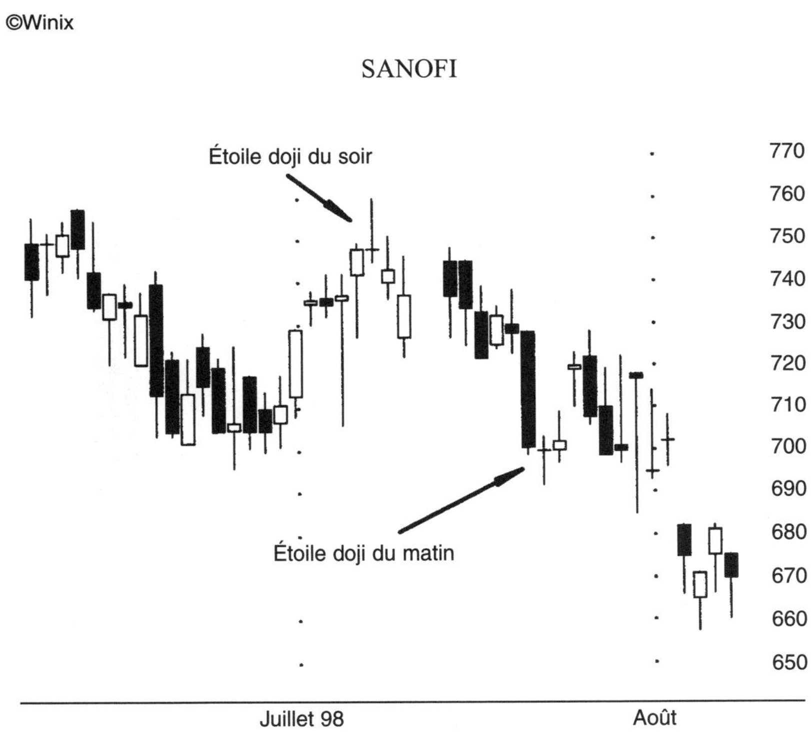

Le bébé abandonné

Le bébé abandonné est une étoile qui a la particularité d'être très éloignée des deux bougies qui l'entourent.
On peut assimiler cette figure à une étoile doji ayant des ombres inférieure et supérieure suffisamment courtes pour que celles-ci n'aient aucun point de contact avec les deux bougies périphériques.

On distingue le bébé abandonné du matin, du bébé abandonné du soir. Le premier correspond à un signal d'arrêt d'une phase baissière ; le second, à un signal d'arrêt d'une phase haussière.

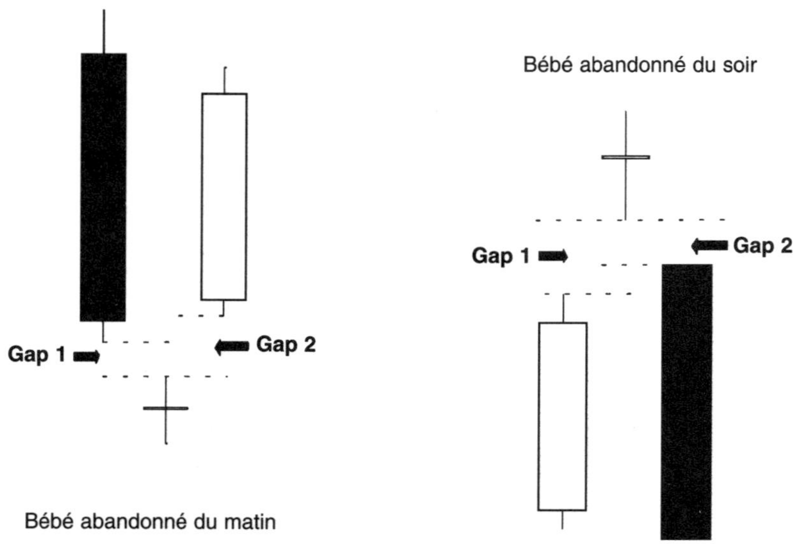

La structure d'un bébé abandonné marque l'apparition de deux **Gap** (fossé, en anglais) entre l'étoile et les deux bougies. Cette caractéristique constitue la principale différence avec l'étoile doji.

3.B.1.5 Le Harami

Le Harami est la formation contraire de l'engouffrement : un chandelier court succède à un chandelier long, et le corps de la seconde bougie doit être « avalé » par celui de la première.

En règle générale, le Harami n'est pas analysé comme un indicateur de changement de tendance. Il est plutôt annonciateur d'une phase de consolidation.
Il existe pourtant une exception à la règle : le *Harami en croix*, dont la deuxième bougie est un doji. Dans ce cas, la probabilité d'un renforcement de tendance est accentuée.
En occident, le *Harami en croix* est connue sous le nom de « structure du jour dedans » (inside day, en anglais).

Le Harami haussier

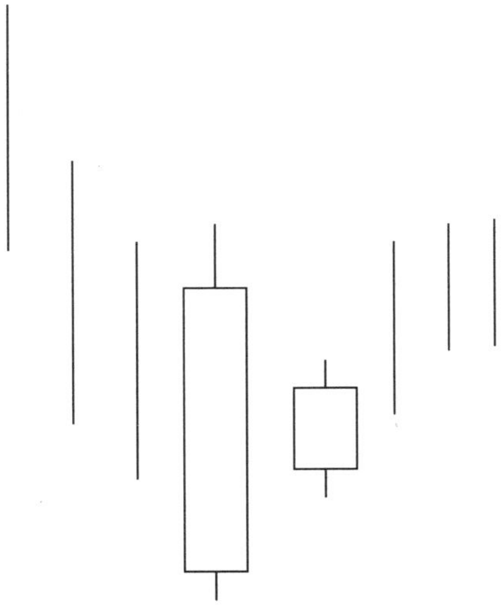

Le Harami haussier apparaît en fin de phase baissière.
Il est formé d'un long chandelier blanc, suivi d'un chandelier plus court dont la couleur du corps importe peu.

Le Harami baissier

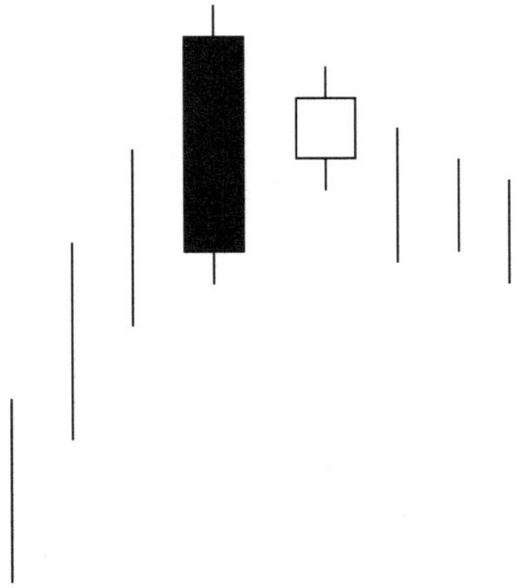

Le Harami baissier apparaît en fin de phase haussière.
Il est formé d'un long chandelier noir, suivi d'un chandelier plus court dont le corps peut être noir ou blanc.

Graphique 55. **Les Harami**

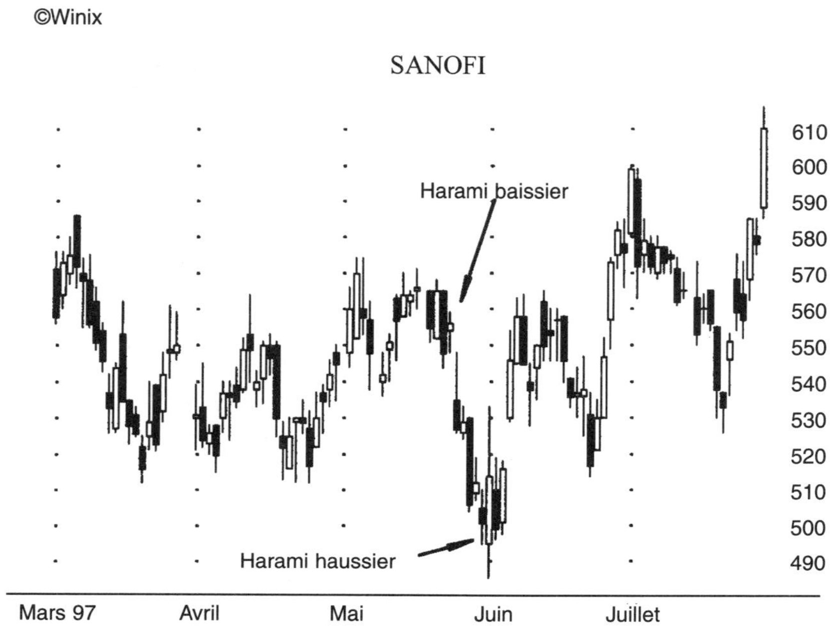

3.B.1.6 L'éjection

En japonais, « yorikiri », terme venant directement des combats de sumo, signifie « éjecter son adversaire hors du ring par la ceinture ». Quand une éjection se produit, il faut attendre confirmation lors de la séance de bourse suivante.

L'éjection haussière

L'éjection haussière est formée d'une bougie ayant un grand corps blanc et aucune ombre inférieure, suivie d'une seconde bougie blanche dont le cours d'ouverture doit être supérieur au cours de clôture de la première.

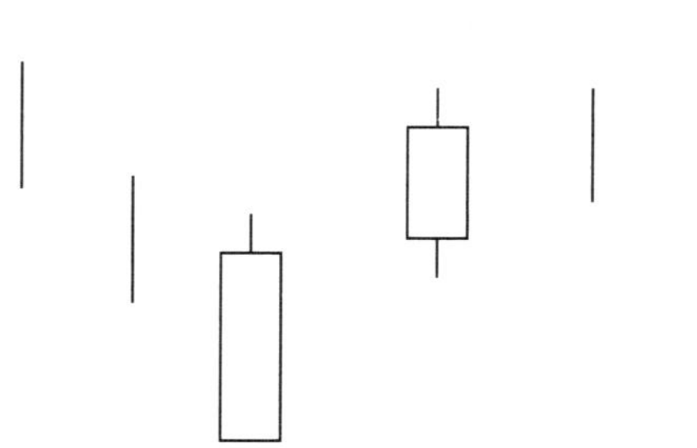

L'éjection baissière

L'éjection baissière est la configuration inverse de la formation présentée ci-dessus. Le chandelier yorikiri est noir et ne possède pas d'ombre supérieure ; il est suivi d'un autre chandelier noir confirmant le retournement de tendance, dont le cours d'ouverture est inférieur au cours de clôture de la séance précédente.

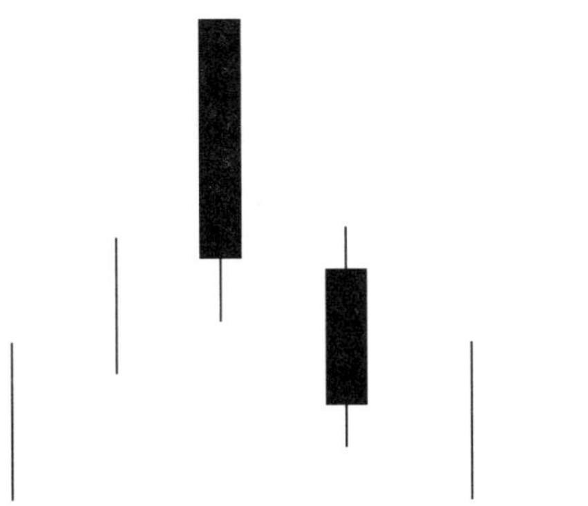

N.B : l'éjection indique un changement de tendance. Celui-ci se fait à la hausse lorsque l'éjection est haussière, et à la baisse si l'éjection est baissière.

Graphique 56. **Les éjections**

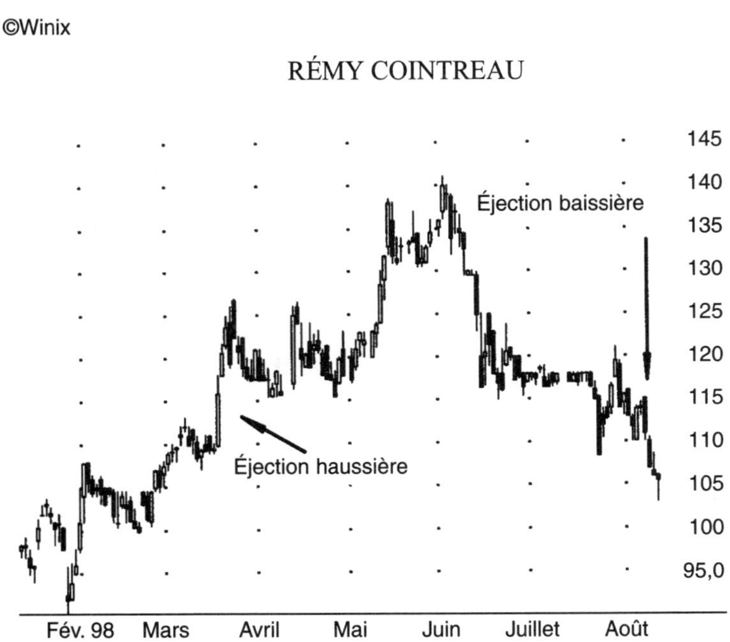

3.B.1.7 Les deux corbeaux

1. *Les deux corbeaux* est une figure qui apparaît en fin de phase haussière.
2. Elle est constituée de 3 bougies :
3. la première est une grande bougie blanche,
4. la seconde est une bougie noire dont le corps est largement situé au-dessus de la précédente,
5. la dernière est une seconde bougie noire, plus longue, qui amorce la nouvelle tendance.
6. La seconde bougie noire doit avoir un corps englobant totalement le corps de la première.

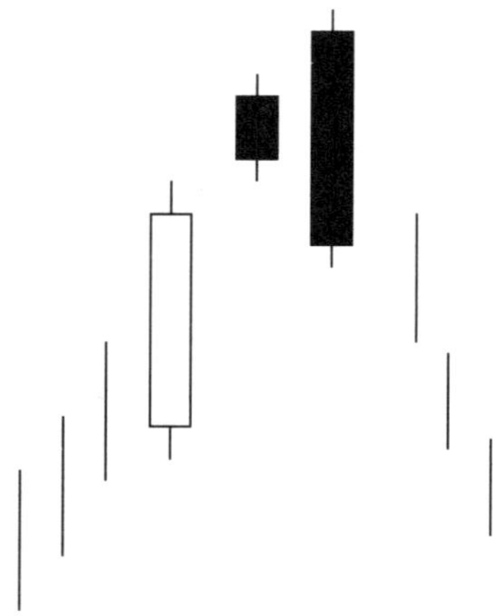

3.B.1.8 Les trois corbeaux

Les trois corbeaux est une variante des deux corbeaux, mais qui apparaît aussi en fin de phase haussière.
Elle est constituée de 4 bougies :
1. la première est une grande bougie blanche,
2. les trois autres sont des bougies noires successives, en tendance baissière, et dont les corps se recoupent.

Les trois corbeaux doivent avoir de très petites ombres inférieures.

Enfin, la clôture de la première bougie noire doit se faire en dessous de la bougie blanche précédent les trois corbeaux.

Ces deux figures sont susceptibles d'entraîner un retournement de tendance si elles sont confirmées par une autre bougie s'inscrivant dans la tendance amorcée.

Graphique 57. **Exemple de deux corbeaux**

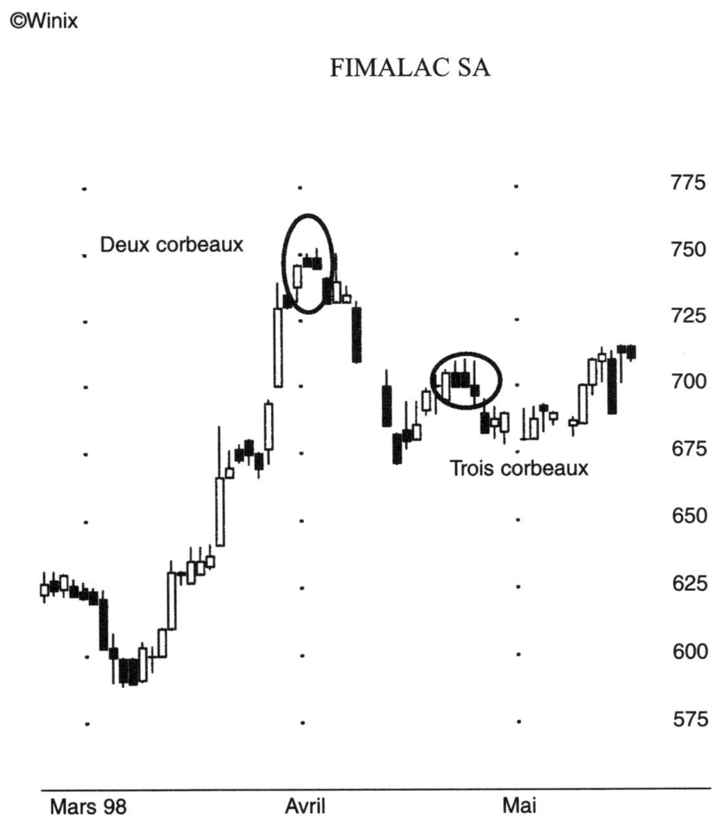

Graphique 58. **Exemple de trois corbeaux**

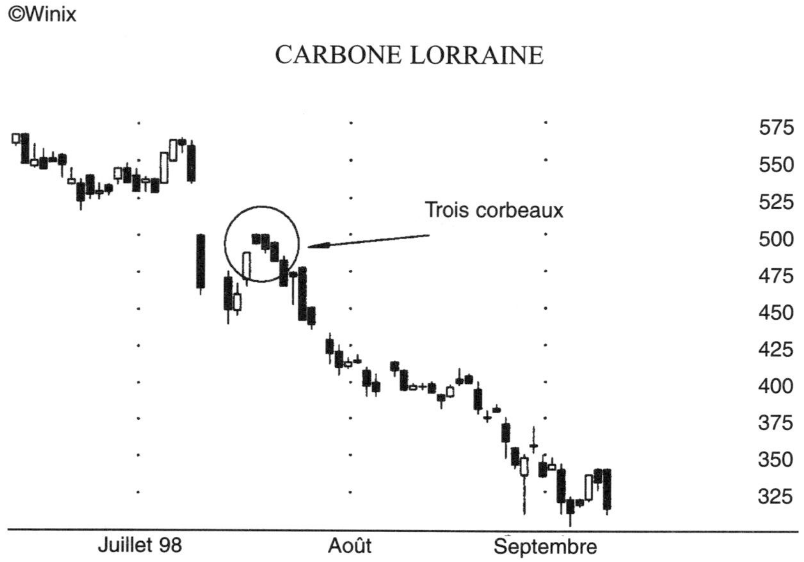

3.B.1.9 Les fenêtres

Une fenêtre japonaise (équivalent du *gap*, en bar-charts) correspond à un écart sensible entre deux séances de bourse consécutives.
Une fenêtre haussière apparaît lorsque les cours font un bond vers le haut, et laissent un espace vide dans la progression du graphique.
A l'inverse, une fenêtre baissière est caractérisée par un écart à la baisse.
L'apparition d'une fenêtre dans un graphique est un signe fort de continuation de la tendance existante, et constitue, de ce fait, une forte zone de soutien résistance.

Il est intéressant de suivre tout retour des cours vers une fenêtre précédemment formée car deux cas de figure peuvent se présenter :

• soit les cours connaissent une phase de consolidation, et ils vont se stabiliser pendant un certain laps de temps autour de cette zone.

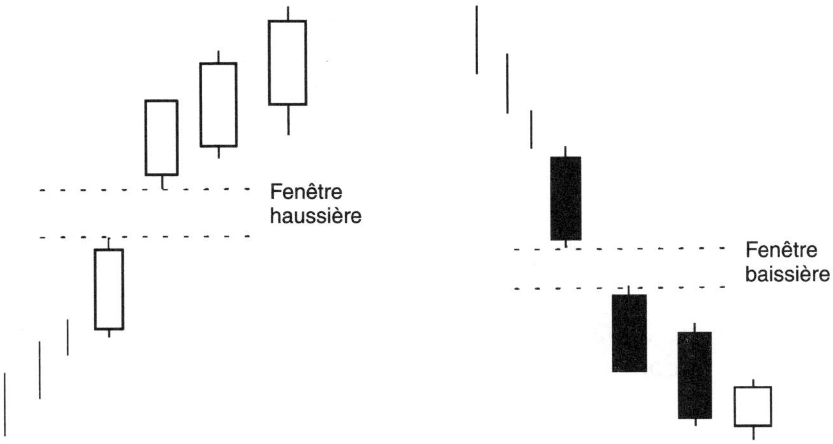

• soit ils repartent de plus belle dans des volumes d'échanges nourris, ce qui accélère la tendance existante.

Graphique 59. **Fenêtres haussière et baissière**

©Winix

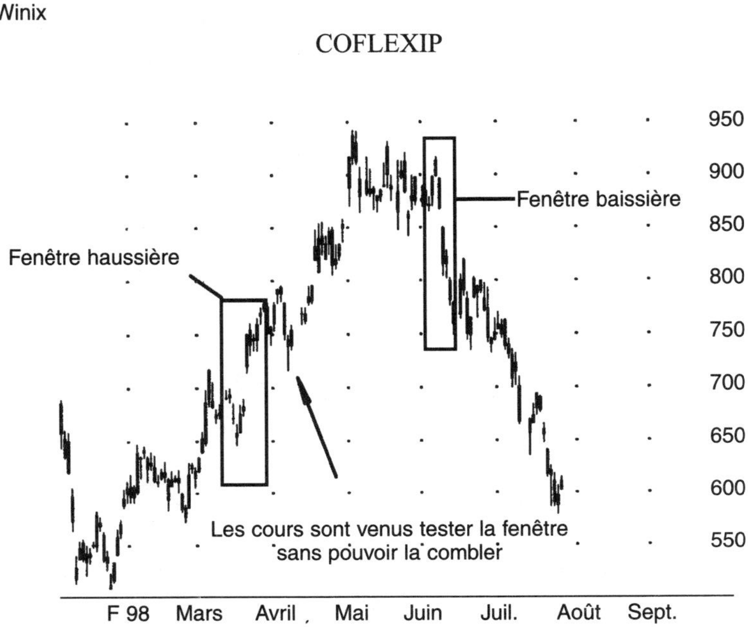

3.B.1.10 Le nuage noir

Le nuage noir est une formation en deux bougies qui se rencontre en fin de phase haussière, et qui annonce une phase baissière.

La première bougie est une longue bougie blanche, la seconde, une longue bougie noire.
L'ouverture de la séance baissière (bougie noire) doit se faire à un niveau supérieur à celui de la clôture de la séance haussière (bougie blanche).
Par ailleurs, la clôture de la séance baissière doit se faire au-dessus de l'ouverture de la séance haussière.
Enfin, la moitié du corps de la bougie noire doit se trouver à l'intérieur de la bougie blanche.

Si la bougie noire englobe complètement la bougie blanche qui la précède, le nuage noir devient un engouffrement baissier ; ce qui a pour effet de renforcer le signal de retournement de tendance.

Lorsque les deux bougies formant le nuage noir n'ont pas d'ombres (ni inférieure, ni supérieure), cette figure devient un jour noir, qui est un signal plus fort que le nuage noir.

3.B.1.11 La percée

Formation inverse du nuage noir, la percée apparaît en fin de phase baissière et laisse supposer un retournement de tendance à la hausse.

Graphique 60. **Le nuage noir**

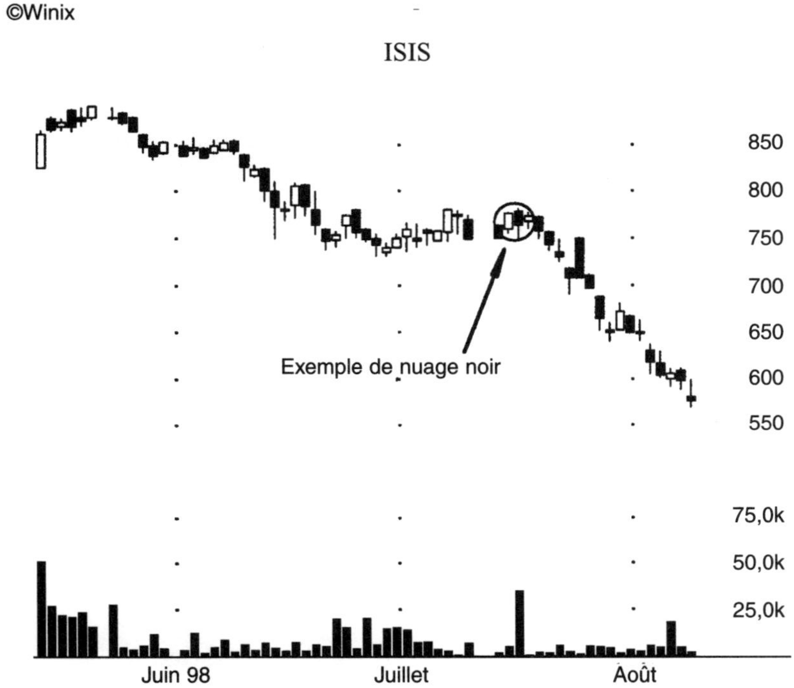

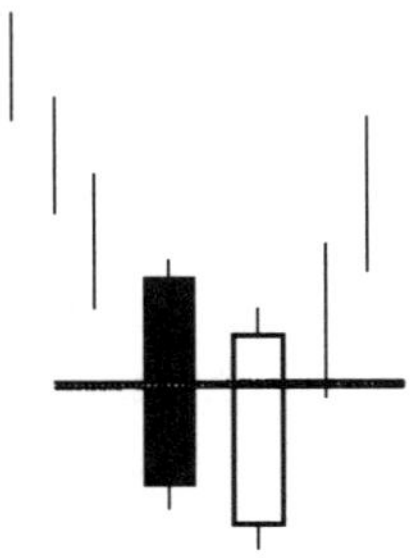

La percée est formée de deux bougies consécutives : la première étant baissière et la seconde, haussière.

Les propriétés de cette figure sont symétriquement identiques à la précédente.

Graphique 61. **La percée**

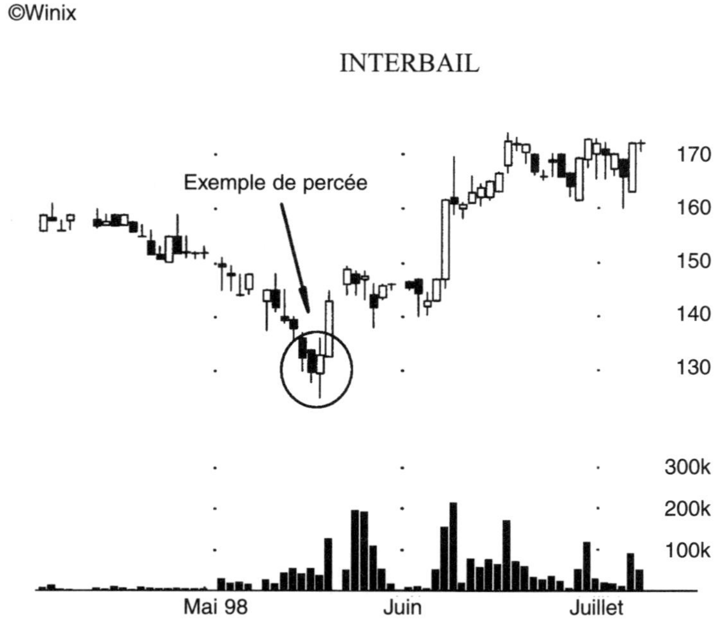

3.B.1.12 La formation Mat

La formation Mat débute, comme les deux corbeaux, par deux bougies noires ; cependant, elle n'entraîne pas un retournement de tendance, mais plutôt, une correction. S'inscrivant dans une phase haussière, elle est constituée d'une succession de trois, voire quatre bougies noires au terme desquelles le marché repart à la hausse.

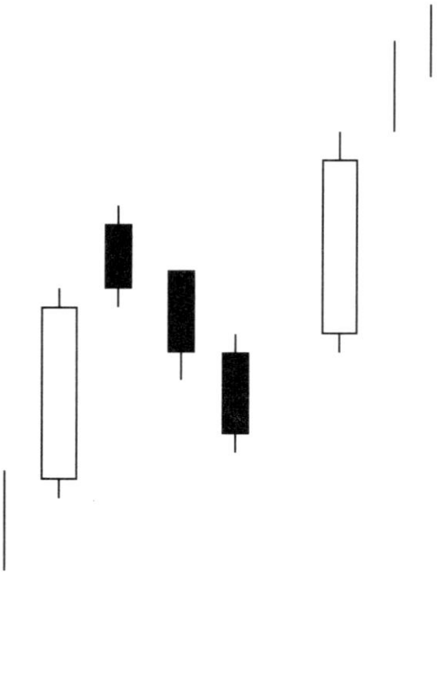

La configuration idéale est caractérisée par l'existence de deux grandes bougies blanches, de chaque côté de la formation.

Graphique 62. **La formation Mat**

©Winix

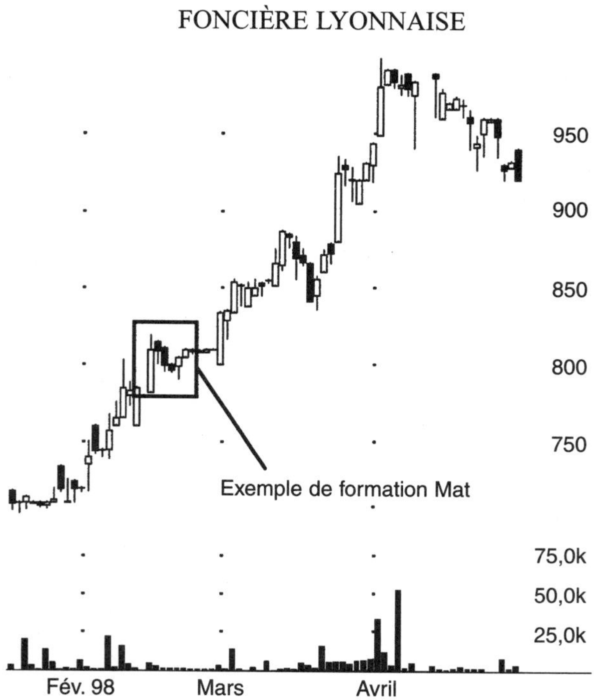

3.B.2 Les bar-charts

Les bâtonnets issus de l'analyse graphique occidentale, présentent eux aussi des configurations caractéristiques qui permettent d'anticiper à court terme les différents mouvements haussiers et baissiers du marché.

Cette analyse porte avant tout sur l'étude de **gaps** qui correspondent à des écarts formés entre deux séances. Ceux-ci apparaissent lorsque deux bâtonnets consécutifs ne se recoupent pas.

Observer l'allure du bâtonnet revêt également de l'intérêt car les écarts entre les cours d'ouverture, les cours de clôture et les extrêmes atteints lors d'une journée de cotation, sont des indicateurs reflétant la tension des marchés.

3.B.2.1 Les gaps de continuation

Les gaps de continuation, également appelés **runaway gaps**, apparaissent pendant une période où le marché est en tendance : si le marché est baissier, le gap est baissier ; si le marché est haussier, le gap est haussier.
Le gap accélère le mouvement en marquant le désintérêt, ou au contraire, l'attrait ressenti par les opérateurs envers la valeur ; selon le cas, les volumes peuvent être dérisoires, comme ils peuvent être très importants.

En règle générale, le runaway gap se produit en milieu de phase (haussière ou baissière), dans un trend plutôt étroit, ce qui permet à l'analyste de calculer le potentiel du cours, avant le prochain retournement de tendance.
Enfin, on considère que le gap, une fois constitué, devient une zone de résistance ou de soutien pour le cours ; aussi, il lui est souvent difficile de combler totalement cette zone et de la retraverser.

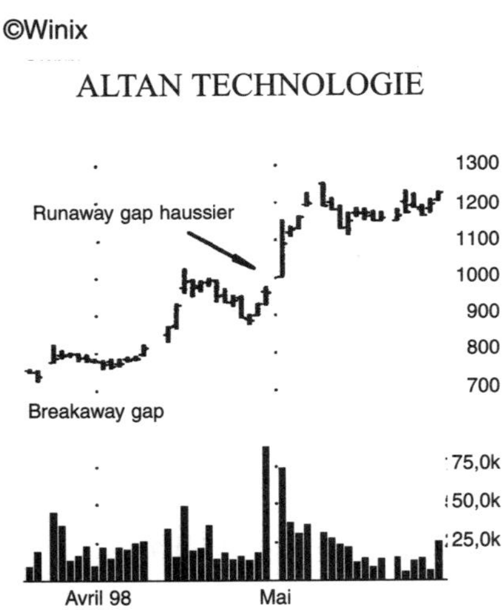

3.B.2.2 Les gaps de rupture

Les gaps de rupture, ou **breakaway gaps**, marquent la sortie d'un canal ou la rupture d'une figure chartiste, ce qui provoque généralement un retournement de tendance ou l'accélération du mouvement existant.

Le breakaway gap doit être accompagné de forts volumes, et doit être le plus large possible, afin de rendre le signal le plus significatif possible.
A l'instar du runaway gap, le gap de rupture est difficilement comblé dans son intégralité, ce qui en fait une zone de soutien résistance importante à franchir.

©Winix

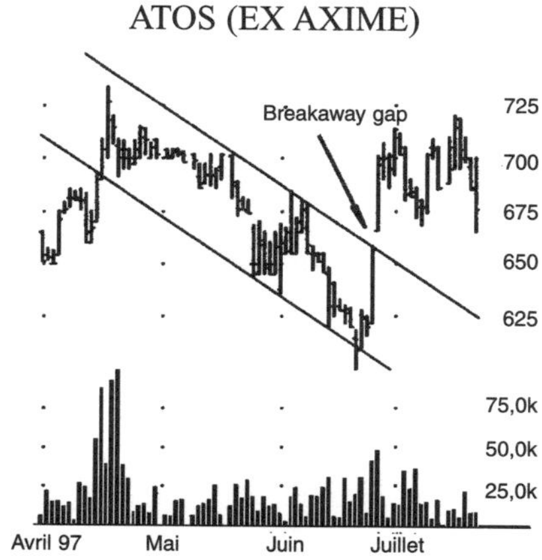

3.B.2.3 Les gaps terminaux

Les gaps terminaux, ou **exhaustion gaps**, apparaissent en fin de tendance, et précèdent le retournement du marché.

Ils sont souvent importants et marquent un véritable mouvement de cours ; cependant, ils sont rapidement comblés par une correction du marché.

A l'inverse des deux types de gap étudiés ci-dessus, l'écart laissé par l'exhaustion gap ne constitue pas une zone forte de support-résistance

©Winix

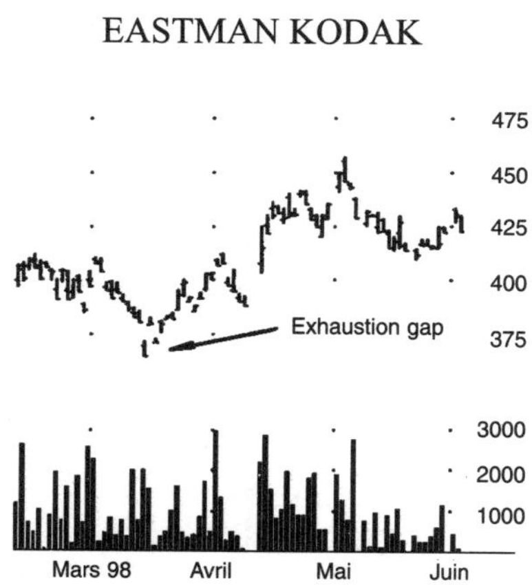

©Winix

L'exhaustion gap peut apparaître au début d'un îlot de retournement, constitué de deux ou trois bâtonnets.

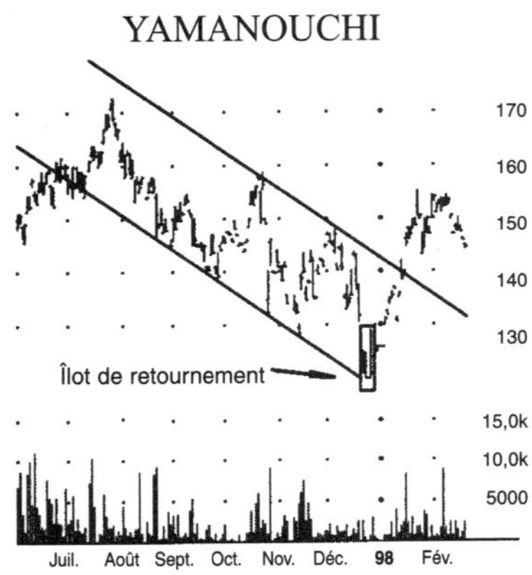

Si les gaps peuvent être utilisés seuls à court terme, ils accompagnent et ponctuent également très bien les figures long terme décrites plus haut.

C. INTEMPOREL

3.C.1 Interprétation des points et figures

La représentation en points et figures donne des signaux spécifiques mais les droites de tendance ou encore d'autres figures vues précédemment peuvent également s'appliquer. Simplement il n'existe aucune indication temporelle quant à leur réalisation

A partir du graphique établi tel que décrit au chapitre B.1.1.4, l'analyste essaie de prévoir les évolutions futures des cours en utilisant l'analyse chartiste appliquée usuellement, aux représentations graphiques basiques.
Les outils mis à sa disposition sont les différentes figures de l'analyse graphique (les droites de tendance, les canaux, les triangles, les rectangles, etc..). La caractéristique consiste ici non pas à travailler directement sur les cours mais sur des tendances déjà filtrées par construction et sans horizon temporel.

Mais les points et figures ont l'avantage de fournir d'autres signaux qui leur sont propres.
Il convient donc d'étudier quelques uns d'entre eux afin de percevoir l'intérêt de cette représentation graphique par rapport aux autres.

3.C.2 Représentation des différents signaux d'achat

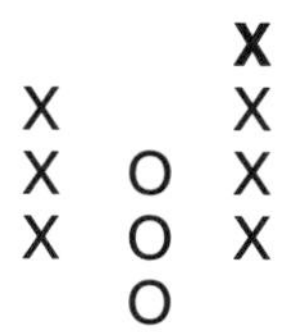

Un signal d'achat est donné par l'apparition d'une croix au dessus du sommet de la colonne haussière précédente.

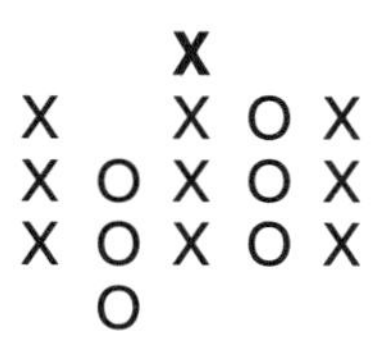

Un signal d'achat est donné lorsqu'un nouveau sommet est franchi après avoir cassé une ligne de résistance.
Cette formation est un ***triple top*** ascendant.

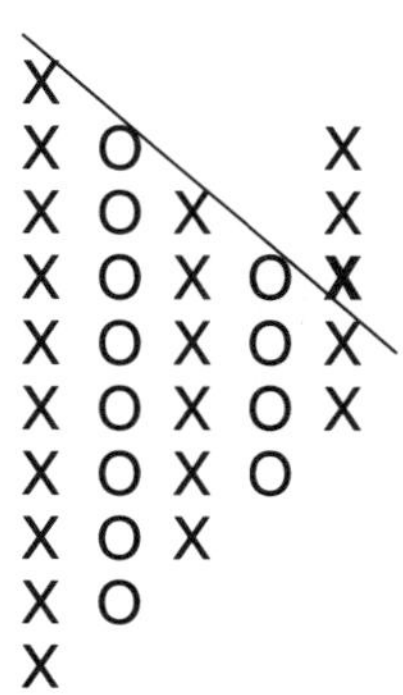

Un signal d'achat est donné par le franchissement de la ligne de résistance du triangle isocèle qui s'est formé.

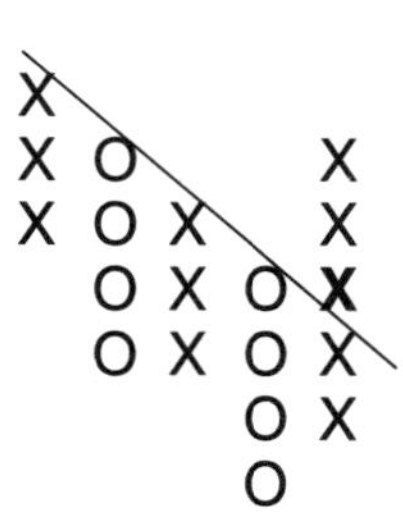

Un signal d'achat est donné par le franchissement à la hausse de la ligne de résistance du trend baissier qui s'est formé.

Cette liste de signaux d'achat est loin d'être exhaustive. La majorité des configurations de l'analyse graphique pouvant s'appliquer aux points et figures, ces signaux peuvent être très nombreux.

3.C.3 Représentation des différents signaux de vente

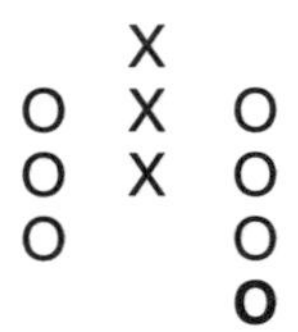

Un signal de vente est donné par l'apparition d'un cercle au dessous du plus bas de la colonne baissière précédente.

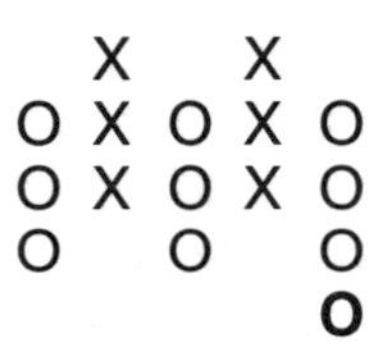

Un signal de vente est donné lorsqu'un nouveau plus bas est franchi après avoir cassé une ligne de soutien.
Cette formation est un ***triple bottom*** descendant.

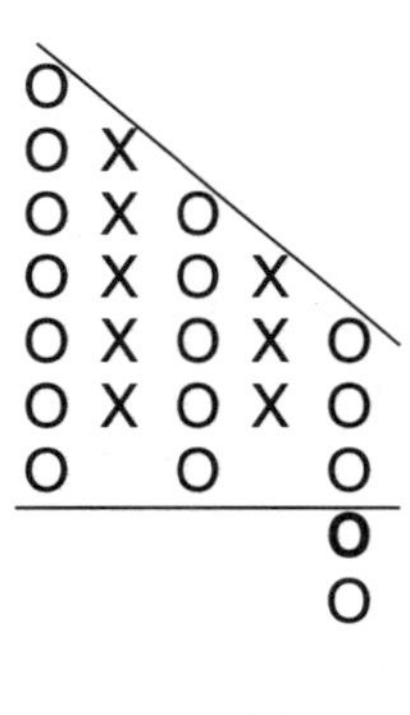

Un signal de vente est donné par le franchissement de la ligne de soutien du triangle rectangle qui s'est formé.

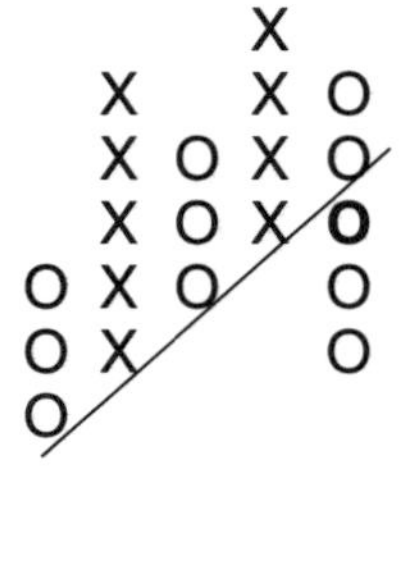

Un signal de vente est donné par le franchissement à la baisse de la ligne de soutien du trend haussier qui s'est formé.

Les signaux de vente sont aussi abondants que les signaux d'achat. Pour chaque signal d'achat propre à une configuration graphique, il existe un signal de vente correspondant à la configuration inverse.

Graphique 63. **Représentation graphique des points et figures**

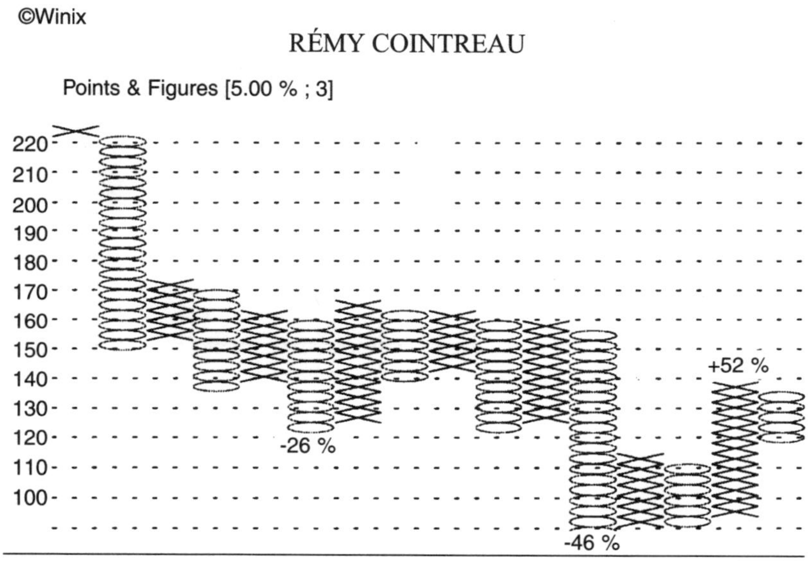

Sur ce graphe points et figures, on voit qu'un signal de vente a été donné dès la quatrième colonne puisque cette colonne baissière est descendue plus bas que la précédente. L'essoufflement de cette même tendance s'est ensuite fait sentir à partir de la troisième colonne en commençant par la droite du graphe. Il était donc possible de se positionner dès la première croix de la colonne haussière suivante.

Avec cet exemple, on comprend mieux l'originalité de cette analyse qui, en filtrant par construction les fluctuations mineures, permet de bien visualiser le rapport des forces d'achat et de vente.

Graphique 64. **Tendance baissière en points et figures**

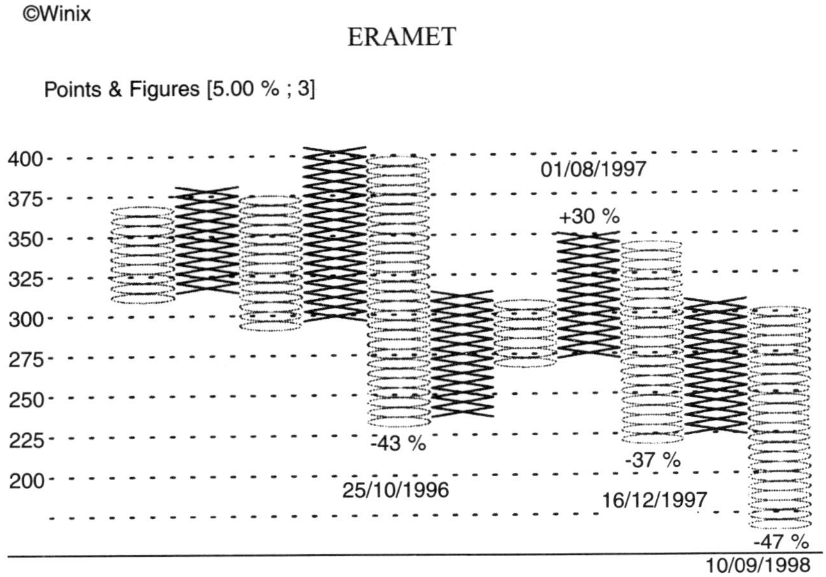

Graphique 65. **Tendance haussière en points et figures**

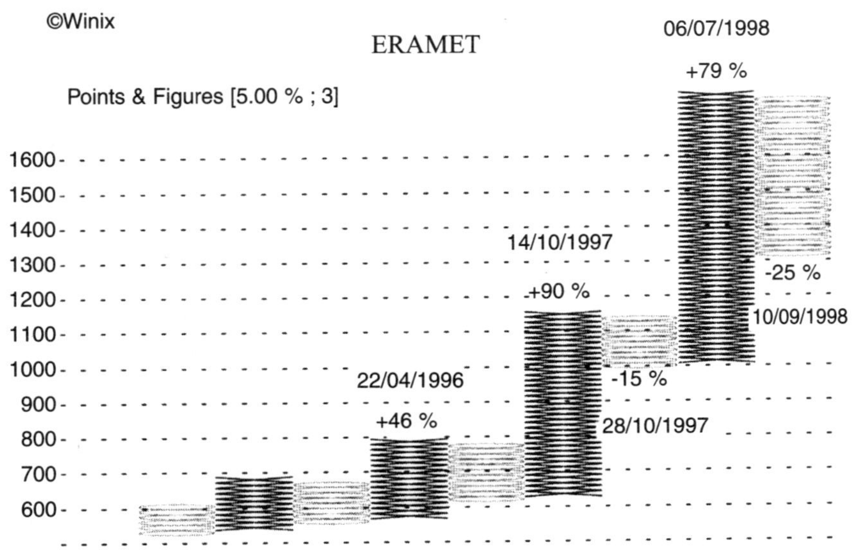

Ce graphe permet de particulièrement bien visualiser la tendance long terme baissière de la valeur avec à l'intérieur des phases de correction haussières plus court terme.

A l'inverse, ce graphe illustre la détection d'une tendance haussière par une représentation en points et figures.

D. COMMENT UTILISER AVEC SUCCÈS CES OUTILS ?

En analyse graphique, toute l'interprétation est visuelle. Pour qu'il n'y ait pas de confusion possible, il est donc très important que les configurations soient extrêmement claires et confirmées par les volumes. Ne prenez pas de décision sur des figures que vous devinez plus que vous ne les voyez.
A contrario, la psychologie n'étant pas une science exacte, vous rencontrerez des configurations qui, tout en donnant de bons signaux, ne sont pas, sur tel ou tel point, complètement conformes au descriptif. Votre perspicacité et votre instinct combleront ces lacunes.

3.D.1 Le rôle déterminant des volumes

Assurez-vous que les volumes accompagnent bien la formation de la figure. En effet, les volumes ne sont pas accessoires. Ils font partie intégrante, au même titre que les cours, de la configuration. Ils confirment, par leur présence ou absence relative, la validité du comportement psychologique décelé.

3.D.2 La durée de la tendance

Quand vous repérez une figure, attendez quelques jours avant de prendre position que la nouvelle tendance se soit installée. Il vaut mieux perdre deux ou trois jours de montée ou de descente plu-

tôt que faire un aller retour pour rien. Vérifiez, au moins au début du mouvement, la confirmation par les cours de votre anticipation.
D'autre part, plus une figure s'est formée depuis longtemps et plus sa fiabilité est grande. Par exemple, un canal formé depuis deux ans et qui est franchi par le haut amorce une tendance haussière forte.

3.D.3 Le nombre d'appuis constituant les lignes

Une figure, pour être fiable, doit être de préférence très nette. Si l'on prend l'exemple des triangles, cela signifie que les droites de support et de résistance doivent s'appuyer sur de nombreux points et non pas seulement sur deux. Plus les lignes formant les figures reposent sur de nombreux points d'appui et plus forte est la tendance décelée. Une valeur qui tape cinq ou six fois sur une ligne de support avant de l'enfoncer va sûrement connaître une descente rapide.

3.D.4 La quantification du mouvement identifié

Le repérage des figures présente un intérêt particulier par rapport par exemple à l'analyse technique, c'est qu'il permet souvent de quantifier le mouvement de hausse ou de baisse identifié. En effet, non seulement, en indiquant le retournement ou la consolidation, il donne le sens du mouvement, mais en plus, il anticipe le potentiel de montée ou de descente.

3.D.5 L'environnement tendanciel de la figure

Un certain nombre de figures peuvent porter à une interprétation contradictoire selon que la valeur se trouve ou non en tendance. L'analyste devra donc toujours se poser la question préalable de l'état de la valeur avant d'interpréter les figures repérées. Une même figure peut aussi bien indiquer une simple pause à l'intérieur d'un mouvement haussier ou baissier fort ou à l'inverse, un retournement de tendance si le titre se trouve à la fin du mouvement. Il faudra donc dessiner en parallèle les droites de soutien et de résistance pour savoir si le marché est orienté ou non puis, dans le cas où il suit une tendance, déceler les signes éventuels d'un possible essoufflement. Cette étude n'est pas accessoire, elle est indispensable si l'on veut utiliser efficacement les signaux donnés par l'analyse graphique

IV – ENFIN DETECTER LES CYCLES

De la théorie ambitieuse...à la pratique difficile
Ces théories proposent de décrire l'ordre ou le chaos qui règnent dans l'univers et dépassent donc le simple domaine financier.
Concrètement, la plus célèbre, celle d'Elliott, présente de nombreuses difficultés d'application et la numérotation des vagues s'avère en pratique un exercice délicat, surtout à long terme.
Les drapeaux, les arcs de Fibonacci ou de Gann sont peut-être la méthode, dérivée de cette théorie, la plus facile à mettre en œuvre.

4.1 La théorie des vagues d'Elliott

L'analyse technique des marchés s'appuyant sur des événements passés, en fait sur l'histoire, certains chercheurs y ont vu un champ d'application mettant en valeur des règles plus générales et l'ont, en conséquence, abordé sous un angle philosophique.

C'est le cas d'un des grands théoriciens de l'analyse technique, R.N. Elliott, pour qui les cours de bourse obéissent, dans leurs fluctuations, à des lois fondamentales existant au sein de l'univers, et notamment celle de l'harmonie.
Sa théorie paraît la plus complète parmi toutes celles qui ont été développées.

En réalité, Elliott doit beaucoup aux chercheurs qui l'ont précédé et qui l'ont directement orienté dans ses travaux.
Il s'agit bien sûr de Charles Dow dont nous avons longuement parlé, mais Elliott a également contribué à la redécouverte d'un mathématicien italien célèbre mais très ancien, Leonardo Fibonacci, dont l'application de ses travaux au domaine boursier s'est révélée particulièrement fructueuse.

4.1.1 Les fondements de la théorie

Elliott a donc bâti sa théorie en s'appuyant sur deux pierres angulaires :

- L'analyse de la psychologie des marchés par Charles Dow
- La série mathématique de L. Fibonacci. Celle-ci met notamment en exergue deux nombres (l'un étant le nombre d'or, l'autre, le ratio d'or) qui ont une importance fondamentale au sein de « l'univers ».

Elliott, fasciné par ces deux nombres, a consacré une grande partie de sa vie à leur application sur les marchés financiers. En effet, étant donné l'importance capitale qu'ils jouent dans beaucoup de sciences humaines, pourquoi n'auraient-ils pas une influence sur les mouvements boursiers ?

D'après Elliott, les marchés financiers évoluent selon des cycles rappelant le mouvement des vagues. Chaque flux ou hausse du marché est suivie d'une baisse ou reflux et vice versa. La succession de ces différentes phases haussières et baissières rappelle l'oscillation des vagues formées par la mer, un élément « naturel » cher à Charles Dow, pour qui la Nature intervient de manière significative dans l'activité boursière.

Toujours selon Elliott, chaque cycle de marché est construit de manière bien précise :

- Une phase haussière suit toujours une phase baissière, et vice versa,
- 8 vagues constituent un cycle,
- Les 5 premières vagues sont des vagues de tendance, et les 3 suivantes, des vagues de correction,

• Les 5 premières vagues sont elles-mêmes composées de 3 vagues dites d'impulsion, et de 2 vagues dites de correction.

Chaque vague est ensuite décomposée selon le même schéma en plusieurs vagues jusqu'à ce que l'échelle de temps atteigne la journée, puis l'heure.
En fonction de sa position dans le cycle d'évolution du marché, la vague occupe une place matérialisée par un numéro qui lui est attribué. Les 5 vagues de tendance sont numérotées de 1 à 5 ; puis les vagues de correction le sont de a à c.

Dessin 11. **Série de vagues dans un marché haussier selon Elliott**

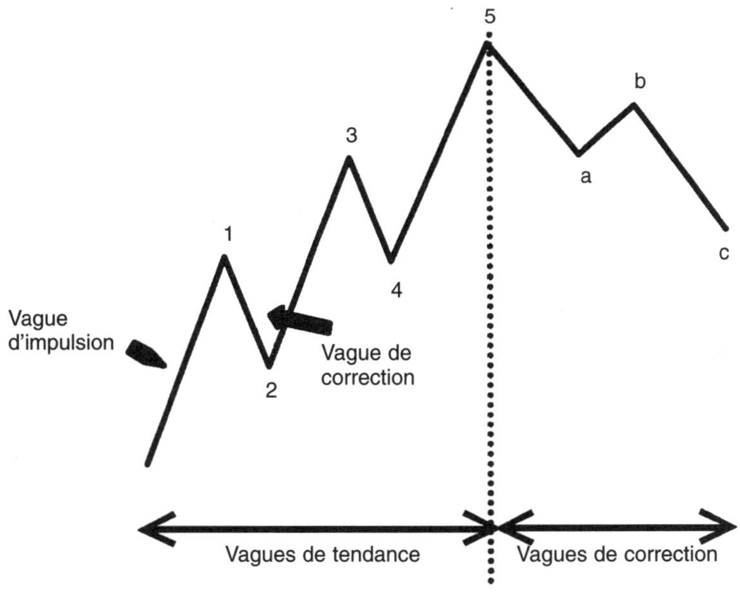

Les vagues 1, 3 et 5 sont des vagues d'impulsion; et les vagues 2 et 4 sont des vagues qui viennent corriger chaque mouvement de hausse, sans pour autant remettre en cause la tendance principale. La nouvelle vague d'impulsion intervient avant que le marché n'atteigne un niveau plus bas que celui obtenu lors de la vague de correction précédente.

Chaque vague peut, à son tour, être décomposée en 8 vagues dont la formation est calquée sur le modèle précédent.
Ainsi, la première vague d'impulsion (1) est constituée de 5 vagues de tendance et de 3 vagues de correction.

Dessin 12. **Décomposition d'une vague dans un marché haussier selon Elliott**

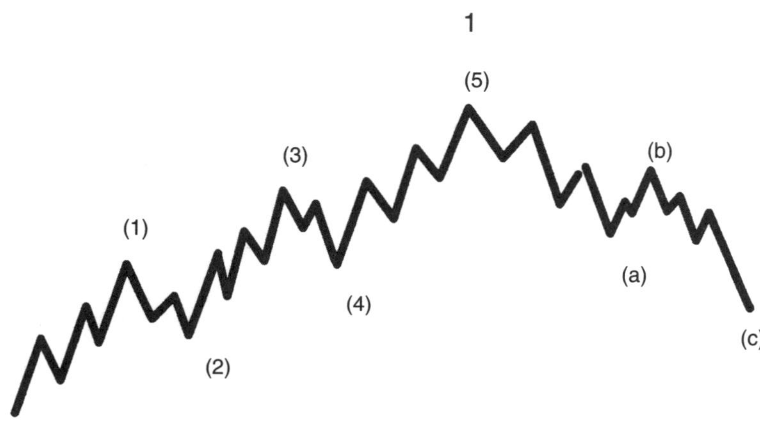

Finalement, chacune des 8 vagues peut se décomposer en 34 vagues ayant une échelle de temps plus petite.
Le schéma précédent reproduit le cycle de la première vague. Les vagues (2) et (4) viennent corriger le mouvement haussier amorcé par les vagues (1), (3) et (5) pendant la phase de tendance, alors que la vague (b) corrige à la hausse les vagues baissières (a) et (c) lors de la phase de correction.

Il est important de savoir que la numérotation des vagues n'est pas choisie au hasard mais basée sur la suite de Fibonacci. Chaque décomposition de vague donne un nombre de sous vagues (5 et 3 ou 3 et 2 pour la première) faisant partie de sa série. Ainsi, la première vague constituée de 8 sous vagues donne naissance à 34 sous sous vagues, puis 144 sous sous sous vagues, etc. Nous reviendrons en détail au chapitre IV.4.2 sur la construction mathématique de cette série.

Cette décomposition pouvant se faire jusqu'à une échelle de temps très réduite, Elliott a donné des noms pour identifier les vagues selon la durée de leur cycle :

- Grand supercycle : plusieurs siècles,
- Supercycle : plusieurs dizaines d'années,
- Cycle : plusieurs années,
- Primaire : de plusieurs mois à quelques années,
- Intermédiaire : plusieurs mois,
- Mineure : plusieurs semaines,
- Minute : plusieurs jours,
- Sous-minute : quelques heures.

Afin de savoir exactement où l'on se trouve, chaque catégorie temporelle de vagues possède une numérotation spécifique : on utilise les lettres, les chiffres romains et les chiffres arabes pour les distinguer sur les graphes.

4.1.2 Le descriptif des vagues d'Elliott

Les vagues de tendance

① *Vague 1*
Signe d'un retournement de marché, la vague 1 intervient en fin de phase haussière ou baissière. La plupart du temps, elle précède un mouvement de correction sur les marchés.
Cette vague peut être très courte et de forte amplitude, ce qui implique que l'analyste soit vif et qu'il repère ce début de cycle assez rapidement. L'exercice peut être rendu encore plus difficile lorsqu'on rencontre une formation hors norme (décomposition en 3 vagues au lieu de 5 vagues, par exemple).

② *Vague 2*
La vague 2 vient confirmer ou infirmer le mouvement amorcé par la vague 1. Il n'est pas rare que le marché corrige la hausse (ou la baisse) de la vague 1, lors de cette seconde vague.

Si la vague 2 n'aboutit pas à un plus bas (ou à un plus haut) par rapport au début de la vague 1, on considère que la tendance engagée se confirme.
Dans le cas contraire, une nouvelle tendance peut naître.
Les volumes constituent ici un catalyseur de tendance. Comme pour une formation graphique, ils doivent accompagner le mouvement, c'est-à-dire être nourris lors des phases d'impulsion et plus faibles lors des phases de correction.

③ *Vague 3*
La vague 3 confirme la tendance de la vague 1 ; elle est souvent de forte amplitude et d'une durée dépassant largement celle des deux premières vagues.
Cette vague est souvent le point de départ d'un rallye car les investisseurs « fondamentaux » commencent à s'intéresser au marché et suivent les investisseurs techniques qui se sont positionnés lors de la première vague.

④ *Vague 4*
La vague 4 aboutit à une correction généralement d'une ampleur moindre que celle de la vague 2. Dans tous les cas, elle ne doit pas descendre en dessous du creux généré par la vague 2 sinon, c'est la validité de la configuration entière qui est remise en question.

⑤ *Vague 5*
Cette vague marque la fin du mouvement initial.
Il se peut d'ailleurs que cette vague n'atteigne même pas le plus haut de la vague 3 à cause de l'essoufflement du marché. Les acheteurs sont moins nombreux à se présenter car la majorité d'entre eux s'est placée, au plus tard, lors de la vague 3.

Les vagues de correction

① *Vague a*
L'avènement d'une nouvelle tendance se fait avec cette première vague de correction.
Elle a une amplitude généralement inférieure de moitié à la progression atteinte lors de la phase d'impulsion (vagues 1 à 5).

Beaucoup d'opérateurs positionnés en profitent pour boucler leur position, ce qui peut expliquer la force de ce premier mouvement de correction.

② *Vague b*
La vague b vient parfois effleurer le sommet de la vague 5 pour former alors une figure en double sommet.
De faibles volumes d'échanges caractérisent cette vague.

③ *Vague c*
Elle s'inscrit dans la continuité de la correction amorcée par la vague a.
Elle est souvent accompagnée par les « fondamentaux » qui craignent un éventuel retour du marché vers le point de départ de la phase d'impulsion.
Sans atteindre ce niveau, il n'est pas rare de voir le titre connaître une baisse de 50-60 % par rapport au plus haut atteint au terme de la vague 5.
Si la chute s'avère trop brutale en fin de vague 3, le marché peut subir un début de panique qui sera corrigé par la première vague d'impulsion de la nouvelle phase haussière si telle est la tendance du marché.

4.1.3 Les figures graphiques tracées par les vagues

Les différentes figures chartistes décrites plus haut comme les biseaux, les triangles et autres rectangles se retrouvent facilement dans les vagues telles que décrites par Elliott.

Pendant les vagues d'impulsion

Biseau ascendant

La vague 5 ou vague terminale du mouvement haussier peut très bien évoluer à l'intérieur d'un biseau ascendant, marquant ainsi à la fois l'essoufflement caractéristique d'une fin de tendance et le renversement proche.
Lorsque la courbe franchit la droite de support du biseau, le mouvement de correction baissier débute.

Dessin 13. **Correction dans un biseau ascendant**

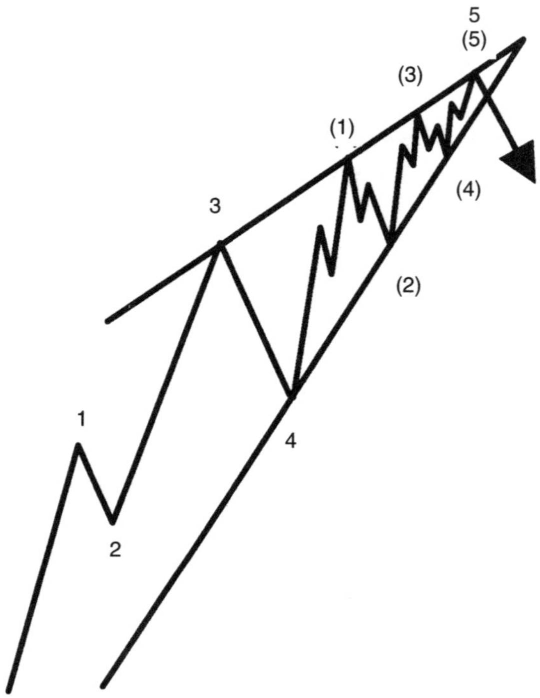

Biseau descendant

De façon symétrique, la vague 5 d'un mouvement baissier peut prendre la configuration d'un biseau descendant.
Quand la ligne de résistance est brisée, le marché entame un mouvement de correction haussier.

Pendant les vagues de correction

Il est plus difficile de déceler des figures lors des phases de correction car il peut s'agir tantôt d'une simple consolidation, tantôt d'une chute brutale du marché.

Dessin 14. **Correction dans un biseau descendant**

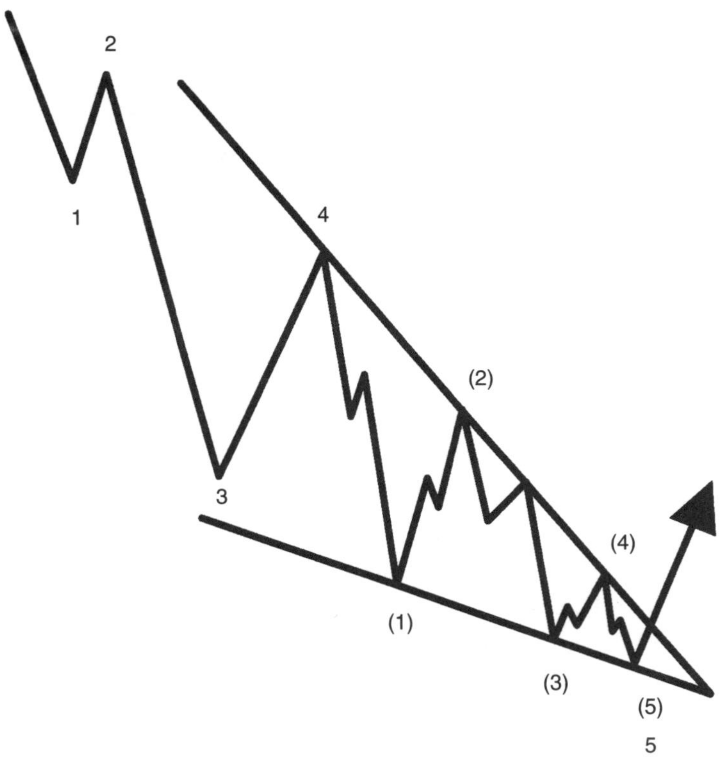

On retrouve des formations graphiques connues comme les triangles ou les rectangles (figures des double trois ou triple trois) mais également des configurations propres aux vagues d'Elliott : les zigzags et les corrections plates en font partie.

Triangle ascendant

Les vagues de correction s'inscrivent parfois dans un triangle rectangle ascendant dont la ligne de résistance joint successivement les sommets des vagues 5 (fin de la phase de tendance), b et d. Cette configuration correspond au cas où la vague dite de correction se transforme en fait en une vague de consolidation formant un triple sommet.

Dessin 15. **Correction dans un triangle ascendant**

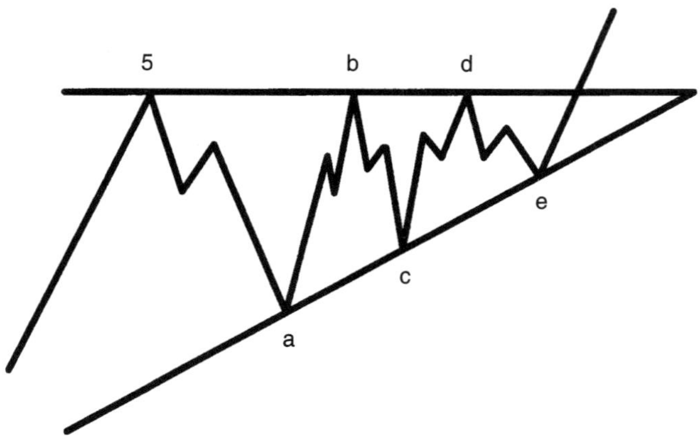

Triangle descendant

De façon similaire, les vagues de correction peuvent se former à l'intérieur d'un triangle rectangle descendant dont la ligne de support joint successivement les creux des vagues a, c et e.
On se trouve ici dans le cas d'une configuration en triple creux.

Dessin 16. **Correction dans un triangle descendant**

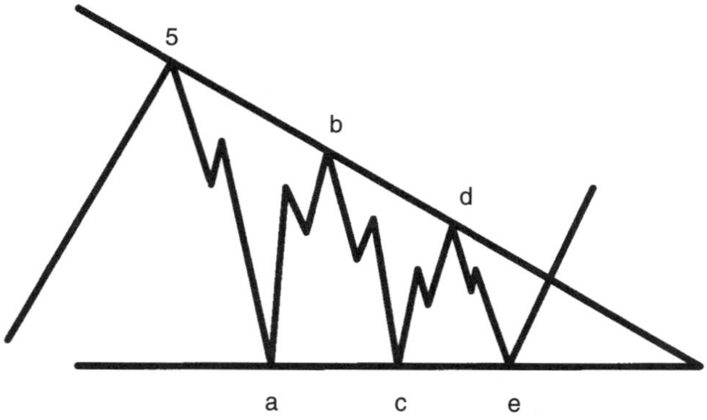

Triangle isocèle

Chaque vague [a, b, c, d, e] est formée de 3 vagues qui tendent vers un point (sommet du triangle) avec une amplitude de moins en moins grande. La phase de correction apparaît alors comme une simple pause à l'intérieur du mouvement haussier.

Dessin 17. **Correction dans un triangle isocèle**

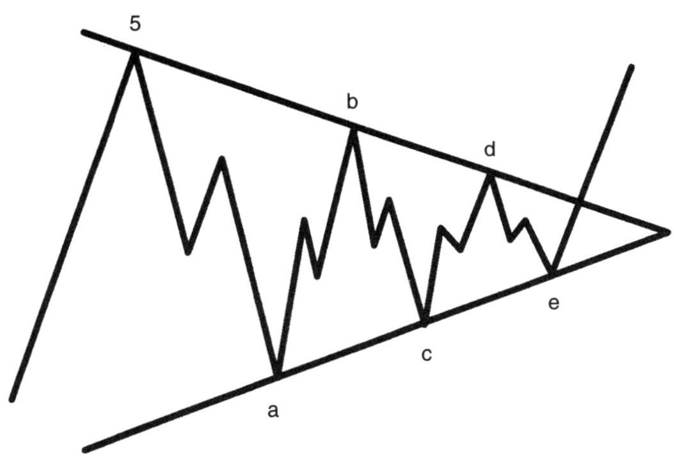

Triangle isocèle inversé

Comme son nom le laisse supposer, chaque vague (toujours formée de trois autres vagues) évolue dans une amplitude grandissante.

Double et triple trois

Le double-trois est une correction horizontale rectangulaire constituée de 7 vagues.

Dessin 18. **Correction dans un triangle isocèle inversé**

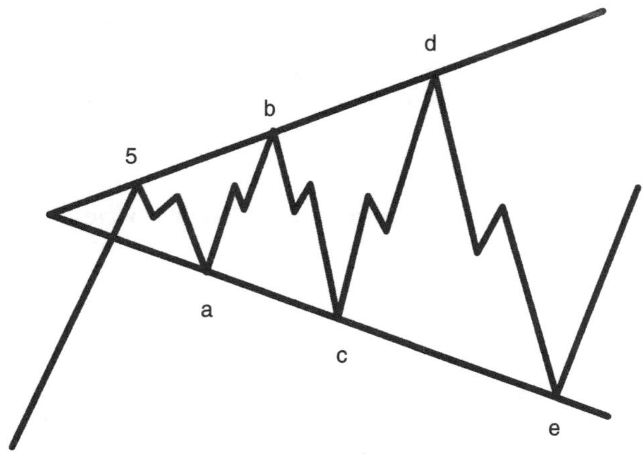

Dessin 19. **Figure en double trois**

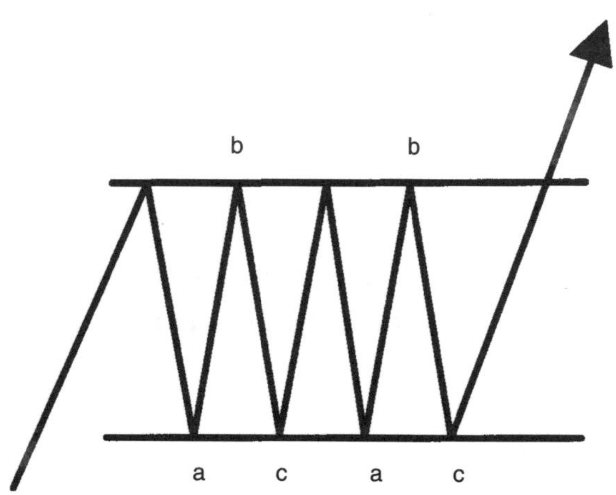

Le triple-trois est une correction horizontale rectangulaire constituée de 11 vagues.

Dessin 20. **Figure en triple trois**

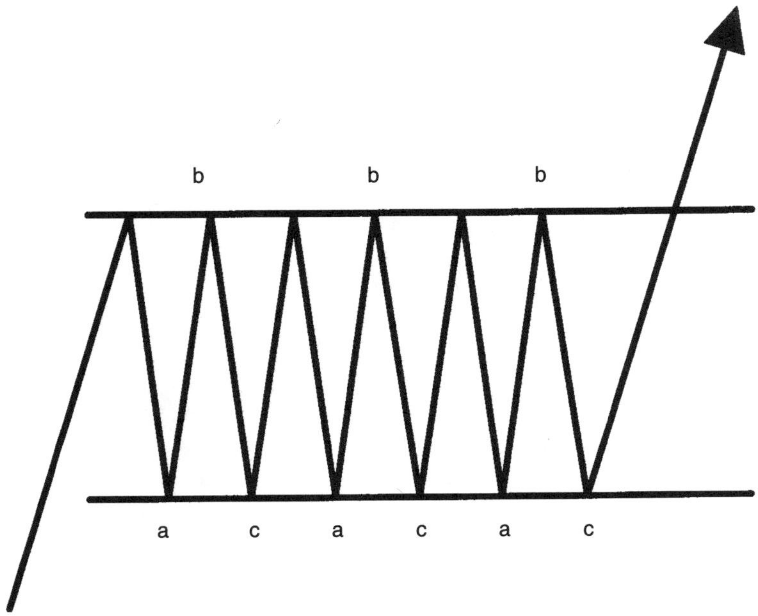

Les corrections en triangle et double ou triple trois soulignent généralement l'incertitude du marché et une certaine indécision quant à sa future évolution.

Zig-zag

La correction en zigzag reste le type de correction le plus fréquent et le plus « orthodoxe » par rapport à la construction des vagues, telle que décrite par Elliott.
Néanmoins, comme nous venons de le voir, de nombreuses irrégularités ou variantes peuvent venir altérer ce schéma idéal sans pour autant l'invalider. Bien évidemment, la prise en compte de toutes ces configurations alternatives rend la tâche de repérage des vagues plus ardue pour l'analyste.

Dessin 21. **Correction en Zig-zag dans un mouvement baissier**

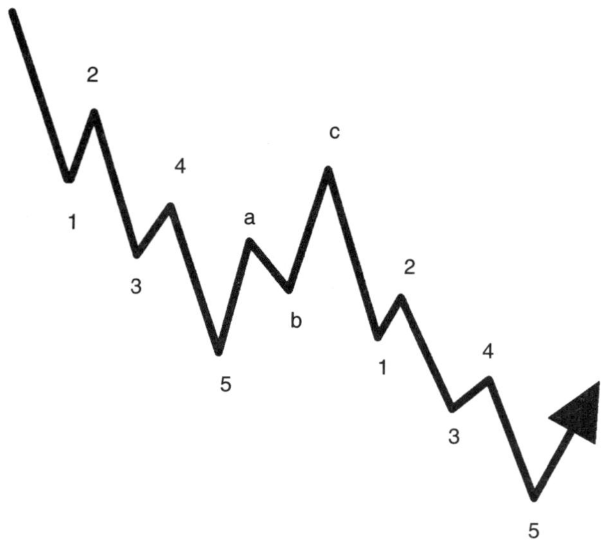

Le dessin représenté ici figure une correction haussière en trois vagues intervenant à l'intérieur d'une tendance baissière.

Correction à plat

La correction à plat est une correction qui se déroule en 3-3-5 (au lieu de 5-3-5) pour une configuration habituelle ; la vague a est donc formée de 3 vagues baissières, la vague b de 3 vagues haussières et la vague c, de 5 vagues baissières. Au terme d'une correction à plat, la vague c aboutit au même niveau que la vague a, d'où son nom de correction à plat.

La phase a ne connaît pas de descente en 5 mouvements avec deux corrections comme le veut le schéma initial. La chute est plus brutale et plus rapide. Par contre, la troisième phase ou phase c ne conduit pas le titre à un plus bas par rapport à la phase a comme il est de coutume. La phase de correction dans son ensemble (a, b, c) se forme à l'intérieur d'un rectangle.

Dessin 22. **Correction à plat**

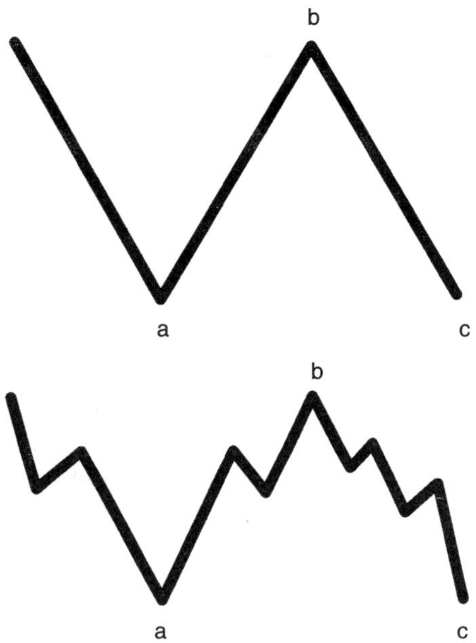

Conclusion

Nous soulignerons ici la difficulté pratique de procéder à la numérotation des vagues pour deux raisons :

- d'abord, il s'agit de trouver la vague numéro un du cycle. Or comme les cycles court terme, moyen terme et long terme peuvent ne pas coïncider exactement, cela ne s'avère pas toujours une tâche aisée
- ensuite, ce premier mouvement repéré, il faut pouvoir numéroter la suite convenablement et comme le schéma initial connaît beaucoup d'exceptions, les débats sont nombreux sur le fait de savoir si tel ou tel mouvement doit être comptabilisé ou non

En fait, le chartiste tirera plus de profit à analyser les cycles journaliers ou annuels qu'à se focaliser sur la recherche du jour J du

grand retournement, même s'il doit y perdre un peu d'intérêt intellectuel.
On notera également que la numérotation des vagues apparaît d'une extrême limpidité plus facilement à posteriori qu'à priori.

4.1.4 Quels enseignements tirer de la théorie d'Elliott ?

Bien que très complète, la théorie d'Elliott est assez difficile à mettre en pratique. En effet, le décompte des vagues souffre, dans la réalité, de nombreuses exceptions, d'ailleurs inventoriées par Elliott lui même et le chartiste trouve rarement dans ses graphes une décomposition aussi « pure » que la description.
Mais la principale difficulté de la méthode vient du point de départ. Reconnaître une vague, c'est bien, mais pour les numéroter, il faut commencer par la première si l'on ne veut pas faire d'erreur d'interprétation. La recherche du point de départ d'un cycle n'est pas toujours tâche aisée, encore moins quand il s'agit du grand supercycle.
Pour toutes ces raisons, cette méthode n'est peut-être pas à recommander à quelqu'un qui commence à appréhender l'analyse technique.

Néanmoins, les apports théoriques d'Elliott débouchent sur des applications pratiques extrêmement intéressantes.

Ainsi, Elliott est le premier à avoir clairement montré que l'analyse graphique pouvait s'appliquer quelle que soit l'unité de temps sur laquelle on travaille, puisque les mêmes vagues se forment pendant une heure ou un siècle.
Le chemin était ouvert notamment pour l'analyse intra-day. Ceux qui ont l'habitude de suivre les cours en temps réel savent l'intérêt que représente une analyse graphique sur ce type de flux.

Ensuite, Elliott en redécouvrant la série de Fibonacci a donné au chartiste un outil d'analyse très puissant pour l'aider à décrypter les différentes phases haussières et baissières (voir description ci-dessous).
Il serait sûrement réducteur de ne retenir d'Elliott que les arcs de Fibonacci, mais il vaut parfois mieux appliquer correctement une

méthode simple et modeste que de mal interpréter une théorie très ambitieuse.

4.2 La série de L. Fibonacci

Mathématicien du début du 13e siècle, Fibonacci est connu pour être le premier mathématicien à avoir introduit les chiffres arabes, le zéro et le système décimal en Europe. Il a découvert une série mathématique portant son nom : la série de Fibonacci ; qui joue un rôle clé dans les travaux d'Elliott.

4.2.1 La construction de la série

La série de Fibonacci est calculée de la manière suivante :

$$U_n = U_{n-1} + U_{n-2}$$

on obtient donc la suite de nombres suivante :

1, 1, 2, 3, 5, 8, 13, 21, 34, 55, 89, 144, 233, 377...

Cette suite possède des caractéristiques intéressantes, dont la combinaison peut parfois sembler irréaliste :

➔ lorsque n tend vers $+\infty$, le ratio de deux nombres consécutifs tend vers 1,618 (qui n'est autre que le ***nombre d'or***), ou vers son inverse 0,618 (qui correspond au ***ratio d'or***).

ainsi, $\lim_{n \to +\infty} (U_{n+1} / U_n) = 1{,}618$
$\lim_{n \to +\infty} (U_n / U_{n+1}) = 0{,}618$

(ex : 377/233 = 1,618 et 233/377 = 0,618)

➔ l'inverse du nombre d'or (1,618) équivaut au ratio d'or (0,618). La différence entre les deux est 1

➔ U_n / U_{n-2} tend vers 2,618 et U_{n-2} / U_n tend vers 0,382

Les propriétés suivantes sont constatées :

2,618 = 1,618 / 0,618 = 1,618 * 1,618
2,618 - 1,618 = 1 = 1,618 - 0,618
1-0,618 = 0,382 = 0,618 * 0,618

La série de Fibonacci a encore d'autres caractéristiques étonnantes mais nous en resterons à celles concernant le chiffre d'or, compte tenu de son rôle dans la théorie d'Elliott.

Il peut être intéressant de noter que ce chiffre, avant de trouver une application dans le monde boursier, avait été très largement utilisé par le monde artistique (architecture égyptienne dans la construction des pyramides, architecture grecque dans la construction, par exemple, du Parthénon, mais aussi dans l'anatomie avec les sculptures humaines antiques, ou encore les peintures de la renaissance de Léonard de Vinci).

4.2.2 Comment utiliser concrètement la série de Fibonacci ?

Une fois admis que les valeurs évoluent cycliquement selon le rythme donné par le chiffre d'or, quels instruments de prévision peut-on construire pour exploiter cette théorie ?

Plusieurs outils graphiques ont été conçus à partir :
- d'une succession de droites horizontales (appelée niveaux de retracement)
- d'une succession de droites verticales (appelée zone de temps)
- d'une succession d'arcs de cercle
- d'un faisceau de droites partant d'un même point (appelé fans ou fanions).

Ces différentes figures géométriques ont toutes un point en commun. Elles reprennent ou utilisent d'une façon ou d'une autre l'algorithme de la série de Fibonacci.
C'est ainsi que, par exemple, les zones de temps sont des droites verticales espacées de 1 jour, 2 jours, 5 jours, etc..

4.2.3 Les niveaux de retracement de Fibonacci

Pour obtenir ces niveaux de retracement, l'analyste doit se placer sur une période de temps qu'il souhaite analyser ou encore mieux sur un cycle de la valeur qu'il a repéré. Il trace ensuite une droite rejoignant le plus haut et le plus bas de la période étudiée. La hauteur séparant ces deux points sert de base aux niveaux de Fibonacci. Ils apparaissent alors dans le graphe comme des lignes horizontales jouant le rôle de droites de soutien et de résistance. Autrement dit, lorsque le cours franchit nettement une de ces lignes, il a toutes les chances d'atteindre au moins la suivante à la hausse comme à la baisse. Il se peut aussi qu'il vienne buter sur l'une de ces lignes, auquel cas, il est probable qu'il retombe sur celle d'en dessous ou d'au-dessus.

Graphique 66. **Les niveaux de retracement de Fibonacci**

©Winix

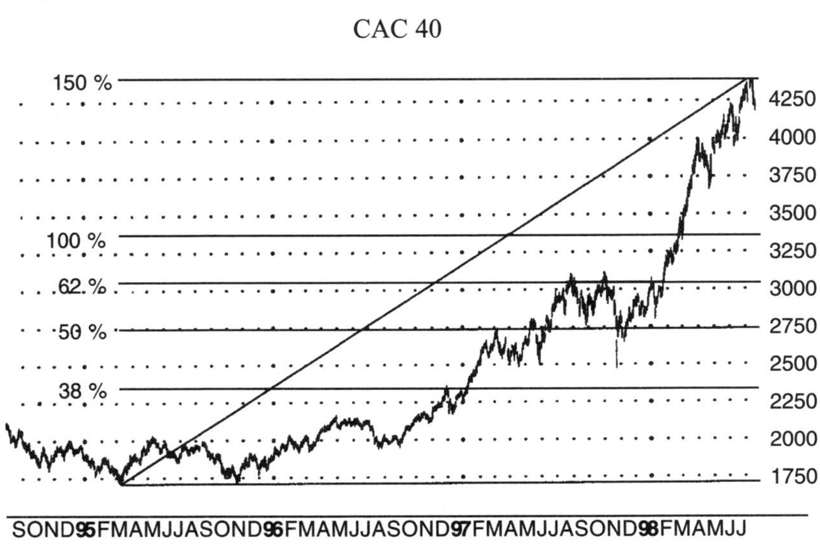

On constate sur ce graphe, que les différents niveaux de retracement constituent de réelles lignes de soutien résistance.

Fin 1996, le CAC40 bute sur le niveau 38 % avant de le franchir 2 mois plus tard. En mars 1997 et en juin de la même année, il bute sur le niveau 50 %. Jusqu'à fin 1997, le CAC40 a oscillé entre le niveau 50 % et 62 %.

4.2.4 Les zones de temps de Fibonacci

Les zones de temps sont un concept simple, dérivé directement de la suite de Fibonacci.
Nous avons vu que les nombres composant cette suite étaient 1, 1, 2, 3, 5, 8, 13, 21, etc. Les zones de temps sont alors obtenues en traçant des droites verticales sur le graphe, selon le nombre de jours correspondant à cette suite.
A partir d'un jour j, une première droite verticale sera tracée à 1 jour, puis une autre le jour suivant, une autre 2 jours après, et ainsi de suite.
Chacune de ces journées, marquée par une droite doit permettre d'identifier des cycles selon Elliott.
Nous retrouvons toujours en pratique la difficulté de bien positionner la zone de temps au départ, c'est-à-dire précisément au début d'un cycle.

4.3 L'analyse de Gann

4.3.1 Introduction

W.D. Gann (1878-1955) est l'autre théoricien très connu de l'étude des cycles. Il partage, avec Elliott, la croyance selon laquelle les marchés boursiers sont soumis à des fluctuations influencées par la nature. Cependant, pour lui, le rythme sous-jacent qui dicte ces mouvements n'est pas le nombre d'or.

L'innovation de Gann est d'avoir mis en valeur la relation particulière et harmonieuse qui relie les variables temps et cours des valeurs.

En effet, pendant une unité de temps, le cours va progresser d'une unité monétaire, c'est-à-dire que géométriquement dans un graphe linéaire, il va suivre en moyenne une pente de 45°.
Bien sûr, cette progression n'est pas linéaire et le cours va connaître des oscillations qui vont l'amener sur d'autre droites ou niveaux intermédiaires constituant des paliers ou droites de soutien résistance autour de l'axe central.
La courbe d'un cours va ainsi évoluer selon un schéma géométrique composé de droites qui vont former des angles (fans, grilles) ou des zones de tendance (arcs, niveaux) au sein desquels le marché oscille au fil du temps.

Gann a développé différentes techniques d'analyse basées sur ces travaux : les angles et les niveaux de retracement seront développés dans cette partie.

4.3.2 Le système angulaire de W.D. Gann

4.3.2.1 Principe général

D'après Gann, le couple temps/cours du marché évolue proportionnellement (1x1), ce qui implique une évolution du cours dans un système angulaire à 45° (à la hausse ou à la baisse).
Cependant, les marchés n'évoluent pas de manière continue. Il a donc décrit un ensemble d'angles (cônes) au sein desquels la courbe est amenée à osciller.
Chacun de ces angles est délimité par des lignes de trend qui vont servir de soutien résistance au marché.

4.3.2.2 Construction et interprétation

Avant d'obtenir les angles qui vont nous permettre de travailler, Gann trace un segment joignant un point haut et un point bas, significatifs sur le graphique des cours. Ensuite les angles ont les orientations suivantes: 82.5°, 75°, 71.25°, 63.75°, 45° (segment), 26.25°, 18.75°, 15°, 7.5°
[Ces valeurs sont celles pour lesquelles la théorie de GANN semble être adaptée.]

On obtient le schéma suivant :

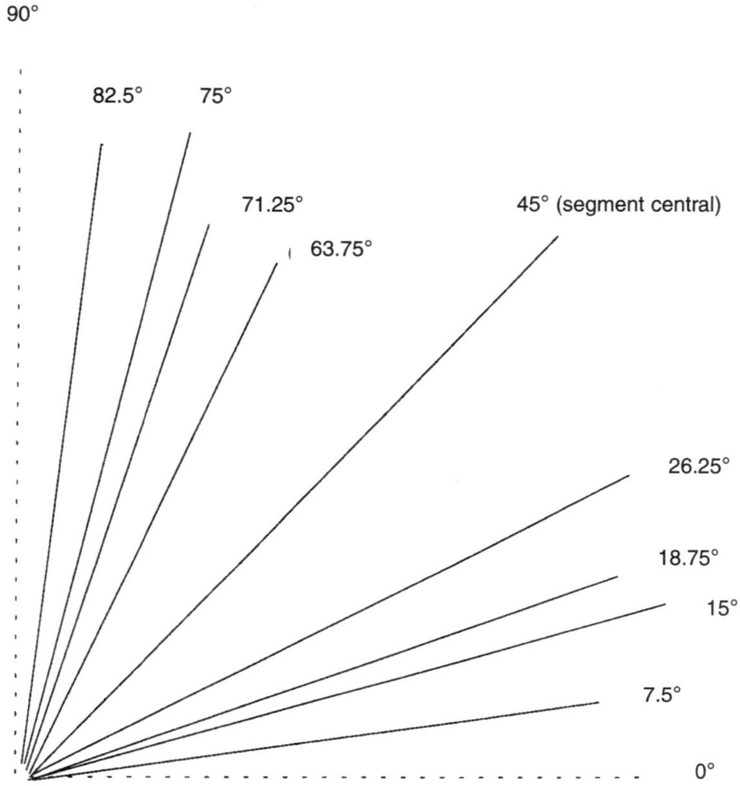

Certaines lignes de trend constituent des lignes de soutien résistance plus importantes que d'autres ; c'est le cas du segment central (45°) puis de celles qui lui sont le plus proche (63,75° et 26,25°).
Lorsque le cours franchit une ligne de tendance, Gann considère que l'objectif de cours devient la ligne suivante, et ainsi de suite. Néanmoins, il est possible que le marché évolue dans un nouvel angle pendant une période plus ou moins longue.

Graphique 67. **Le système angulaire appliqué au CAC 40**

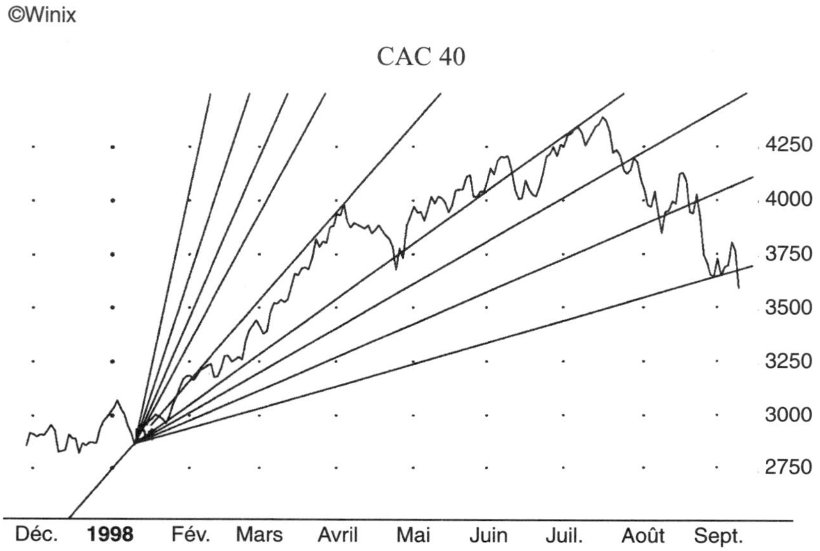

Compte tenu de la théorie qui vient d'être exposée, on comprendra qu'il est essentiel lorsqu'on utilise les outils de Gann de travailler uniquement en échelle linéaire et non pas logarithmique. Le graphe obtenu ci-dessus a pu être tracé à partir du début avril 1998 puisqu'il joint ce plus haut avec un plus bas apparu fin janvier de la même année. Même si les droites de soutien ne sont pas parfaitement positionnées, il est néanmoins étonnant de constater qu'elles ont indéniablement joué un rôle important dans le développement du mouvement. On notera, par exemple, le positionnement de la première droite sur laquelle s'est appuyée le CAC pendant quatre mois de mai à août, faisant alternativement office de droite de résistance, puis une fois franchie, de droite de soutien.

4.3.3 Les niveaux de retracement de W.D. Gann

D'après Gann, il existe une relation forte entre chaque sommet et chaque creux atteints sur les marchés. Ainsi, l'étude historique des marchés est en mesure de procurer à l'investisseur un pouvoir de prédiction sur les plus hauts et plus bas cours futurs.

Construction et interprétation

La construction de ces niveaux se fait à partir d'un plus haut ou d'un plus bas historique, selon la tendance dans laquelle se trouve les marchés.

Il existe différents niveaux de retracement (6.25 %, 12.5 %, 25 %, 33.33 %, 50 %, 66.66 %, 75 %, etc.); cependant, certains sont plus significatifs que d'autres : c'est le cas du niveau 50 %, dit niveau G1 du fait de son importance prédominante dans le système de Gann.

En fait, 4 niveaux se distinguent :
≥G1, niveau correspondant à 50 % du différentiel entre le seuil 0 et le plus haut cours historique.
≥G2, niveau correspondant à 50 % du différentiel entre le plus bas et le plus haut cours de la période.
≥G3, niveau correspondant à 25 % du différentiel entre le seuil 0 et le plus haut cours historique.
≥G4, niveau correspondant à 25 % du différentiel entre le plus bas et le plus haut cours de la période.

Le franchissement de ces différents niveaux peut constituer un signal d'achat ou de vente selon la tendance du marché. Ils s'assimilent à des lignes de soutien résistance, à l'instar des lignes de trend du système angulaire de Gann.
Ils donnent également une indication sur le potentiel d'évolution future du marché.

Dans cet exemple, chacun des niveaux joue un rôle concret dans l'évolution des cours : ils sont généralement propices aux corrections de marché Cependant, il arrive qu'ils soient également un accélérateur de cours lorsqu'ils sont franchis rapidement.

Graphique 68. **Les niveaux de retracement selon Gann**

©Winix

CAC 40

Graphique 69. **Les niveaux de retracement**

©Winix

CAC 40

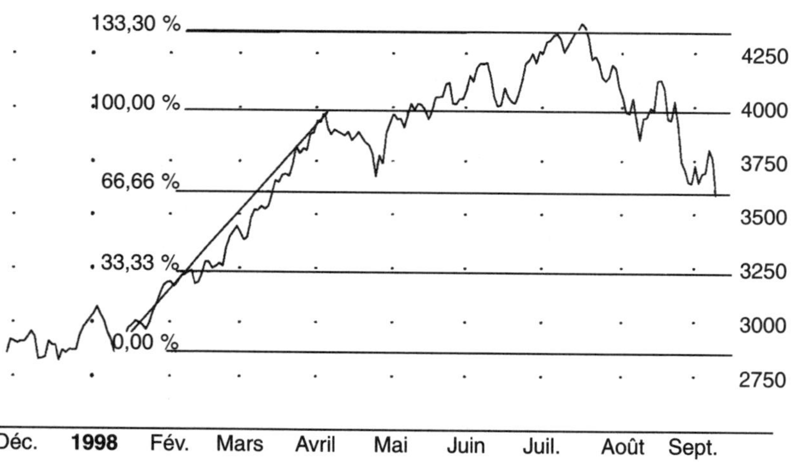

Les niveaux de retracement obtenus ci-dessus sont calculés à partir du segment joignant le plus bas et le plus haut d'une période préalablement fixée, en l'occurrence le point bas de janvier 1998 et le plus haut de début avril 1998.

4.3.4 Les arcs de W.D. Gann

Les arcs de Gann sont également tracés à partir d'un segment, et peuvent s'avérer très utiles quand l'évolution du marché est indécise : ceux-ci forment des zones au sein desquelles les cours oscillent à court et moyen terme.
Ces arcs sont également construits d'après les ratios de Gann.

Graphique 70. **Les arcs de Gann**

©Winix

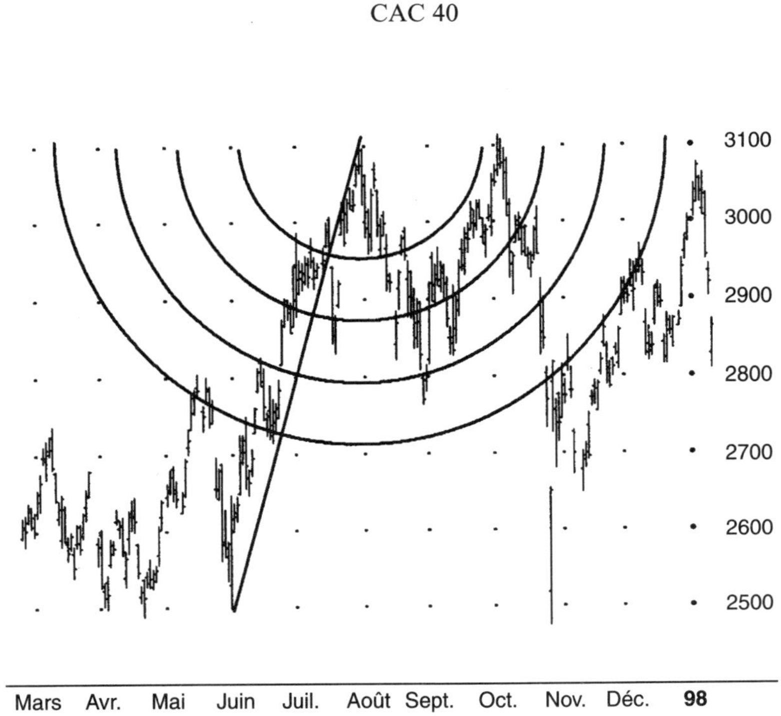

4.4 Conclusion

Si Gann et Elliott ne s'appuient pas sur les mêmes fondements théoriques notamment quant au rythme sous-jacent d'évolution des cours, ils partagent en commun un certain nombre d'outils d'application, que ce soient les arcs, les niveaux de retracement ou encore les fans et finalement les résultats obtenus par ces deux méthodes ne sont pas si éloignés les uns des autres. Par rapport à la numérotation des vagues, l'utilisation de ces indicateurs présente moins de difficultés intrinsèques bien que le repérage correct du cycle de la valeur et donc le bon positionnement des droites ou des arcs reste un art.

Chapitre 3

L'ANALYSE TECHNIQUE

L'analyse technique dérive des mêmes fondements théoriques que l'analyse graphique, mais elle est moins visuelle que cette dernière. Elle est basée sur un grand nombre de calculs mathématiques que seul l'avènement de l'ordinateur a permis de développer. On peut dire que cette branche relativement récente n'a pas encore porté tous ses fruits et reste un terrain d'études et de recherches particulièrement prometteur.

I – QU'EST-CE QUE CES INDICATEURS ONT EN COMMUN ?

1.1 Généralités

Ces indicateurs ont en commun d'une part de vouloir remédier au défaut principal de l'analyse qui les précède, à savoir le retard dans l'obtention d'un signal et deuxièmement, ils ont la caractéristique de s'être développés avec l'arrivée de l'ordinateur, ce qui signifie qu'ils peuvent se construire sur une multitude de calculs et s'éloigner ainsi du côté purement graphique de l'analyse des cours.

J.W.Wilder, un des pères les plus célèbres de ces indicateurs techniques, a clairement mis en évidence l'objectif qui leur était assigné : mesurer la force et la dynamique du mouvement en cours afin d'anticiper les nouvelles tendances aussitôt que possible.

De façon à déceler tout signe avant-coureur pouvant indiquer un éventuel retournement de tendance, l'analyse technique va donc s'intéresser, au travers notamment de la famille des oscillateurs, à la vitesse des cours. Sans remettre en cause la valeur ajoutée indéniable qu'apporte cette nouvelle approche, il est bon, sous peine d'en faire mauvais usage, de garder présent à l'esprit les limitations ou les contraintes inhérentes à ces outils.

Pour illustrer ces propos, il est essentiel ici de revenir sur un concept de base développé en son temps par C.Dow, apparemment trivial mais en fait, capital. Une tendance est réputée toujours valable jusqu'à preuve du contraire, disait-il. Les signes obtenus sur les dérivés des cours ne sont que des alertes qui doivent attirer l'attention de l'investisseur mais qui demandent à être confirmés par les cours eux mêmes avant de se transformer en véritables signaux d'achat et de vente. Si un marché haussier s'essouffle, s'il arrive en phase de distribution ; attention, ouvrons l'œil, mais ne vendons pas encore, au risque d'avoir raison trop tôt. Il est sûrement judicieux, par contre, de s'abstenir d'acheter. A l'inverse, si la tendance baissière montre des signes de faiblesse, commençons à nous intéresser au titre mais attendons la première reprise pour acheter. Là encore, les ventes à découvert sont à éviter.

Ces remarques sont bien sûr à nuancer selon la stratégie d'investissement suivie. Les opérateurs spéculatifs sont plus enclins à parier sur des anticipations qui offrent des gains potentiels importants avec, en contrepartie, un risque accru d'obtenir de faux signaux. Dans tous les cas, les investisseurs doivent être conscients du fait que dégager des signaux sur les dérivés des cours n'a pas la même signification que dégager des signaux sur les cours eux-mêmes. Tant que les cours n'ont pas effectivement cassé leur tendance, ils sont réputés conserver cette même tendance.

En ce qui concerne l'usage de l'ordinateur, incontournable pour tout opérateur, il va justement permettre de calculer ces nouveaux indicateurs très rapidement et de dégager du temps pour leur interprétation. Attention cependant : la facilité d'utilisation ainsi acquise, ne remplace aucunement l'étude qui doit, de toute manière, être menée par l'investisseur. L'interprétation des indicateurs reste dans l'analyse technique, moderne comme classique, l'exercice le plus délicat, et duquel vont dépendre tous les résultats. L'ordinateur offre une aide déterminante mais ne se substitue pas au décisionnaire.

Ces précautions d'utilisation une fois intégrées, l'analyse technique va apporter toute une palette d'outils qui enrichiront considérablement la visibilité de l'investisseur et lui feront gagner un temps précieux

1.2 Méthodes d'interprétation

La plupart de ces nouveaux indicateurs peuvent être interprétés selon des méthodes communes. Pour être performant en bourse, il est plus important de connaître ces différentes méthodes que de connaître la liste exhaustive des indicateurs car l'interprétation correcte d'un indicateur est un facteur essentiel de réussite. Comme nous allons le découvrir, il n'existe pas une seule façon d'interpréter des indicateurs mais plusieurs. L'opérateur aura donc tout intérêt à explorer ces diverses pistes plutôt que de se cantonner à une seule lecture de l'indicateur.

1.2.1 Lecture de seuils

Le surachat et la survente sont définis par des niveaux à lire sur les indicateurs : méthode très facile mais qui ne doit pas être utilisée seule pour prendre une décision

Les oscillateurs dont les résultats tournent autour de certaines valeurs (50 %, 0,...) mesurent les forces d'achat et de vente à l'œuvre sur un marché.
Par conséquent, les valeurs basses ou hautes atteintes par ces indicateurs sont significatives. Elles indiquent la prédominance d'une force sur l'autre.

Si l'oscillateur est borné, c'est-à-dire s'il oscille entre deux niveaux fixes, par exemple s'il a été ramené à une valeur en pourcentage, il est très facile de déterminer un seuil à partir duquel on pourra dire que les forces d'achat sont supérieures aux forces de vente et vice versa. En déduire des signaux d'achat et de vente automatiques, est un raccourci qui tente d'autant plus que toutes les valeurs ou indices obtiennent des résultats qui peuvent se comparer. Lorsque l'oscillateur est non borné, il faut rechercher pour chaque valeur, et selon son historique, les niveaux qui correspondent à ces seuils.
Néanmoins, la facilité d'utilisation de cette méthode ne doit pas nous aveugler. Le franchissement de seuils ne constitue pas à lui seul un signal d'achat ou de vente. C'est une invitation à analyser de plus près la situation de la valeur. D'abord parce que ce franchissement dépend complètement du seuil qui a été fixé (10, 20, ou 30 %), du nombre de jours sur lequel s'est effectué le calcul, mais surtout parce qu'il est déterminant de savoir dans quel contexte se situe cette poussée des forces de vente ou de baisse (dans une période de consolidation, au début ou à la fin d'une tendance haussière, baissière, dans un fort, faible volume ?).
Ensuite, il convient également d'observer avec attention l'allure graphique de l'oscillateur. Le franchissement du seuil est-il net ? L'oscillateur s'est il retourné ? Sa courbe est-elle pentue ou plate ? C'est la prise en compte d'un ensemble de facteurs environnants comme pour l'établissement d'un diagnostic en médecine qui permettra au chartiste d'éviter les faux signaux et de faire une bonne lecture des indicateurs.
Le passage de l'oscillateur à tel ou tel niveau absolu, s'il est facile à détecter, se révèle en revanche comme la moins fructueuse des interprétations, lorsqu'il est utilisé sans discernement.

1.2.2 Divergences entre les plus hauts ou les plus bas du cours et de l'indicateur

Un signal apparaît lorsque le cours connaît un plus haut (ou un plus bas) et que ce n'est pas le cas pour l'indicateur.

Cette deuxième interprétation dérive directement de l'observation selon laquelle une fin de tendance (haussière ou baissière)

s'accompagne d'un essoufflement. Cet essoufflement se manifeste ici par une divergence entre la tendance du cours et la tendance de l'indicateur.
Dans une tendance haussière par exemple, le cours poursuit son mouvement, c'est-à-dire que ses droites de soutien et de résistance sont toujours orientées en montée alors que ce n'est plus le cas pour l'oscillateur ou à l'inverse, le cours continue à produire des plus bas au moment même où l'indicateur se retourne : il y a divergence.
Une telle divergence apparue à la suite d'une longue phase haussière ou baissière signifie, à minima, l'arrivée d'une phase de consolidation, d'une pause, ou même si d'autres signaux de retournement sont réunis, d'un changement de tendance.
L'analyste tracera donc des droites de soutien et de résistance à la fois sur le cours et sur l'oscillateur, la visualisation conjointe des deux graphes lui permettant instantanément de repérer les divergences.
La détection d'une divergence permet de repérer une faiblesse de la tendance en cours qui va probablement conduire à un prochain retournement de cette valeur. En terme de timing, il faut faire attention, il ne s'agit pas pour l'analyste de se positionner immédiatement car il ne sert à rien d'avoir raison, voire de se tromper, trop tôt.
Il convient de mettre la valeur sous étroite surveillance, et dès que les premiers signes de confirmation de l'anticipation sont visibles sur la valeur elle même, on peut alors sereinement passer à l'action.

1.2.3 Application de l'analyse graphique aux indicateurs

Toutes les figures vues précédemment sur les cours, notamment les moyennes mobiles, peuvent être utilisées sur les indicateurs eux-mêmes, l'intérêt résidant dans le fait que le changement de tendance apparu sur l'indicateur est en avance par rapport à celui détecté sur les cours.

Une troisième façon de travailler avec les oscillateurs et qui d'ailleurs n'est qu'une généralisation de l'approche précédente consiste à appliquer l'ensemble des outils d'analyse graphique

que nous avons développés plus haut aux graphes des indicateurs.
En effet, le chartiste qui visualise ces indicateurs sous forme de graphes a tout intérêt à tracer, comme nous venons de le voir, des droites de soutien et de résistance. Mais il peut également pratiquer, avec profit, la reconnaissance de figures (triangles, biseaux, tête et épaules, double sommet, etc.).
Comme son objectif prioritaire est de détecter le changement de tendance, les outils classiques comme le tracé de canaux ou la moyenne mobile peuvent se révéler particulièrement utiles.
De plus, la moyenne mobile en tant que filtre, va permettre de lisser le mouvement de l'oscillateur lorsque ce dernier est trop volatil et éliminer ainsi une partie des faux signaux.
Nous avions déjà construit graphiquement avec le croisement de moyennes mobiles l'oscillateur d'un filtre. Nous procédons ici à l'opération inverse c'est-à-dire à l'utilisation d'un filtre sur un oscillateur. Dégager le sens des tendances tout en mesurant la force de leur mouvement, tel est bien le couple de données essentielles pour obtenir les bons signaux d'achat et de vente.

N'oublions pas que cette construction de l'analyse graphique au second degré, puisqu'elle se fait non pas sur le cours mais sur une dérivée de ce cours (l'oscillateur), ne donne comme résultat, qu'une anticipation possible du mouvement de la valeur. Ce résultat doit ensuite être confirmé par le cours lui même, avant validation et prise de position par l'investisseur. Il est déterminant, comme nous l'avons déjà exprimé plus haut, de bien analyser la force et la netteté du signal perçu ainsi que la situation dans laquelle se trouve la valeur (début ou fin de tendance, marché plat, niveau d'activité ou volume).
Sous réserve de la bonne application de cette méthode, le temps d'anticipation gagné par l'opérateur peut être très important.

1.3 L'outil informatique

La vulgarisation de ces nouveaux indicateurs est étroitement liée au développement des micro-ordinateurs. En effet, ceux-ci offrent une puissance de calcul qui met ces outils à la portée de tout un chacun.

Ensuite, et ce champ est encore largement inexploré aujourd'hui, grâce à des études sur le passé des valeurs, la voie de la rationalisation et de la recherche est ouverte pour l'analyse technique.

1.3.1 Puissance de calcul

Les indicateurs de la nouvelle génération ont comme lien d'être issus du même support, le support informatique. Cette relation peut paraître fine, elle n'en entraîne pas moins des conséquences importantes. La première est le champ des possibles qu'elle a ouvert.

Le nombre d'indicateurs s'est multiplié puisque le temps passé à leur calcul n'est plus une contrainte. Ce foisonnement, même s'il a tendance au début à noyer l'opérateur, est bénéfique dans le sens où sa boîte à outils grossit proportionnellement d'ailleurs au temps qu'il peut justement consacrer à l'analyse.
De façon encore plus générale, les particuliers ont maintenant massivement accès aux résultats d'indicateurs qu'ils n'auraient jamais pu exploiter manuellement. L'efficacité de ces outils s'en trouve globalement améliorée.
Les indicateurs ont changé de nature : d'outils de croyance, ils sont devenus outils de science, l'analyse graphique elle même est passée de l'obscurantisme à la transparence. Du moins, telle est la perception de l'opinion publique. Ce changement de mentalité est dû à l'avènement de l'ordinateur. En fait, les fondements théoriques restent les mêmes que ceux établis à l'époque par C. Dow, mais la possibilité de quantifier « objectivement » sur le passé, les résultats de telle ou telle stratégie ont donné à l'analyse technique un autre statut.

L'investisseur ne devra pas se laisser piéger par la pléthore des indicateurs (mieux vaut utiliser correctement cinq ou six indicateurs en sachant exactement ce qu'ils calculent et comment les interpréter plutôt qu'une vingtaine qui vont fatalement se contredire), ni par l'automatisme qu'offre la micro informatique (faire des sélections automatiques de valeurs sur des critères sans avoir longuement testé auparavant cette stratégie d'achat ou de vente ou encore, ne pas regarder attentivement les graphes de ses valeurs avant de prendre une décision).

L'analyse technique reste avant tout un art qui s'apparente finalement, en beaucoup de points à celui du médecin. Il faut de l'expérience, du feeling, le sens de l'observation, la connaissance des outils, de la rigueur. Toutes choses que l'ordinateur ne pourra jamais faire complètement à notre place.

Par contre, sous réserve de l'utiliser à bon escient, l'investisseur retirera de son micro, d'énormes satisfactions. Outre le gain de temps qu'il lui procurera, il lui permettra de développer sa créativité (création d'indicateurs, d'indices, de paramètres personnalisés) et son esprit de recherche (comparaison entre indicateurs, etc.).

1.3.2 Optimisation

L'optimisation permet de tester une stratégie sur le passé de façon à trouver par exemple le meilleur paramètre de l'indicateur pour chaque valeur.

A propos de la plus-value apportée par l'ordinateur, il convient de parler ici du principe de l'optimisation.

La puissance de calcul de l'ordinateur lui permet de tester une stratégie sur le passé et notamment par exemple ce qui constitue une question récurrente pour tout analyste, à savoir le paramètre qu'il convient d'utiliser pour tel ou tel indicateur voire pour telle ou telle valeur.

Prenons un exemple :

Le croisement de moyennes mobiles (un oscillateur dont nous avons déjà parlé à plusieurs reprises) s'utilise de façon classique en prenant une moyenne à 50 et à 200 jours. Mais on peut facilement convenir que toutes les valeurs n'ont pas forcément le même cycle (certaines plus spéculatives auront des cycles plus courts alors que des valeurs plus « pères de famille » auront des cycles plus longs).

Pourquoi ne pas demander à l'ordinateur de tester les résultats de ses gains s'il avait acheté et vendu selon tous les croisements possibles de moyennes mobiles ?
Calculés sur une période de 1000 séances de bourse (jusqu'au 10/08/98), les résultats de cette optimisation pour l'ensemble des valeurs du Règlement Mensuel français ayant un historique suffisant sont les suivants :

Nom de la valeur	Paramètres optimisés	Gain en %
Accor	52 ; 86	163,72
AGF	4 ; 253	142,76
Air liquide	92 ; 10	33,77
Alcatel alsthom	72 ; 226	130,49
Alsthom	/	/
Altran Techno.	10 ; 188	462,68
Atos	40 ; 120	184,76
Axa	96 ; 156	170,12
Bail investissement	101 ; 60	25,05
Bazar-hôtel de ville	15 ; 45	104,21
Bertrand Faure	9 ; 85	198,78
Bic	44 ; 133	226,06
Bis	21 ; 39	106,41
BNP	98 ; 175	180,75
Bolloré techno.	7 ; 114	99,32
Bongrain	93 ; 82	22,18
Bouygues	25 ; 65	91,08
Bouygues offshore	29 ; 50	106,02
Bull	67 ; 31	127,62
Canal+	76 ; 104	101,09
Cap gemini	86 ; 117	549,50
Carbone lorraine	6 ; 176	265,57
Carrefour	37 ; 194	167,92
Casino SA	86 ; 137	235,01
Casino ADP	13 ; 240	187,33
Castorama	20 ; 149	92,57
CCF	59 ; 214	126,45
Cegid	19 ; 39	186,80
Cerus	101 ; 215	107,18
CGIP	10 ; 236	170,90
Chargeurs	22 ; 41	117,67
Christian Dalloz	97 ; 205	209,28
Christian Dior	12 ; 61	176,36
CIC	/	

Ciments français	89 ; 82	137,22
Clarins	105 ; 191	154,38
Club Med	41 ; 50	154,94
Coflexip	11 ; 221	278,14
Colas	8 ; 100	87,03
Compt. Entrep.	33 ; 24	217,23
Compt. modernes	61 ; 224	122,98
CPR	108 ; 66	65,17
CFF	19 ; 105	103,25
Crédit lyonnais	93 ; 208	295,89
CS	21 ; 74	304,56
Damart SA	79 ; 62	74,86
Danone	94 ; 248	94,18
Dassault aviat.	12 ; 57	305,73
Dassault elect.	/	/
Dassault systeme	33 ; 69	180,55
De Dietrich	62 ; 107	83,63
Deveaux SA	24 ; 57	209,78
DR NPC	8 ; 35	123,98
Dexia france	104 ; 172	115,18
DMC	3 ; 26	252,51
Dynaction	11 ; 58	115,44
Ecia	90 ; 240	81,17
Eiffage	13 ; 29	337,98
Elf aquitaine	71 ; 200	92,53
Eramet	98 ; 91	109,89
Eridania Béghin	39 ; 96	49,56
Essilor intern.	98 ; 232	194,06
Essilor ADP	13 ; 208	297,77
Esso	105 ; 79	77,49
Eurafrance	105 ; 241	82,01
Eurodisney	44 ; 88	124,96
Europe 1	109 ; 99	113,27
Eurotunnel	74 ; 68	236,39
Fimalac	101 ; 65	132,68
Finextel	72 ; 86	80,72
Fives Lille	51 ; 69	74,75
France telecom	/	/
Fromageries bel	20 ; 96	55,91
Galeries Lafayette	56 ; 247	277
Gan	/	/
Gascogne	89 ; 70	50,68

Gaumont	78 ; 63	92,85
Gaz et eaux	63 ; 78	77,96
Géophysique	24 ; 123	233,95
GFC	25 ; 41	64,43
Grandvision	71 ; 204	168,38
Groupe André	89 ; 101	80,51
Groupe GTM	12 ; 145	110,24
Groupe Zannier	37 ; 52	467,30
Guilbert SA	41 ; 81	112,61
Guyenne Gascogne	86 ; 37	49,29
Hachette filipacchi	22 ; 107	140,47
Havas advertising	21 ; 236	156,51
Imétal	91 ; 60	102,19
Immeubles france	31 ; 72	107,87
Infogrammes	36 ; 103	336,68
Ingénico	23 ; 147	257,45
Interbail	82 ; 134	104,95
Intertechnique	11 ; 191	178,70
Isis	97 ; 90	80,85
Jean Lefebvre	6 ; 61	102,33
Klépierre	30 ; 196	55,64
Labinal	56 ; 241	198,68
Lafarge	54 ; 62	67,68
Lagardère	62 ; 231	111,07
Lapeyre	9 ; 57	82,29
Lebon	23 ; 45	96,25
Legrand	102 ; 236	95,98
Legrand ADP	37 ; 223	74,05
Legris industries	39 ; 72	244,02
Locindus	105 ;72	43,91
L'oréal	74 ; 252	182,39
LVMH	21 ; 60	88,84
Marine wendel	18 ; 140	171,06
Métaleurop	103 ;71	147,26
Métrologie int.	73 ; 30	345,75
Michelin	92 ; 78	60,47
Montupet SA	29 ; 124	409,96
Moulinex	29 ; 71	113,80
Natexis	107 ; 97	144,14

Norbert dantress.	36 ; 55	240,12
Nord est	41 ; 8	51,44
Nordon	12 ; 61	81,48
NRJ SA	12 ; 222	144,69
Olipar	71 ; 61	84,69
Paribas	5 ; 222	144,38
Pathé	57 ; 50	58,60
Péchiney	83 ; 79	133,52
Pernod ricard	97 ; 61	47,72
Peugeot SA	97 ; 11	97,82
PPR	8 ; 200	321,22
Plastic omnium	102 ; 229	104,60
Primagaz	59 ; 188	102,12
Promodès	109 ; 246	245,92
Publicis	11 ; 69	127,95
Rémy cointreau	28 ; 84	102,06
Renault	100 ; 147	177,73
Rexel	27 ; 222	159,14
Rhodia	/	/
Rhône Poulenc	/	/
Rochefortaise com.	31 ; 227	269,13
Rochette (la)	85 ; 82	85,68
Royal canin	100 ; 98	46,27
Rue impériale	19 ; 181	85,63
Sade	12 ; 59	48,96
Sagem SA	19 ; 39	101,16
Saint Gobain	72 ; 34	65,61
Salvepar	48 ; 24	65,33
Sanofi	95 ; 161	182,05
Saupiquet	85 ; 252	55,81
Schneider SA	75 ; 45	117,71
Scor	21 ; 133	184,73
Seb	10 ; 240	96,12
Sefimeg	10 ; 27	108,08
Seita	21 ; 111	54,65
Selectibanque	21 ; 243	109
SFIM	103 ; 88	135,11
SGE	71 ; 110	172
Sidel	41 ; 126	124,44
Silic	74 ; 20	24,30
Simco	109 ; 64	45,07
Sita	21 ; 68	70,92

Skis rossignol	89 ; 101	80,51
Sté foncière lyon.	85 ; 38	81,86
Société générale	107 ; 83	153,71
Sodexho alliance	41 ; 231	335,93
Sogeparc	56 ; 81	32,08
Sommer allibert	19 ; 82	133,33
Sophia	38 ; 121	33,28
Spir com.	48 ; 85	103,68
Strafor facom	11 ; 34	62,68
Suez lyonnaise	39 ; 244	84,93
Synthélabo	73 ; 231	345,99
Technip	29 ; 58	129,90
Thomson csf	88 ; 137	99,10
Total	66 ; 206	120,16
UIF	96 ; 41	45,71
Unibail	102 ; 67	44,32
UAF	/	/
Usinor	105 ; 90	72,21
Valéo	87 ; 201	113,54
Vallourec	6 ; 41	103,72
Via banque	35 ; 62	193,71
Vivendi	14 ; 65	87,65
Worms	/	/
Zodiac	61 ; 122	147,32
CAC40	104 ; 221	93,25
SBF120	80 ; 218	84,13
SBF250	81 ; 202	79,41

A la lecture de ce tableau, la première chose qui frappe est la dispersion des résultats obtenus : les gains s'étalent entre 25 et 542 % pour tourner en moyenne autour de 140 %. De la même façon, les nombres de jours qui correspondent aux paramètres optimaux pour le croisement de moyennes mobiles varient considérablement d'une valeur à l'autre. On notera qu'un certain nombre de valeurs obtiennent des performances importantes avec des nombres de jours espacés (entre 50 et 100 pour la première moyenne mobile et de l'ordre de 200 pour la deuxième) et d'autres avec un nombre de jours très proches (moins de dix jours d'écart entre les deux moyennes mobiles).

Si l'on regarde attentivement les valeurs qui ont obtenu les meilleurs résultats et celles qui ont eu les gains les plus faibles, on se rend compte du phénomène suivant : pour qu'un croisement de moyennes mobiles constitue un indicateur efficace, il faut que la valeur évolue en tendance, qu'elle ait suivie successivement des périodes de tendance haussière et baissière marquées, et d'une certaine durée. Par contre, lorsque la valeur évolue de façon erratique dans un marché incertain, le croisement de moyennes mobiles fournit un grand nombre de faux signaux et la performance s'en ressent. Cette analyse n'est pas pour nous surprendre, puisque nous avons déjà insisté à plusieurs reprises, sur l'importance de détecter d'abord, dans quel état se trouve un marché, avant d'utiliser tel ou tel outil. En l'occurrence, les moyennes mobiles sont surtout efficaces lorsque le marché est en tendance.

Regardons maintenant graphiquement ce que donnent ces résultats par exemple sur la valeur Eiffage qui a réussi une belle performance puis sur le CAC40.

Graphique 71. **Résultat de l'optimisation de la valeur Eiffage**

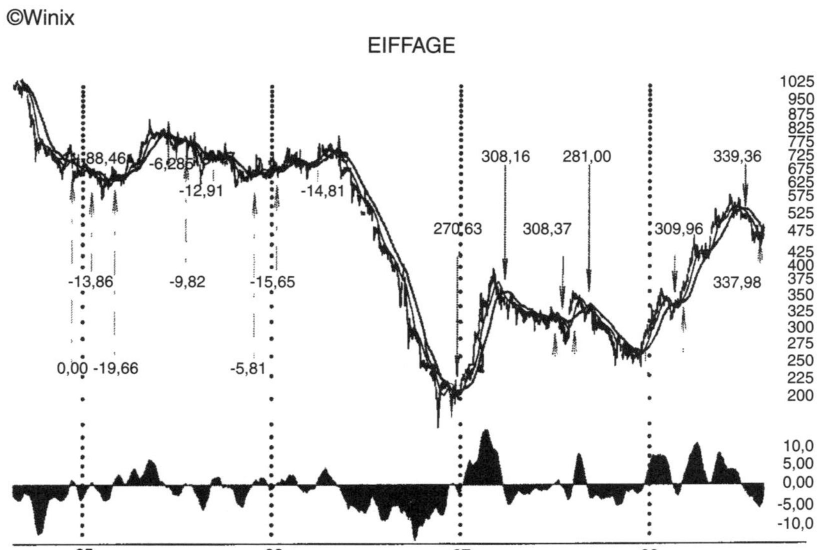

Depuis décembre 1994, un opérateur qui aurait acheté (flèches pointillées) et vendu (flèches continues) des actions EIFFAGE selon le croisement des moyennes mobiles optimisées à 13 et 20 jours, aurait réalisé un gain de 337,98 %.
Ce chiffre est d'autant plus intéressant qu'il prend en compte des frais de courtage de 1 % et le fait que l'opérateur ne puisse acheter ou vendre l'action que le lendemain du croisement, au premier cours coté (ce paramètre est important car tous les investisseurs ne peuvent pas intervenir le jour même).
D'autre part, ce gain maximum est obtenu en intégrant la possibilité de vendre des actions à découvert (règlement mensuel avec mécanisme de report possible).
L'essentiel du gain a été réalisé lorsque la valeur s'est mise à suivre une tendance forte à la baisse à partir de mi 1996. Dans la période précédente où la valeur évoluait dans un marché plat, le croisement de moyennes mobiles aboutissait à une perte.

Graphique 72. **Résultat de l'optimisation du CAC40**

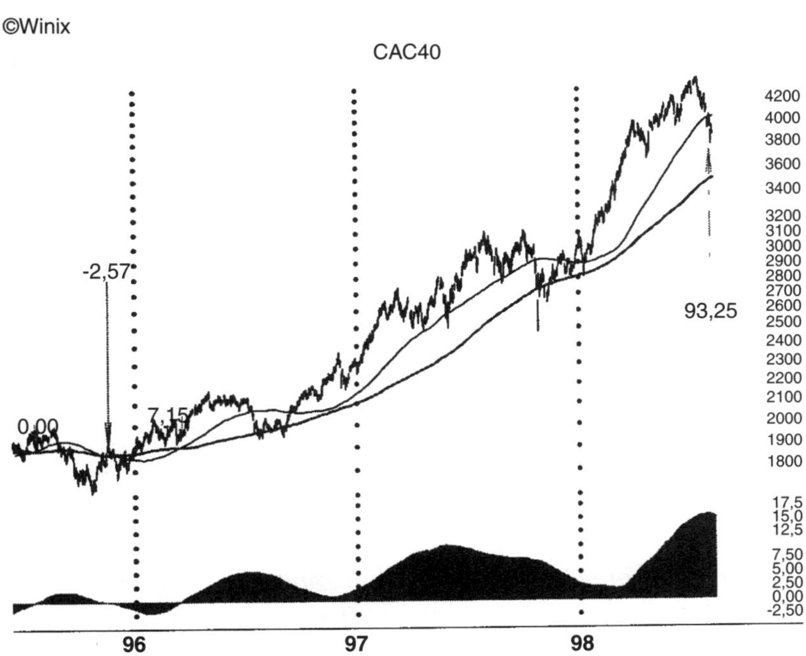

Les moyennes mobiles optimisées du CAC40 sur 1000 séances de bourse sont les moyennes à 104 et 221 jours ; le gain dans cette période aurait été de 93,25 %.

Commentaires

Bien sûr, il s'agit uniquement d'acheter et de vendre au croisement de moyennes mobiles. Comme nous l'avons vu, ce critère ne doit pas être le seul à être pris en compte car il faut aussi considérer si la valeur est, ou non, en tendance ; il faudrait également observer les volumes. Néanmoins, l'information qui nous est donnée est déjà précieuse puisqu'elle permet, sinon de retenir un chiffre absolu, du moins de comparer les résultats obtenus entre les valeurs et de définir des paramètres mieux adaptés à chaque titre.

La deuxième étape consiste à affiner la stratégie d'achat en combinant au croisement de moyennes mobiles, par exemple, un indicateur mesurant la force de la tendance, et ainsi de suite jusqu'à bâtir un système expert.
L'optimisation permet ainsi progressivement, en comparant les résultats obtenus sur différents indicateurs dans différentes circonstances, de construire un modèle plus sophistiqué. Elle permet aussi quelquefois de se débarrasser d'idées préconçues sur la fiabilité de tel ou tel indicateur.

II – EN QUOI LES INDICATEURS SONT-ILS DIFFERENTS OU COMMENT LES UTILISER ?

Compte tenu de leurs origines variées, soit orale dans une salle de marchés, soit livresque associée à un auteur, de leur adaptation, voire transformation au fil du temps, l'exercice de classification des indicateurs est un exercice qui s'avère délicat. Ni l'approche historique (graphique, philosophique et technique) qui repose avant tout sur le media de calcul, ni l'approche générique qui est difficile à établir compte tenu de la grande variété de ces indicateurs, ne donnent véritablement satisfaction.

Aussi la méthode, peut-être la plus efficace pour l'investisseur, est de regrouper les indicateurs selon leurs conditions d'utilisation.

2.1 Comment les classer ?

Après avoir étudié ce qui constitue le fond commun des indicateurs techniques, nous allons maintenant nous attacher à ce qui les différencie de façon à pouvoir les utiliser correctement.

Il est classique de ranger d'un côté les oscillateurs bornés ou non bornés et les filtres. Dans les filtres, c'est-à-dire dans les indicateurs filtrant les bruits ou éliminant les fluctuations insignifiantes, on retrouve principalement la famille des moyennes mobiles déjà en partie existante d'ailleurs du temps de l'analyse graphique.
Les oscillateurs, dont le concept est apparu avec J.W.Wilder et qui, comme leur nom l'indique, ont la propriété d'osciller autour d'une ligne (0, 50 %, etc.), rassemblent la plupart des autres indicateurs techniques.
Mais, comme nous avons déjà eu l'occasion de le mentionner, il est tout à fait courant de construire un oscillateur à partir d'un filtre (voir le croisement de moyennes mobiles ou le MACD) ou vice versa de filtrer un oscillateur (moyenne mobile du RSI ou du stochastique)
Si bien que cette classification (oscillateurs, filtres) peut porter à confusion et finalement ne nous paraît pas apporter une grande plus-value à l'investisseur.
Ensuite, il existe des « inclassables » tels le système parabolique ou le DMI de Wilder qui font généralement l'objet de chapitres séparés.
N'oublions pas non plus les outils apportés par la statistique et diffusés par l'usage de la micro informatique, à savoir notamment l'écart-type, qui est une excellente mesure de la dispersion des cours et donc du consensus plus ou moins grand dans lequel se fait l'évolution du marché. La volatilité ainsi mesurée permet d'aider à identifier la force d'un mouvement.

En conclusion, aucune classification par nature, ne nous apparaissant véritablement efficiente, nous avons préféré mettre en évidence une classification qui soit fonction de l'environnement le plus efficace pour utiliser l'indicateur.

Nous avons donc repris l'axiome de départ qui est un des fondements de l'analyse technique : un marché est en tendance haussière ou baissière ou n'est pas en tendance.
Ont donc été d'abord regroupés les indicateurs les plus efficaces dans un marché « plat », non orienté, ensuite ceux à utiliser de préférence dans un marché en tendance puis finalement ceux qui justement peuvent nous donner des indications sur l'état du marché, c'est-à-dire mesurent sa volatilité.

Après l'étude des indicateurs construits sur les cotations des valeurs, nous passerons en revue les indicateurs construits sur les volumes ou associant les prix et les volumes. En effet, nous avons déjà souligné l'importance des volumes dans l'analyse d'une valeur, compte tenu de ce qu'ils révèlent du comportement psychologique des intervenants

Nous finirons par ce par quoi il est bon de commencer : l'étude de l'environnement de la valeur. Les indicateurs de marché qui permettent avec des outils de même conception que ceux vus sur les actions de déterminer les tendances du marché mais aussi des modèles de comparaison entre plusieurs vecteurs financiers de façon à situer précisément la valeur dans son environnement : par rapport à son secteur d'activités, par rapport à son indice de marché, par rapport aux placements mobiliers concurrentiels, par rapport aux grands paramètres macro-économiques.

Le chartiste ne doit jamais perdre de vue le contexte dans lequel il travaille. Il doit garder en permanence un œil sur les tendances de fond de l'économie (inflation, niveau de l'épargne, etc.), des autres placements (taux d'intérêt) et de son marché (Règlement Mensuel).

Il aura plus de chances de réussir s'il utilise l'analyse graphique et technique comme un outil d'optimisation que comme un outil

divinatoire même si les grands bouleversements s'annoncent parfois avec des tremblements précurseurs décelables dans les graphes.
C'est une façon de réduire considérablement son risque que de repérer la tendance générale d'un marché et à l'intérieur de celle-ci d'optimiser et de saisir les opportunités sur telle ou telle valeur. L'analyste qui cherche en permanence à anticiper, devancer le marché, surtout lorsqu'il débute, prend d'énormes risques. A lui de savoir si la rémunération en vaut la peine.

Pour compléter leur connaissance de l'état psychologique des intervenants d'un marché, les anglo-saxons et, plus particulièrement les Américains, disposent de très nombreux sondages parmi les professionnels. Les contrariens (adeptes de la théorie selon laquelle le marché fait exactement le contraire de ce que pense la majorité des acteurs), notamment, y puisent une source d'informations importante. En France, rien de tel, mais il y a fort à parier que ce type d'instruments va se développer dans les années qui viennent.

Pour conclure ce paragraphe sur la classification, nous soulignerons que tous les indicateurs développés à ce jour ne sont pas répertoriés dans ce livre. Le lecteur aura compris que l'important par rapport à un indicateur est avant toute chose de pouvoir correctement l'identifier afin de l'utiliser au mieux. Certains indicateurs sont anecdotiques, d'autres se ressemblent beaucoup. Un inventaire complet n'est pas forcément utile, ce qu'il faut, c'est être en mesure de reconnaître comment il est construit, ce qu'il mesure et comment l'interpréter.

2.2 Comment les utiliser ?

Les indicateurs conduisent parfois à des interprétations contradictoires, ce qui ne manque pas de perturber énormément les utilisateurs. L'investisseur ne doit pas en déduire pour autant que l'on peut faire dire tout et son contraire à l'analyse technique mais que tout dépend du contexte dans lequel on se situe, sachant que contexte signifie ici marché sans tendance ou marché en tendance. Cette question est absolument déterminante. Si l'investisseur a une évaluation correcte de la situation, il saura trouver les bons signaux d'achat et de vente. Bien sûr, pour l'aider à définir l'état du marché, il peut, là encore, se faire aider par d'autres indicateurs mais son instinct va également jouer un rôle primordial.

C'est essentiel de bien comprendre qu'il n'existe pas une interprétation unique d'un indicateur, ni des interprétations contradictoires, mais une interprétation adaptée à chaque état de la valeur.

En pratique, il est conseillé à l'analyste d'associer toujours un indicateur de volatilité à un indicateur de tendance de façon à être sûr que le signal généré ne soit pas un faux signal.

L'opérateur doit d'abord repérer la tendance puis ensuite, mais seulement ensuite, trouver le bon timing et donc le bon cours pour l'achat ou la vente.

Un deuxième élément clé dans l'utilisation de tous ces indicateurs est leur paramétrage. Sur quelle période faut-il les calculer ? Il existe des « valeurs d'usage » que nous vous indiquons avec la description de l'indicateur. Mais, compte tenu de leur impact très important sur le résultat, on peut se demander le bien fondé du choix par exemple de moyennes mobiles à 9, 12 et 26 jours pour le MACD.

En négligeant l'effet d'auto réalisation de l'analyse technique (tous les opérateurs se servent des mêmes paramètres qui, du coup, acquièrent une certaine efficacité), deux facteurs sont à prendre en considération lorsqu'on cherche les bons paramètres de calcul :

Le premier est lié à l'horizon de temps sur lequel l'investisseur se positionne. L'opérateur à la semaine est par définition intéressé à utiliser des cycles courts alors que l'intervenant long terme choisira de préférence de longues périodes.

Le deuxième est fonction du cycle de la valeur elle-même. Nous avons déjà vu que les valeurs connaissaient des cycles différents. Pour repérer ces cycles, l'analyste peut se servir par exemple de l'optimisation que nous avons évoquée au chapitre C.1.3.2 et qui s'avère un excellent outil.

Un troisième point consiste à se méfier des aspects anecdotiques liés à tel ou tel indicateur. Il ne faut pas avoir de « respect absolu » pour la formule donnée en son temps par le trader qui l'a utilisé pour la première fois et chercher absolument à la reproduire point par point. Ce qui est important, c'est de comprendre ce qu'elle cherche à mesurer et de l'adapter à sa propre stratégie. L'analyste doit toujours se poser la question de savoir pourquoi on a choisi de prendre plutôt tel élément de calcul qu'un autre et si l'on a eu raison de le faire.

III – LES PRINCIPAUX INDICATEURS

Plutôt que de chercher à dresser une liste exhaustive de tous les indicateurs existants, nous étudierons les plus connus ou les plus représentatifs. Les .autres indicateurs n'étant en général que des dérivés, des .combinaisons ou des sophistications de ces indicateurs, le lecteur pourra sans problème se les approprier par la suite.

Gardons à l'esprit qu'un indicateur reposant sur une formule complexe n'est pas forcément plus efficace qu'un autre. Peut-être est-ce même le contraire...

La plupart de ces indicateurs sont appelés oscillateurs ou momentums . Ils tendent à mesurer la vitesse d'évolution des cours, c'est en quelque sorte une fonction dérivée des cours. Ils oscillent de façon bornée ou non autour d'une ligne d'équilibre.

3.1 Les indicateurs à utiliser de préférence dans un marché non orienté

3.1.1 RSI (*Relative Strength Index*)

3.1.2.1 Définition

Le RSI (*Relative Strength Index*) est un indicateur borné parmi les plus connus de l'analyse technique. Il a été inventé par

J.W Wilder, en 1978, qui en a exposé le mécanisme dans un ouvrage intitulé « New concepts in technical trading systems ».
A noter que le nom (en français indice de force relative) peut porter à confusion, la force relative étant d'habitude plutôt réservée au nom d'un modèle comparant sur le même graphe deux vecteurs (par exemple une valeur et son indice, voir plus loin paragraphe consacré à l'indicateur force relative).

Le RSI détermine les situations de sur achat et de survente, sur un marché ou une valeur donnée.
Sa valeur oscille dans un intervalle [0;100]
On fixe une borne inférieure et une borne supérieure à partir desquelles des prises de position pourront s'opérer, en fonction de l'évolution du RSI calculé. Il est courant de prendre entre 20 et 30 comme valeurs de la borne inférieure et entre 70 et 80 comme valeurs de la borne supérieure.

La formule de calcul du RSI est la suivante :

RSI (sur la période fixée) = 100 – (100 / [1+D])

Avec Δ = Variations de cours sur les séances haussières / Variations de cours sur les séances baissières (sur la période étudiée)

3.1.2.2 Exemple

Prenons le cas d'un RSI (14 jours) calculé sur les derniers cours (on pourrait tout aussi bien prendre comme référence le premier cours, le cours le plus haut ou le cours le plus bas),

Les 14 derniers cours d'une valeur ont été les suivants :

Cours	88	90	94	89	90	88	89	91	92	95	96	94	95	92
Variation		2	4	-5	1	-2	1	2	1	3	1	-2	1	-3

Les variations des séances haussières sur cette période sont donc :
(2+4+1+1+2+1+3+1+1) = 16

Les variations des séances baissières sur cette période sont donc :
(5+2+2+3) = 12

$\Rightarrow \Delta = 1{,}14 / 0{,}85$
$\Delta = 1{,}33$

On obtient un RSI de 57,08.

Si la période de 14 jours n'avait connu que des hausses, le RSI serait à son niveau maximum (100).
A l'inverse, un cumul de baisses aurait donné un RSI nul.

Afin de prendre en compte de manière plus significative les derniers cours, il est possible de les pondérer ou de les lisser; ceci sera particulièrement utile lors d'une période de forte volatilité sur un marché ou sur une valeur.

3.1.2.3 Utilisation et interprétation du RSI

3.1.2.3.1 Seuil d'achat / Seuil de vente

Après avoir fixé un niveau de surachat ainsi qu'un niveau de survente, on observe l'évolution du RSI (n jours).
Ces deux niveaux délimitent :
– une zone de surachat, comprise entre la borne supérieure et 100,
– une zone de survente, comprise entre la borne inférieure et 0.
On considère que :
Si le RSI franchit la borne supérieure à la baisse, alors il s'agit d'un signal de vente.
A contrario, si le RSI franchit la borne inférieure à la hausse, il s'agit d'un signal d'achat.

Dans les deux cas, l'indicateur doit d'abord se retourner à l'intérieur de la zone de surachat ou de survente avant de donner naissance à un signal.
En général, un RSI oscillant entre ces deux zones caractérise un marché où les pressions à l'achat et à la vente s'équilibrent, la

ligne des 50 % représentant précisément la neutralisation de ces deux forces.

Graphique 73. **RSI : zones de sur achat et de survente**

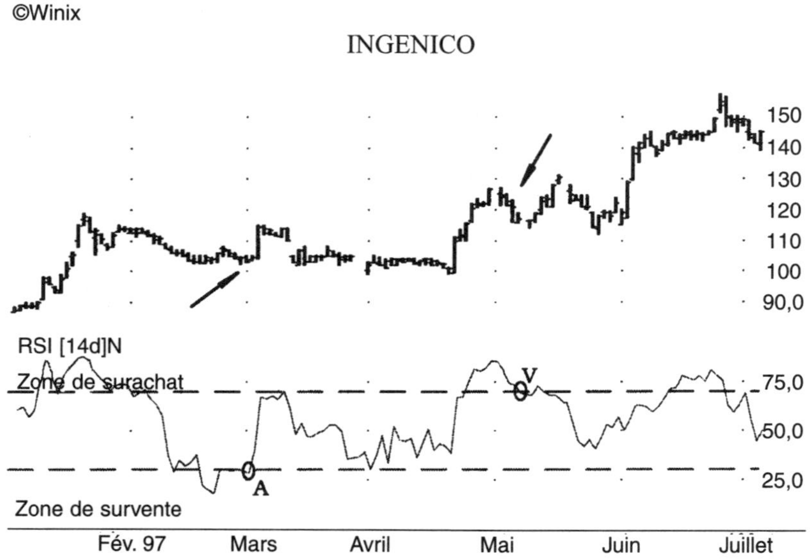

L'environnement de la valeur est essentiel pour l'utilisation du RSI.

Rappelons-nous que les signaux d'achat et de vente, tels qu'ils viennent d'être définis, doivent être accompagnés d'une analyse complémentaire.
En effet, un signal d'achat est généré lorsque dans la période observée, la moyenne des clôtures en baisse est largement supérieure à la moyenne des clôtures en hausse et à l'inverse, un signal de vente est déclenché quand la moyenne des clôtures en hausse est largement supérieure à la moyenne des clôtures en baisse.
Si un marché est sans tendance, c'est-à-dire avec au moins une droite de soutien ou de résistance plate et qu'il est de plus volatil

c'est-à-dire avec un espacement important entre les sommets et les creux, on comprend bien que dans ce cas là, le RSI va être efficace. Dans ce cas, il y en fait toutes les chances pour que la valeur après avoir connu une série importante de journées baissières reparte à la hausse.
Par contre, si un marché est très fortement orienté à la hausse par exemple, le RSI va forcément être élevé puisque, par définition, la valeur connaîtra une succession de séances haussières. Ce n'est pas pour autant qu'il faut la vendre. Au contraire, si on se situe au début ou au milieu d'un rallye, il faut absolument la conserver.
D'où l'importance primordiale dans l'utilisation de ces signaux de connaître l'état du marché. L'inverse est bien évidemment vrai : dans les périodes de krach, le RSI est de nature très optimiste.
En revanche, le RSI conjugué avec une étude graphique ou un indicateur de tendance peut servir à détecter l'arrivée d'une nouvelle tendance.

Le nombre de jours choisi pour le calcul du RSI a une influence déterminante.

En effet, les signaux ne seront pas les mêmes selon la durée de la période étudiée.
Plus la durée sera longue et plus le signal donné par le RSI sera filtré.
Il est donc très important de définir l'horizon d'investissement dans lequel on se place.
Ainsi, le choix d'un RSI court ne conviendra pas à un placement long terme car de faux signaux pourraient induire, l'investisseur, en erreur.
Au contraire, les utilisateurs effectuant du trading « intra-day », auront tout intérêt à travailler sur une courte période.
En règle générale, le RSI est calculé sur 14 jours.

On constate sur ce graphe que les signaux d'achat et de vente fournis par le RSI sont de moins en moins nombreux au fur et à mesure que la longueur de la période étudiée augmente. Le nombre de jours joue ici le rôle de filtre.

Graphique 74. **RSI : choix du nombre de jours pris en compte**

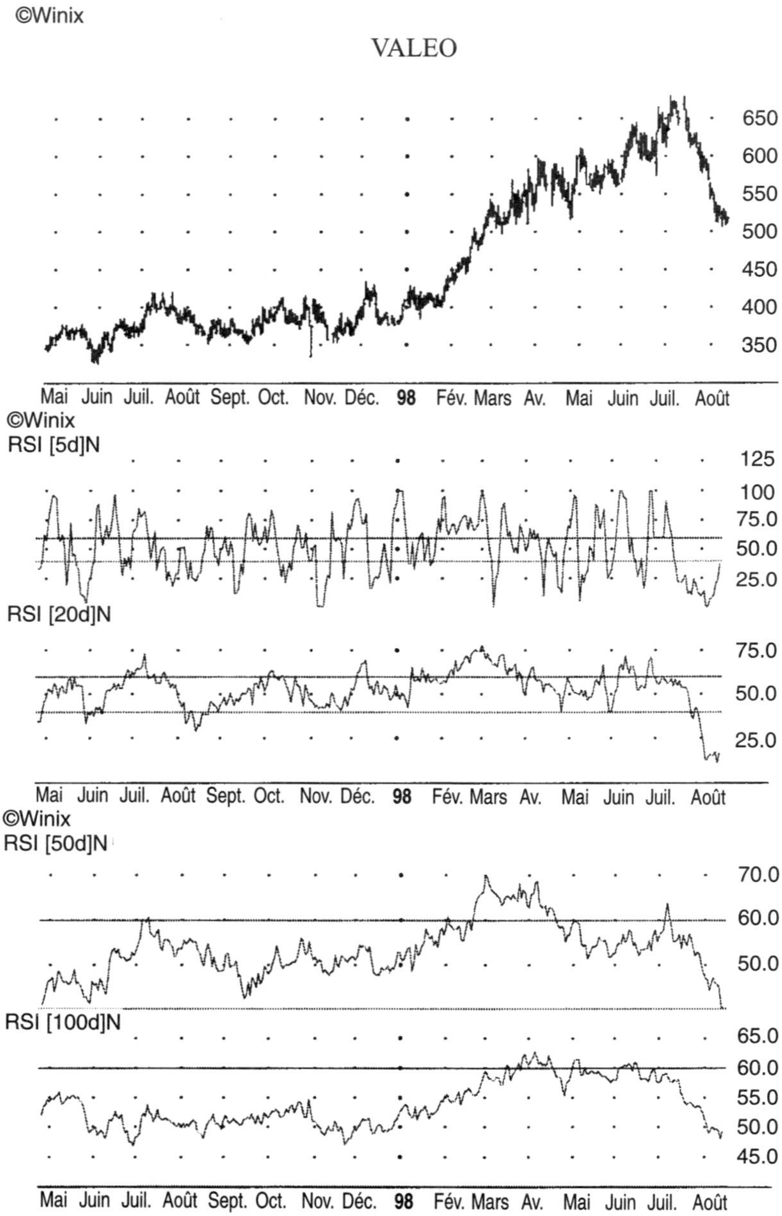

N'oublions pas également que l'optimisation peut nous aider à trouver une période qui soit personnalisée et adaptée à la valeur sur laquelle nous travaillons.

Le choix des bornes doit être adapté à la période de calcul

Comme nous pouvons le constater toujours sur le graphe précédent, un RSI court oscillera plus rapidement entre 0 et 100 qu'un RSI long. Si on veut éviter d'obtenir trop de signaux sur un RSI court et trop peu sur un RSI long, il faut donc jouer sur les valeurs des bornes inférieures et supérieures : augmenter les valeurs des seuils pour une durée courte (15 et 85 par exemple) et les diminuer pour une longue période (40 et 60 par exemple).

3.1.2.3.2 La notion de divergence appliquée au RSI

Le RSI mesure la vitesse d'évolution des cours d'une valeur ; il indique, donc, tout début d'essoufflement sur le marché.
C'est pourquoi, sur une période donnée, un sommet atteint sur le cours d'une valeur n'est pas systématiquement accompagné d'un plus haut sur le RSI. Réciproquement, un plus bas sur le cours de la valeur n'indique pas, de facto, un creux sur le RSI.

On parle alors de divergence lorsque le RSI évolue en sens contraire du cours de la valeur.

Cette divergence peut être précurseur d'un changement de tendance sur le cours : elle indique que la valeur est susceptible de se retourner. Cependant, la divergence ne doit pas être utilisée comme seul indicateur dans la prise de décision ; elle doit être combinée à d'autres signaux.

Divergence haussière

La divergence est haussière quand le cours fait des plus bas en venant rebondir sur sa ligne de support baissière alors que le RSI augmente en rebondissant sur sa ligne de support haussière. Le retournement de tendance sur le cours est imminent quand le RSI augmente de plus en plus vite.

Le signal d'achat sera d'autant plus significatif qu'il se situe dans une zone de survente.

Graphique 75. **RSI : divergence haussière**

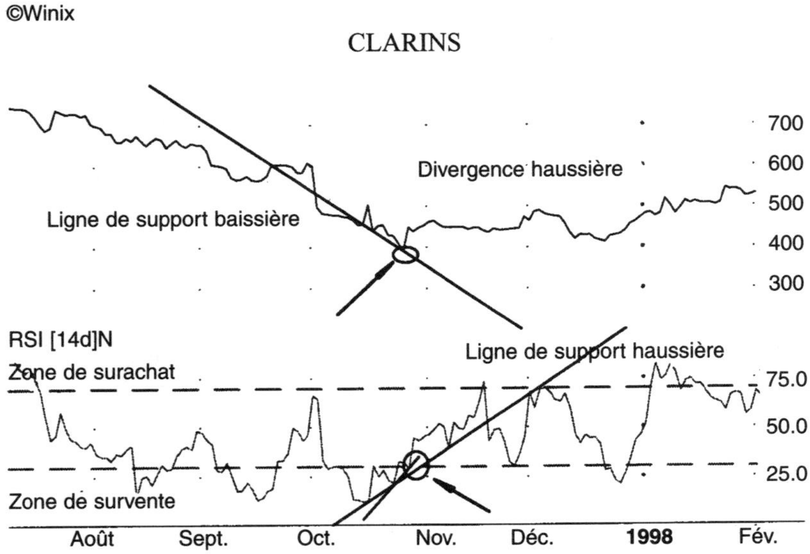

Sur ce graphe, la valeur continue à descendre et à suivre un trend baissier alors que le RSI s'est retourné à la hausse dans une zone significative de survente. Il y a donc visiblement essoufflement du mouvement baissier. Lorsque le cours casse son canal baissier, il est possible de se positionner.

Divergence baissière

La divergence est baissière quand le cours fait des plus hauts en venant buter sur sa ligne de résistance haussière alors que le RSI diminue en butant contre sa ligne de résistance baissière. L'accélération de la baisse du RSI peut confirmer le retournement de la tendance.

Le signal de vente sera d'autant plus significatif qu'il se situe dans une zone de surachat.

Graphique 76. **RSI : divergence baissière**

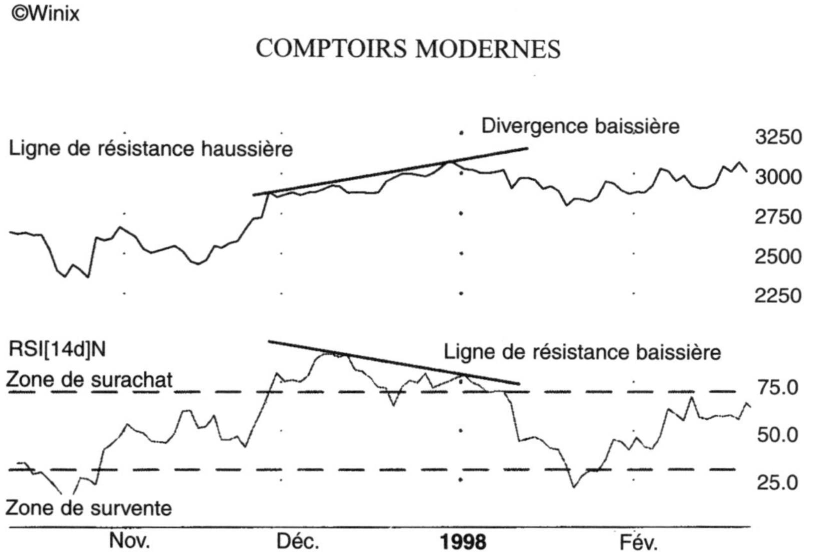

La montée s'essouffle. Le retournement ou au moins la consolidation est proche

Depuis avril 98, l'indice CAC40 continue à monter et pourtant, cette montée s'essouffle comme le montre la pente du RSI à la baisse depuis cette période. Cette diminution du rythme peut être annonciatrice d'une pause voire d'un changement de tendance.

L'apparition de divergences est symptomatique d'un essoufflement de tendance.
Dans le cas d'une divergence baissière, le cours de la valeur continue de monter tout en subissant une pression à la baisse.
Au contraire, une divergence haussière est caractérisée par une baisse de cours, mais simultanément, la valeur bénéficie d'une pression à la hausse.

Graphique 77. **RSI : divergence baissière sur le CAC**

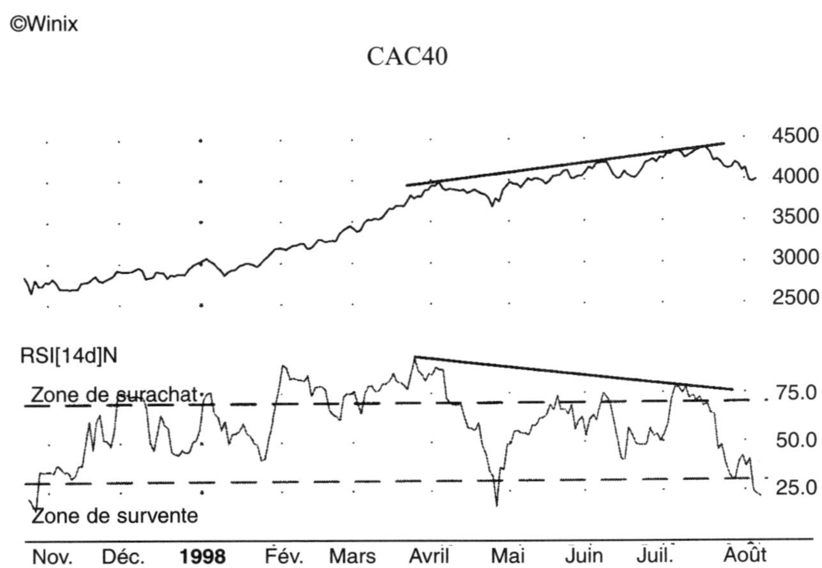

■ *Conseil d'utilisation*

Le concept de divergence s'avère surtout efficient lorsque le RSI évolue dans les zones d'exagération, à l'achat comme à la vente.

3.1.2.3.3 Analyse technique appliquée au RSI

L'utilisation des moyennes mobiles

Toute moyenne mobile calculée à partir du RSI peut constituer un indice supplémentaire. Elle permet de filtrer l'indicateur et d'éliminer ainsi d'éventuels faux signaux, ce qui est particulièrement utile en périodes troublées lorsque les variations sont importantes.

Son interprétation est identique à celle d'une moyenne mobile de cours. Ainsi, le franchissement à la baisse d'une moyenne mobile est un signal de vente alors que son franchissement à la hausse encourage l'achat.

Plus la cassure est brutale, plus le signal est fort.
Simplement, pour être plus significatif, le franchissement doit intervenir à l'intérieur d'une zone de surachat ou de survente.

Graphique 78. **Utilisation des moyennes mobiles avec le RSI**

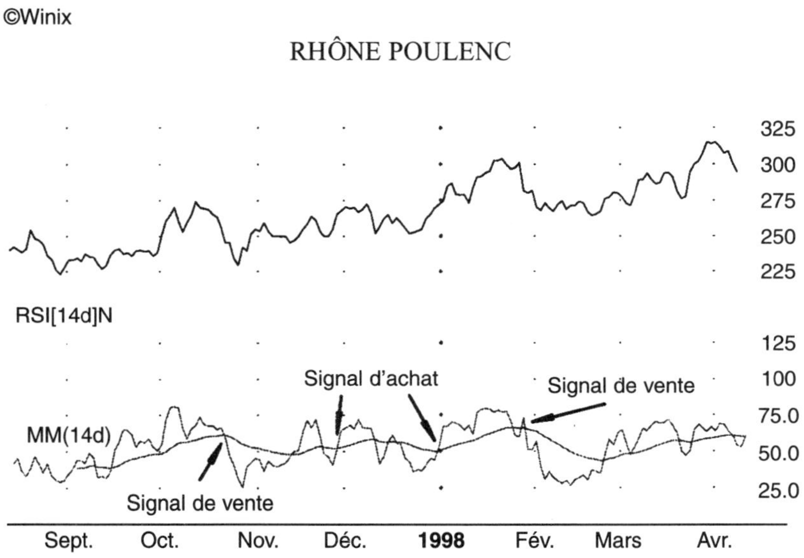

L'utilisation des moyennes mobiles s'avère surtout appropriée lors de situations de forte tension sur les marchés.

L'utilisation des figures chartistes

Une analyse graphique peut également être effectuée sur le RSI ; il est fréquent d'observer des figures telles que le tête-et-épaules, le double-creux ou double-sommet.
L'analyse qui en est faite est identique à celle effectuée sur un graphique de cours.

Le tracé de canaux est également possible, afin de suivre la tendance de l'indicateur.

Graphique 79. **Utilisation des moyennes mobiles avec le RSI**

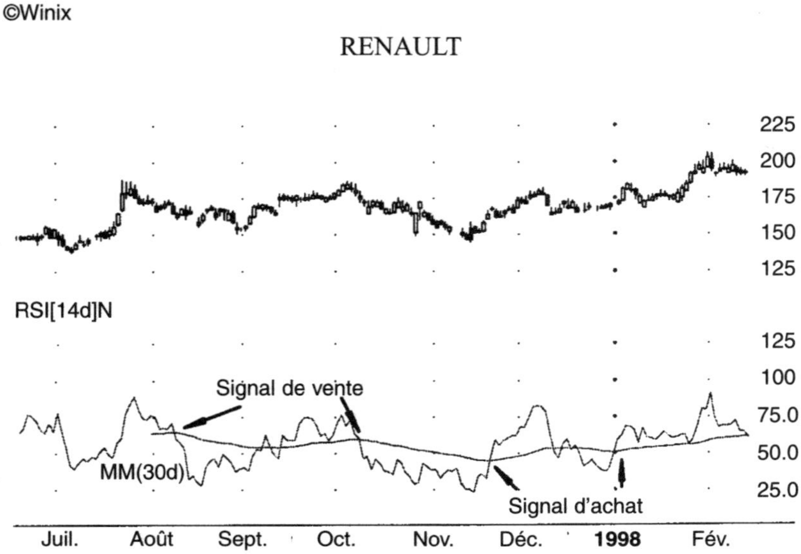

■ *Conseils d'utilisation*

Les signaux d'achat et de vente détectés de cette façon sur l'indicateur n'ont pas la même force que ceux détectés sur le cours lui-même. Ils ont une qualité certaine : ils anticipent les mouvements ; mais la nouvelle décelée doit être impérativement confirmée par d'autres indicateurs.

Graphique 80. **Tête et épaules sur le RSI**

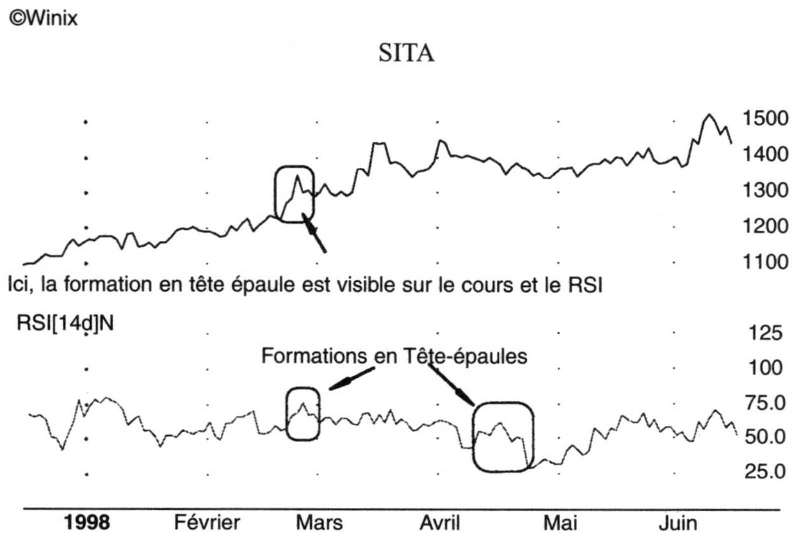

Graphique 81. **Canaux sur le RSI**

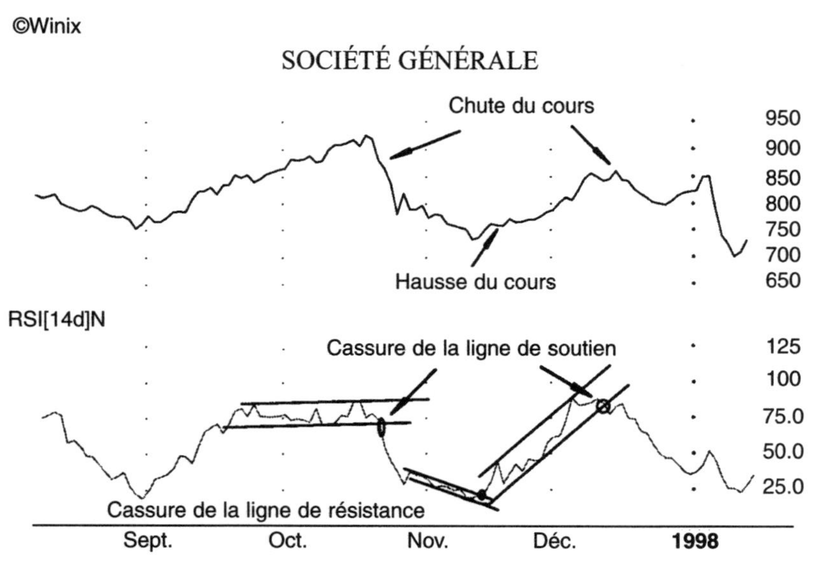

3.1.2 Stochastique

3.1.2.1 Définition

Le stochastique est un indicateur de la famille des oscillateurs bornés ; tout comme le RSI, il évolue dans un intervalle [0;100], et met en évidence les périodes de surachat et de survente sur un marché ou une valeur donnée.

Avec les moyennes mobiles, le stochastique est l'indicateur technique le plus utilisé dans les salles de marché.

Les zones de surachat et survente sont également délimitées par des bornes. (en général, on prend les mêmes que le RSI, mais ce n'est pas une obligation)

Le stochastique est calculé de la manière suivante :

STC (n jours) = 100*([D0–Bn]/[Hn–Bn])

Avec D0 : cours de clôture du dernier jour
Bn : cours le plus bas des plus bas sur les n derniers jours
Hn : cours le plus haut des plus hauts sur les n derniers jours

Lorsque le cours est au plus bas sur la période étudiée, [D0-Bn] est proche de 0 et donc, STC tend également vers 0.
Au contraire, lorsque le cours est au plus haut sur cette même période, [D0-Bn] tend vers [Hn-Bn], ce qui amène STC vers 100.

Reprenons l'exemple du RSI pour illustrer ce calcul :

La séquence des 14 plus hauts et plus bas de notre valeur a été la suivante :

Plus hauts	89	92	95	88	91	88	89	90	93	96	100	94	94	91
Plus bas	86	89	90	82	85	85	86	88	89	92	96	91	89	88

Le 14e jour (qui correspond donc à un dernier cours de 92 comme vu dans l'exemple du RSI), la valeur du stochastique (14 jours) est la suivante :

STC (14 jours) = 100*([92-82]/[100-82])

c'est-à-dire : 55

Dans sa construction, contrairement au RSI, le Stochastique n'intègre pas de moyenne puisqu'il ne prend pas en compte une somme de variations mais le plus haut ou le plus bas de la période considérée. En conséquence, cet indicateur est extrêmement volatil, si bien que les analystes ont pris l'habitude de le filtrer presque systématiquement.

Dans la littérature, vous trouverez sur le stochastique une terminologie obscure, héritée du passé et qui est directement reliée à l'histoire de l'indicateur. Il est bon de la connaître afin de savoir précisément de quoi on parle.
Première remarque : comme pour le RSI, le nom est erroné car la stochastique, étude statistique de la valeur dont nous reparlerons plus loin dans cet ouvrage, n'a absolument rien à voir avec cet indicateur.
Le calcul présenté ici du stochastique est souvent répertorié sous le nom de %K, la moyenne mobile de ce stochastique prenant le nom de %D. Vous rencontrerez également sûrement les notions de stochastique rapide et lent. Le stochastique rapide correspond à ce que nous avons décrit, le stochastique lent étant généralement une moyenne mobile exponentielle sur un nombre réduit de jours du stochastique rapide.
On l'aura compris : pour utiliser cet indicateur avec le maximum d'efficacité, il est souhaitable de le lisser d'une façon ou d'une autre. N'oublions pas que le simple paramétrage de la période de calcul constitue déjà un filtre puissant.

3.1.2.2 Utilisation et interprétation du Stochastique

3.1.2.2.1 Seuil d'achat / Seuil de vente

Comme pour le RSI, on délimite la zone de surachat par une borne supérieure et le haut de l'intervalle d'évolution (100). La zone de survente, quant à elle, se trouve entre la borne inférieure et le bas de l'intervalle (0).

Quand l'oscillateur se retourne à la hausse dans la zone de survente (et franchit le seuil), il s'agit d'un signal d'achat.
A l'inverse, un signal de vente apparaît lors d'un retournement à la baisse dans la zone de surachat (avec franchissement du seuil).

Graphique 82. **Stochastique : succession de signaux d'achat et de vente**

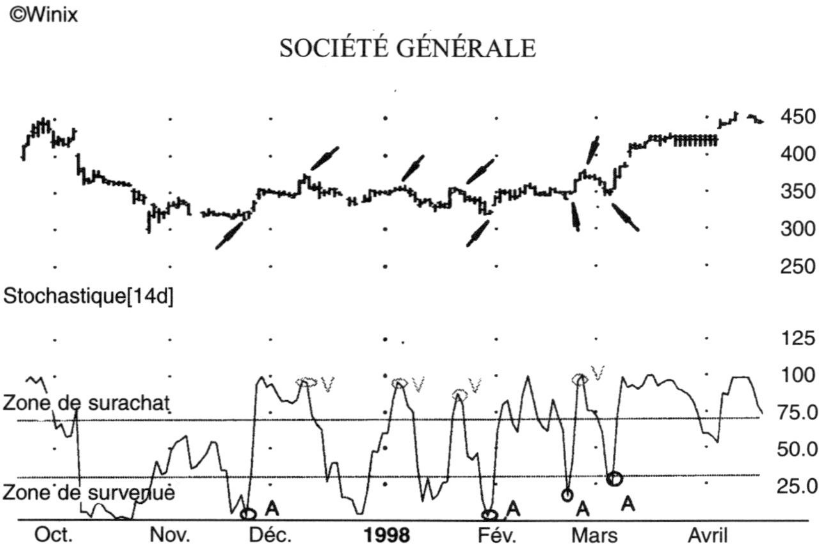

Le concept de retournement est très important car le stochastique d'une valeur peut rester bloqué à son plafond lors d'une période de fort engouement, sans qu'une menace de baisse soit imminente. L'évolution de l'indice CAC40 au mois de Mars 1998 (voir graphe suivant) illustre bien ce cas de figure : le marché a connu une période de hausse considérable sans qu'il y ait un signal de vente suffisamment « appuyé » pour inverser la tendance.
Plus le trend haussier ou baissier s'inscrit dans le long terme, plus le signal doit être significatif.

Graphique 83. **Stochastique : signaux d'achat et de vente**

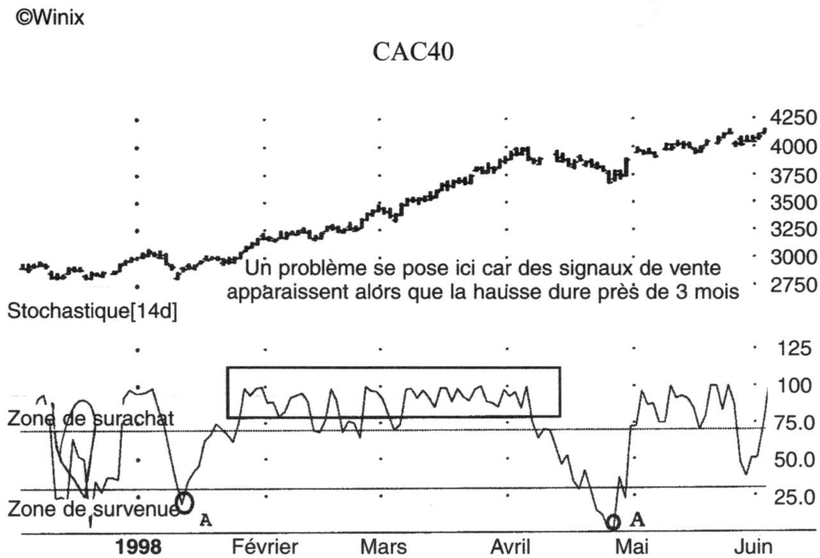

Le choix de la période de calcul se fait traditionnellement sur 14 ou 9 jours.

Les bornes varient autour de 20-40 pour la zone d'achat et de 60-80 pour la zone de vente ; plus la période étudiée est longue, plus elles doivent être larges. Comme pour le RSI, la zone neutre doit augmenter au fur et à mesure que le paramètre temps diminue.

3.1.2.2.2 La notion de divergence appliquée au Stochastique

L'étude des divergences entre le stochastique et le cours a le mérite de donner des signaux très fiables. Cependant, l'apparition de ces figures reste exceptionnelle dans les zones de surachat et de survente.

Divergence haussière

Si la courbe du cours fait des sommets de plus en plus bas et que simultanément, la courbe de l'oscillateur établit des sommets de plus en plus élevés, on parle de divergence haussière : la probabilité d'une hausse imminente du cours est importante.

Graphique 84. **Stochastique : divergence haussière**

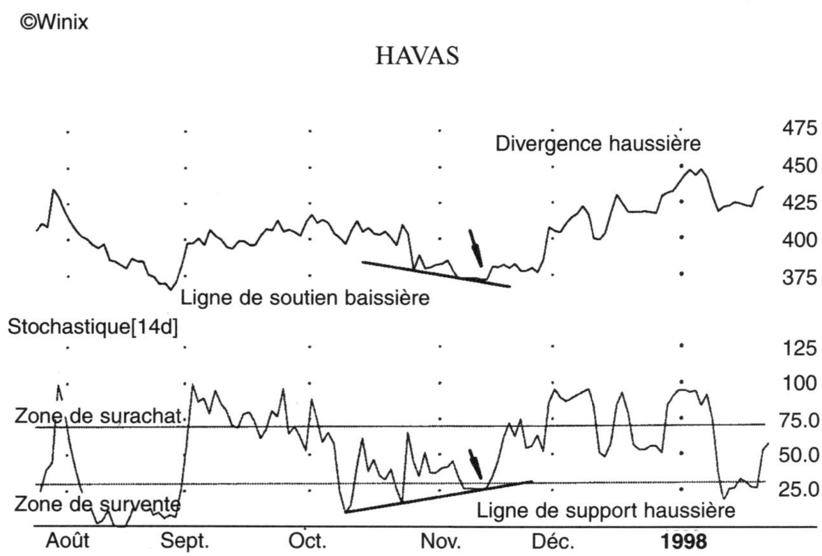

Divergence baissière

Quand la courbe du cours passe par des sommets de plus en plus hauts et que, conjointement, celle de l'oscillateur affiche des sommets de moins en moins élevés, on parle de divergence baissière : le cours risque alors de connaître un retournement de tendance.

Graphique 85. **Stochastique : divergence baissière**

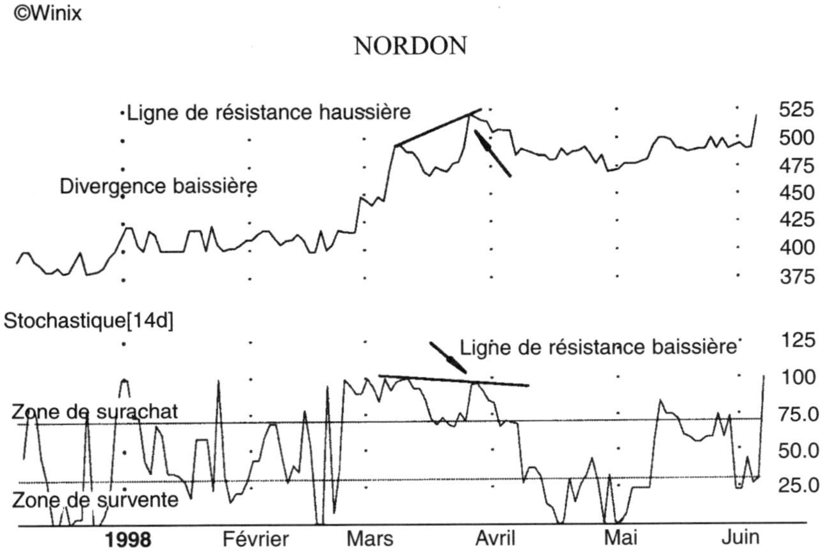

3.1.2.2.3 Analyse technique appliquée au Stochastique

L'utilisation des moyennes mobiles

Compte tenu de la nervosité de l'indicateur, il est d'usage d'utiliser des moyennes mobiles avec le stochastique. On applique alors la méthode classique.

Le franchissement de toute moyenne mobile à la hausse est un signal d'achat, tandis qu'un croisement à la baisse constitue un signal de vente.

Simplement, ces croisements doivent se produire dans des phases de surachat et de survente pour être significatifs.

Ainsi, le cumul d'un stochastique en zone de surachat ou de survente et d'un croisement entre ce même oscillateur et sa moyenne mobile rend le signal d'autant plus fiable.

Graphique 86 (a). **Les moyennes mobiles de Stochastique**

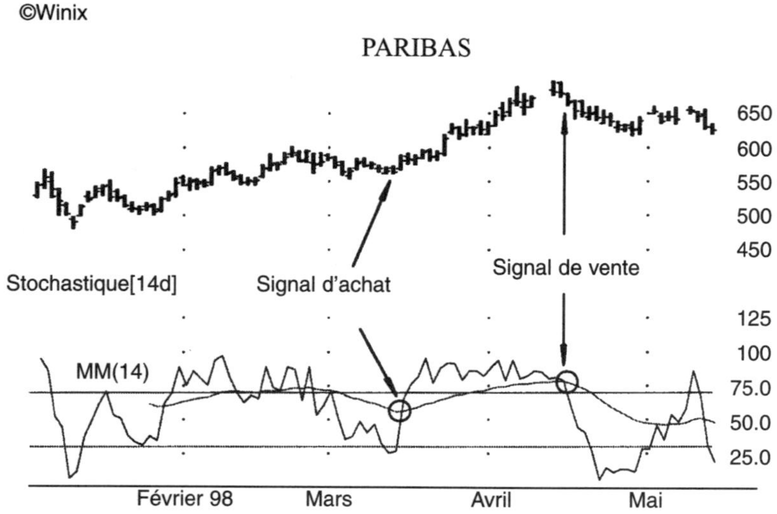

Graphique 86 (b). **Les moyennes mobiles de Stochastique**

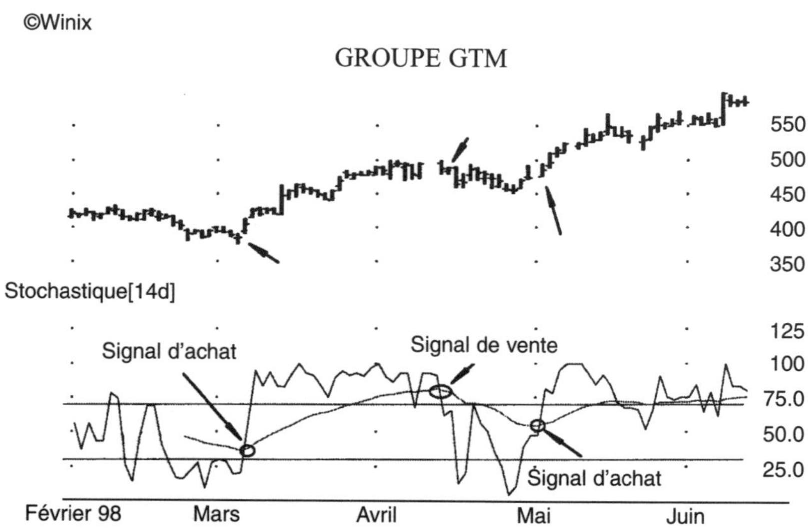

L'utilisation des figures chartistes

Comme le RSI, la courbe du Stochastique peut dessiner des figures graphiques rappelant celles observées sur la courbe des cours.
Tous les outils graphiques connus peuvent être utilisés pour analyser la tendance de l'oscillateur.

Graphique 87. **Utilisation des figures chartistes avec le Stochastique**

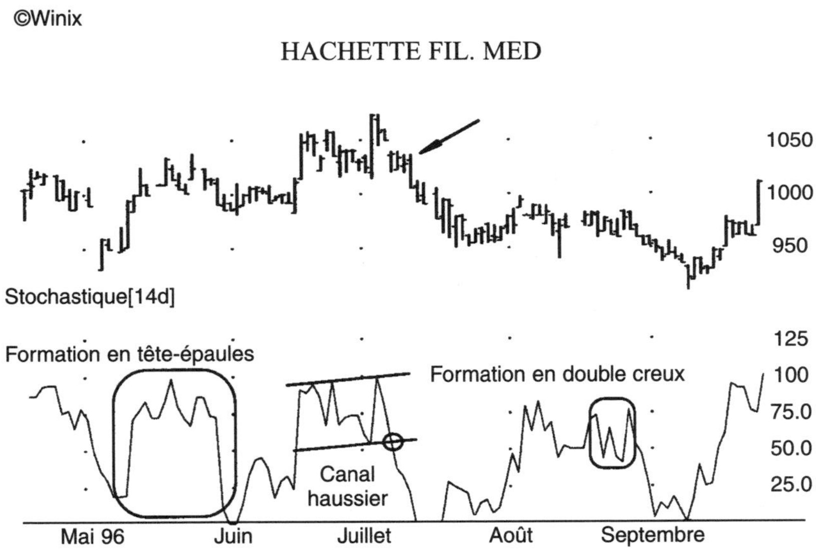

■ *Conseil d'utilisation*

Ces signaux peuvent aider à anticiper un retournement ou une continuation de tendance, mais sous réserve que ce revirement soit confirmé par d'autres indicateurs.

3.1.3 Momentum

3.1.3.1 Définition

Le Momentum est un oscillateur très simple qui sert à évaluer la force d'une tendance.
Il s'obtient en calculant, jour après jour, la différence de cours atteinte sur un intervalle de temps donné.
Ainsi, le Momentum à n jours est donné par la formule suivante :

Momentum = D – Dn
avec D : dernier cours
où n est un intervalle de temps fixe

Le Momentum évolue donc dans un intervalle non borné. Cependant, ses plus hauts historiques permettent d'avoir une idée sur le potentiel d'augmentation ou de baisse d'un cours.

Cet indicateur revient à mesurer la vitesse d'évolution d'un cours sur une période fixée à l'avance (10 jours étant l'écart le plus communément employé).

3.1.3.2 Utilisation et interprétation du Momentum

Contrairement au RSI ou au stochastique, le Momentum peut être de signe négatif ; une valeur de 0 caractérise alors un marché statique.
Lorsque le marché change effectivement de tendance, le Momentum change de signe : de positif, il devient négatif ou vice versa.
Pour que ce signal soit fiable, il faut qu'au préalable le marché ait montré des signes d'essoufflement, c'est-à-dire que le Momentum amorce un mouvement baissier (ou haussier) alors que le cours continue sur sa tendance haussière (ou baissière).

Si les conditions d'un retournement de tendance sont réunies, le franchissement de la ligne des 0 constitue alors un signal d'achat ou de vente.
Le caractère non borné du Momentum en fait par contre, un indicateur médiocre en terme de mesure des pressions d'achat et de vente.

Le Momentum mesure la vitesse d'évolution d'un cours ce qui permet de détecter facilement un essoufflement du marché ou du titre.
La divergence constitue certainement la meilleure façon d'utiliser cet indicateur puisqu'elle permet de repérer les fins de tendance avec retournement probable.

En effet, des signaux de divergence sont donnés lorsqu'une courbe est en fin de mouvement haussier (baissier) et que le Momentum diminue (augmente) pour se rapprocher de plus en plus de 0 : une nouvelle tendance prend alors forme.

Le Momentum, par nature, est moins à même que le RSI ou le stochastique de mesurer les forces d'achat et de vente à l'œuvre sur un marché. Son caractère non borné rend difficile toute appréciation de zones de tension.

Graphique 88 (a). **Momentum et divergences**

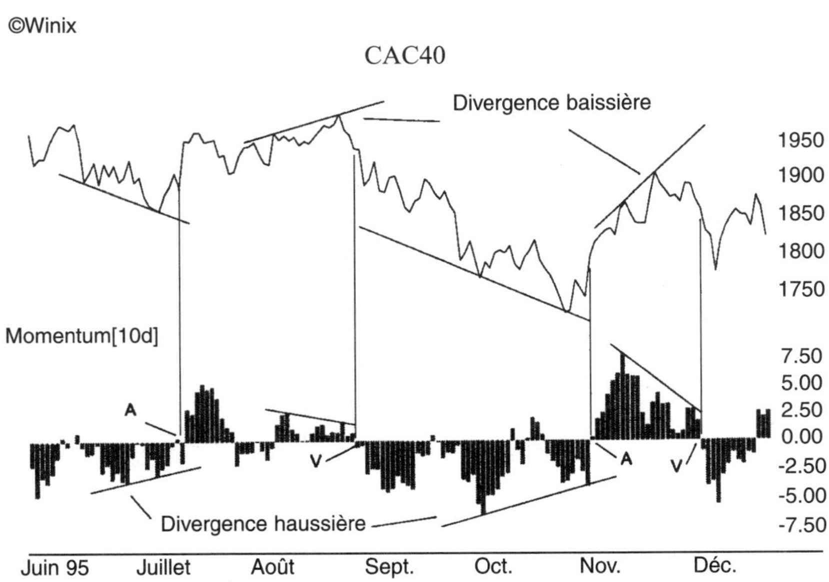

Graphique 88 (b). **Momentum et divergences**

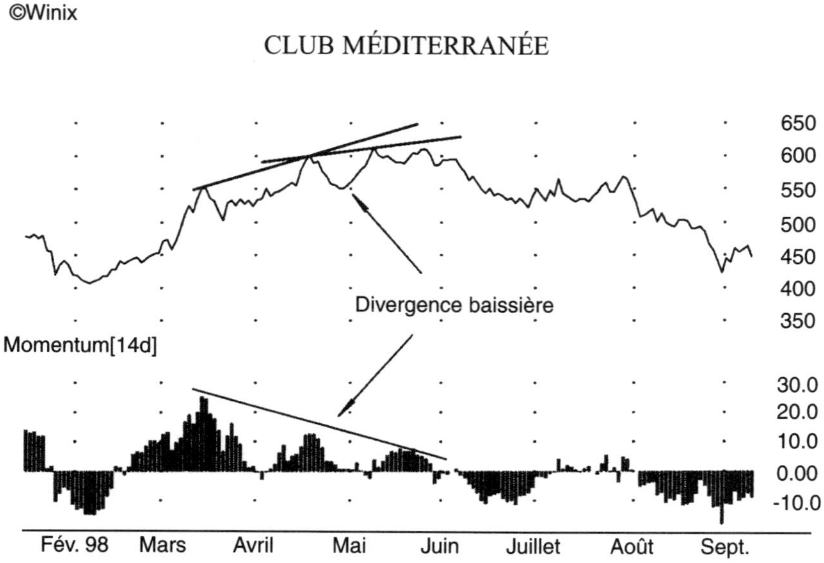

La montée de cette valeur à partir du mois d'avril 1998 s'effectue dans des conditions de moins en moins saines, c'est-à-dire avec de moins en moins de vigueur, laissant présager un prochain retournement de tendance. L'analyste met donc la valeur sous surveillance et dès qu'il observe effectivement sur le cours un changement de tendance, matérialisé d'ailleurs aussi par le passage du momentum à des valeurs négatives (début juin 1998), il peut se positionner à la vente. De nombreuses valeurs françaises se sont trouvées dans cette même situation à cette période. L'analyse des divergences permettait de prévoir une chute

3.1.4 ROC (*Rate Of Change*)

3.1.4.1 Définition

Le ROC est très proche du Momentum ; au lieu de soustraire du dernier cours le cours du énième jour précédent, on en calcule le ratio.

La formule du ROC est donc :

ROC (n jours) = 100*[D/D(n)]

Avec D : dernier cours
D(n) : cours de la n[e] séance précédente

3.1.4.2 Utilisation et interprétation du ROC

Son principe d'utilisation est identique à celui du Momentum. Les seules différences existant entre ces deux oscillateurs sont les suivantes :

– la ligne du 0 pour le Momentum est remplacée par la ligne des 100 pour le ROC

– le ROC est dissymétrique : l'écart d'évolution est plus important lorsque le marché est haussier.
Ainsi, le passage d'un cours de 120 à 150 (hausse de 30) sur 14 jours donne un ROC (14 jours) égal à 125 alors qu'une baisse de 150 à 120 donne un ROC de 80.
Dans le premier cas, le ROC se situe à +25 par rapport à la base 100 ; dans le second, à -20. Pour un même écart de cours, on constate donc que le ROC évolue plus vite à la hausse qu'à la baisse.

A part cette légère différence, leur utilisation et leur interprétation sont tout à fait identiques. La notion de divergence et l'emploi de moyennes mobiles s'appliquent de la même manière.

3.2 Les indicateurs à utiliser de préférence dans un marché en tendance

3.2.1 MACD (*Moving Average Convergence Divergence*)

3.2.1.1 Définition

Le MACD est un indicateur basé sur le croisement d'un oscillateur et de sa moyenne mobile.

Sa construction se fait en plusieurs phases :
D'abord, on doit calculer deux moyennes mobiles exponentielles ; l'usage veut que l'on choisisse l'une sur 12 jours et l'autre sur 26.
On définit, ensuite, le MACD-OSC comme la différence entre ces deux moyennes mobiles, OSC comme oscillateur de moyennes mobiles
Enfin, on trace la moyenne mobile du MACD-OSC calculé traditionnellement sur 9 jours, que l'on appelle « trigger », et on observe à nouveau le croisement du MACD-OSC avec sa moyenne mobile.
Il s'agit donc d'un indicateur bâti comme un empilement à plusieurs niveaux de filtres et d'oscillateurs.

3.2.1.2 Utilisation et interprétation du MACD

Le MACD-OSC, lissant par nature les cours, signalera d'autant mieux les retournements de tendance s'il se trouve dans un marché orienté.
Le franchissement par le MACD-OSC de la ligne des 0 à la hausse (à la baisse) indique un signal d'achat (de vente).
La moyenne mobile du MACD-OSC sert d'accélérateur au signal : le croisement entre le MACD-OSC et sa moyenne mobile anticipe le retournement de tendance avant que la courbe du MACD-OSC n'ait franchi la ligne des 0.
Quand le MACD-OSC passe au-dessus de sa moyenne mobile, un signal d'achat est donné. Au contraire, si celui-ci passe en dessous de sa moyenne mobile, on considère qu'il s'agit d'un signal de vente.

Ce graphe représente le MACD-OSC et sa moyenne mobile. On note qu'un signal de vente avait été donné sur le CAC40 dès mi juillet 1998 et que ce signal s'est confirmé deux semaines après avec le passage en négatif du MACD-OSC.

Graphique 89. **MACD : signaux d'achat et de vente**

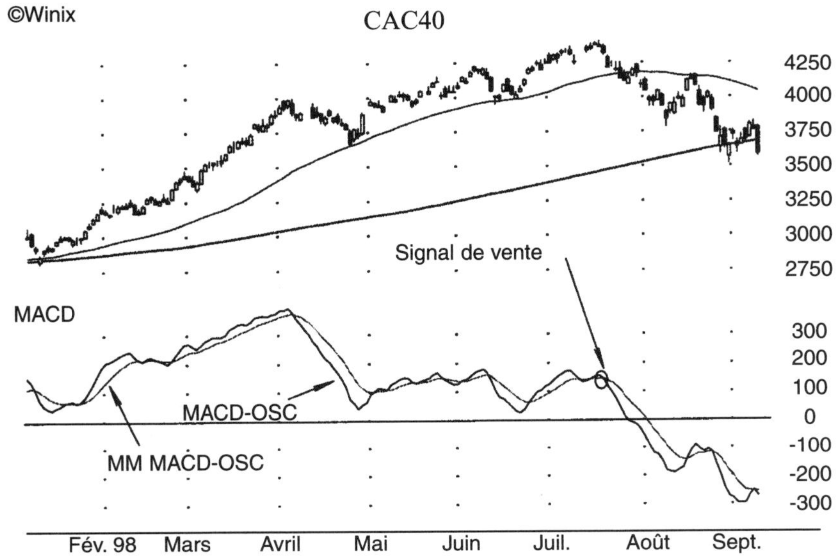

Graphique 90. **MACD : signaux d'achat et de vente**

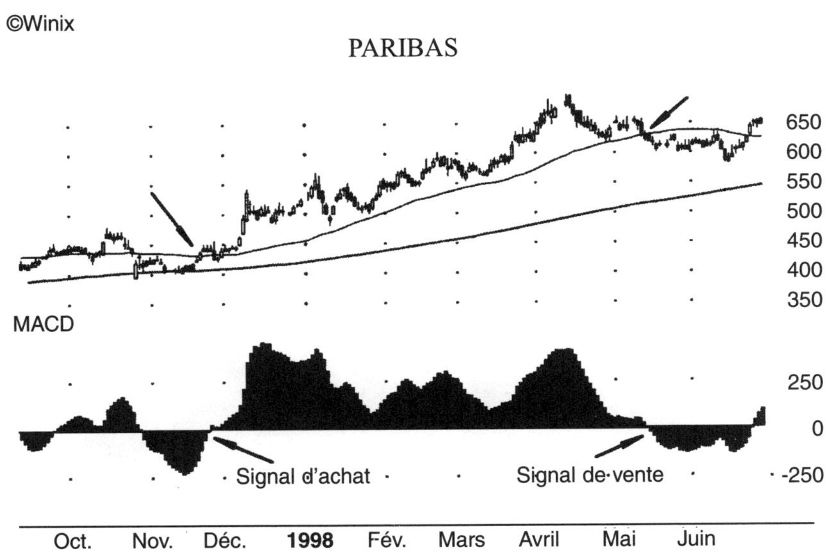

Le graphe représenté ici sous forme d'histogramme correspond directement à la différence entre le MACD-OSC et sa moyenne mobile. Le croisement de ces deux courbes qui génère un signal d'achat ou de vente est donc matérialisé par le passage de la ligne des 0.
Cet exemple illustre l'intérêt d'utiliser le MACD dans un marché en tendance. En effet, le croisement des différentes moyennes mobiles sera d'autant plus significatif que l'on évolue dans un marché orienté. Le premier signal obtenu dans un marché « plat » est beaucoup moins efficient par exemple que le deuxième.

La notion de divergence appliquée au MACD

Avec le MACD, il est assez facile de visualiser des divergences avec les cours. Dans ce cas, on choisira une représentation de la différence du MACD-OSC et de sa moyenne mobile sous forme d'histogramme.

Graphique 91. **MACD et divergence**

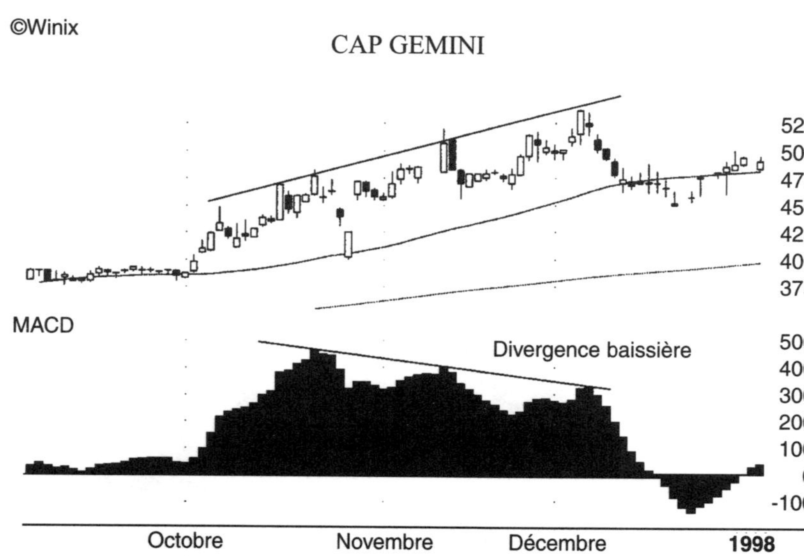

Pendant trois mois, la valeur a progressé régulièrement pendant que l'indicateur suivait, lui, un tend baissier. Cet essoufflement progressif du mouvement haussier attire l'attention de l'analyste qui peut se positionner à la vente, à la suite de cette divergence, au moment du passage en négatif de l'indicateur

3.2.2 Les droites de régression linéaire

3.2.2.1 Description

Pour décrire précisément une tendance, le meilleur outil, fourni par la statistique, est encore la droite de régression linéaire ou droite des moindres carrés.
Cette droite possède la propriété suivante : si l'on considère un nuage de points ou de cours, l'écart entre tous ces cours et cette droite est le plus petit qui soit.
Il n'existe qu'une seule droite possible résultant de ce calcul.

3.2.2.2 Interprétation

Lorsqu'une valeur est en tendance, on trace la droite de régression linéaire passant au milieu des cours ainsi que des parallèles à cette droite au-dessus et en dessous. Tant que les cours restent dans ce canal, cela signifie qu'ils gardent exactement le même cap.

Pour obtenir ce type de canal, il suffit de tracer un segment de droite sur une période où la valeur évolue en tendance. L'algorithme de calcul replace ensuite le segment de telle façon qu'il devienne la droite des moindres carrés, puis l'analyste trace les parallèles de cette droite qui s'appuient sur les cours extrêmes : les droites de soutien et de résistance sont ainsi créées.

Cet outil s'utilise de la même façon que les canaux classiques. Toute sortie de canal peut indiquer un renversement de tendance sous réserve des compléments d'analyse dont nous avons déjà parlé dans le chapitre consacré aux canaux.

Graphique 92. **Droite de régression dans un mouvement baissier**

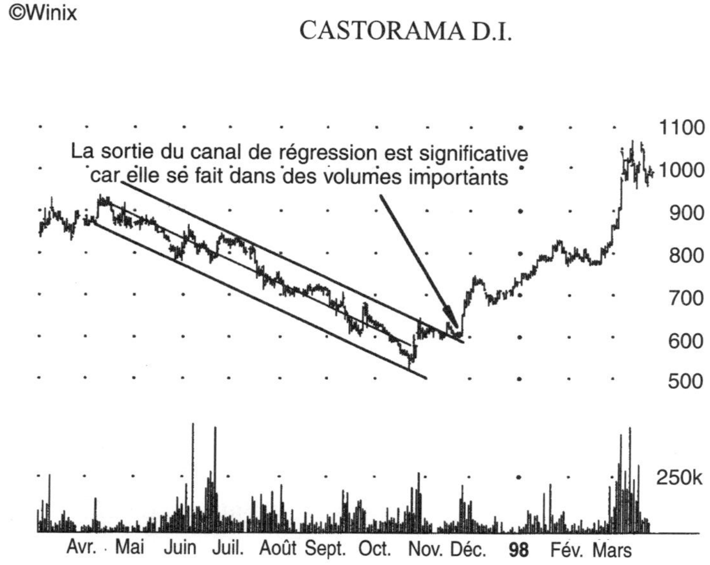

Graphique 93. **Droite de régression dans un mouvement haussier**

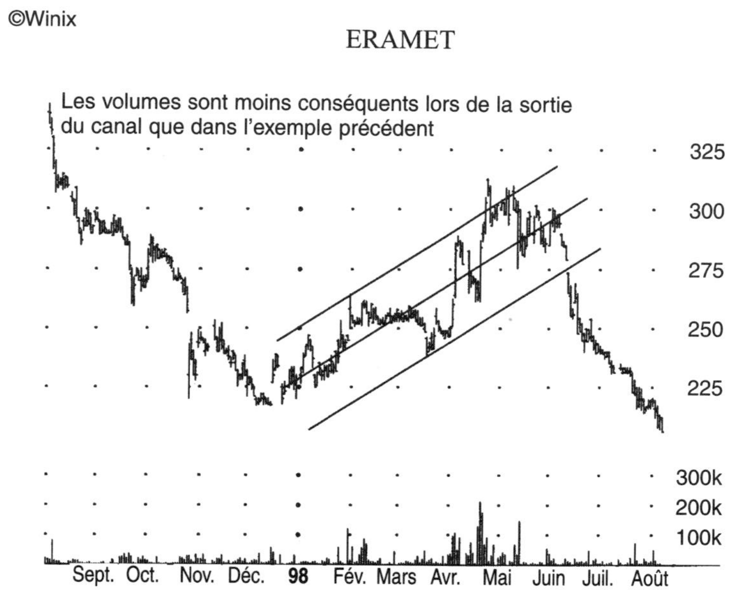

3.2.3 Le TRIX (*Triple eXponential Moving Average*)

3.2.3.1 Définition

Cet indicateur calcule d'abord la moyenne mobile de la moyenne mobile d'une moyenne mobile. Il se présente donc comme un super filtre permettant d'éliminer toutes les fluctuations sans importance afin de dégager la tendance centrale « pure » qui anime la valeur ou le marché.
Il est habituel de prendre pour ce calcul une moyenne mobile exponentielle sur 9 jours.
On calcule ensuite la variation en pourcentage sur un jour de la dernière moyenne mobile.
Cet indicateur oscille donc autour de la ligne des 0.

3.2.3.2 Interprétation et exemple

Un signal d'achat est déclenché lorsque l'indicateur franchit en montée la ligne des 0.
A l'inverse, un signal de vente est généré lorsque le TRIX coupe en descendant la ligne des 0.
Les divergences constituent également une bonne interprétation du TRIX. Si la tendance de l'indicateur est à l'opposé de celle du cours, un renversement d'orientation peut se produire.

Sur ce graphe, on peut à nouveau observer l'intérêt d'utiliser cet indicateur lorsque la valeur est en tendance. En effet, on voit que sur 1997, la valeur Ciments Français oscillait dans un marché plat, aussi les signaux donnés par le TRIX ne se sont pas avérés très efficients. Par contre, à partir de début 1998, la valeur s'est nettement orientée à la hausse et suivre l'indicateur s'est révélé très positif.

Conseil d'utilisation

Associez toujours une étude de volatilité ou des figures graphiques avec un indicateur de tendance pour obtenir de bons résultats.

Graphique 94. **Illustration du TRIX**

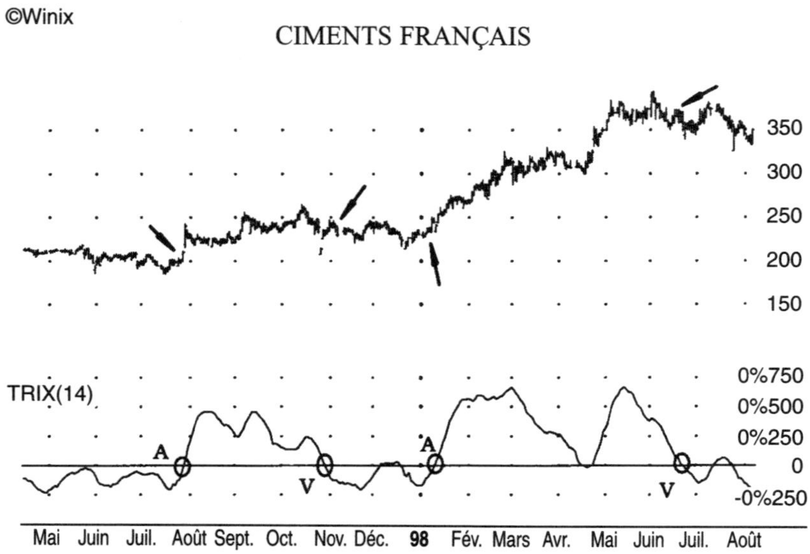

Graphique 95. **TRIX : exemple de divergence baissière**

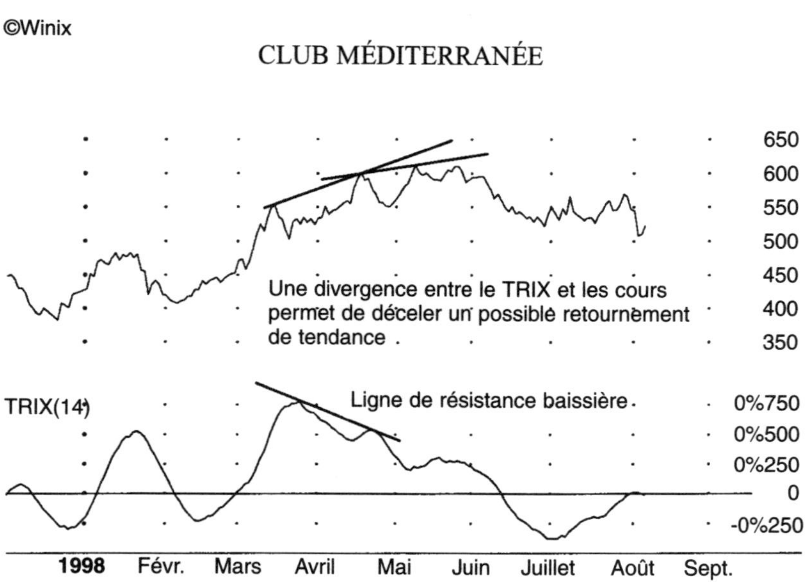

3.2.4 Le système parabolique de Wilder

3.2.4.1 Description

Le système parabolique de Wilder a pour but d'indiquer les moments auxquels les positions prises en trading doivent être inversées. Comme il s'agit d'un indicateur très nerveux, il est fortement conseillé de l'utiliser lorsque le marché est en tendance sous peine de générer une multitude de faux signaux.

Cet indicateur calcule le niveau de cours auquel un ordre stop doit être déclenché.

Le niveau du stop est calculé en fonction de l'évolution des cours et du temps.

3.2.4.2. Présentation de l'indicateur

La parabole de Wilder est dessinée à partir de points d'inversion, matérialisés sur le graphe par des points situés au-dessus et en dessous des cours.

Lorsque le point d'inversion est placé en dessous du plus bas cours du jour, cela signifie qu'on se trouve en position acheteur.

A l'inverse, un point d'inversion posé au dessus du cours le plus haut du jour indique une position vendeur.

Les points d'inversion forment des paraboles au dessus et en dessous des cours.

Le passage d'une position acheteur à une position vendeur se fait au moment où la courbe représentant les cours les plus bas coupe la parabole formée par les points d'inversion. Cette position vendeur est ensuite conservée jusqu'à ce que les points d'inversion repassent en dessous de la courbe des cours formés par les plus hauts. A ce moment là, on repasse en position acheteur.

En fait, la position est inversée chaque fois qu'un point d'inversion se place entre le plus bas et le plus haut cours du jour. Les points d'inversion doivent toujours se situer en dehors du chandelier représentant la séance de bourse sinon il y a changement de position.

3.2.4.3 Fonctionnement de l'indicateur

Avant toute chose, on détermine ce qu'on appelle le point significatif.
Ce point est le premier indiquant le renversement de tendance. Il initialise donc la nouvelle parabole.
Si on passe d'une position acheteur à une position vendeur, le point significatif correspond au plus haut cours atteint lors de la précédente phase d'achat.
A l'inverse, si on passe d'une position vendeur à une position acheteur, le point significatif correspond au plus bas cours atteint lors de la précédente phase de vente.
Finalement, chaque nouveau point significatif indique un signal d'achat ou de vente. Il sert de base au calcul de la série des points d'inversion de la nouvelle position.

Graphique 96. **Parabole de Wilder**

©Winix

RHÔNE POULENC

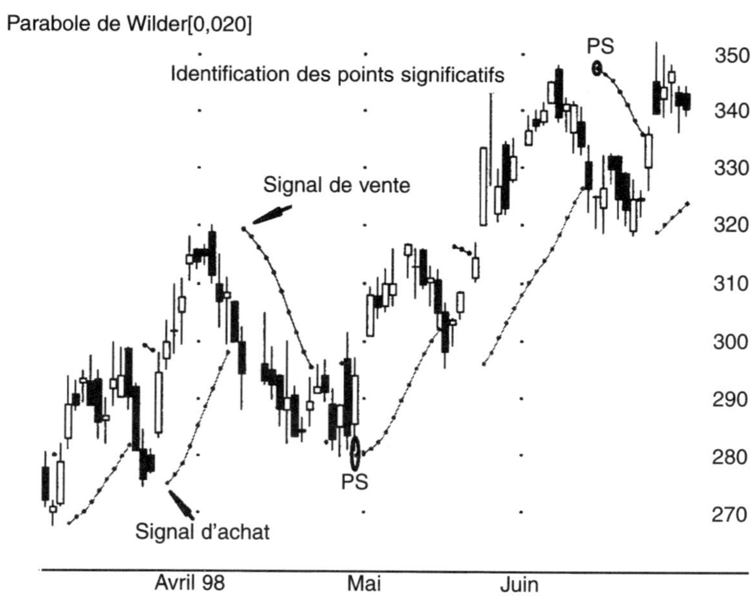

3.2.4.4 Formation de la parabole de Wilder

Chaque point significatif est le premier point d'inversion d'une nouvelle parabole ; il permet de calculer le point d'inversion du jour suivant.

En position acheteur

D'abord, on calcule la différence entre le plus haut cours atteint depuis le début de la position acheteur et le point d'inversion du jour. Ensuite le point d'inversion du lendemain s'obtient en multipliant cette différence par un facteur d'accélération, dont la valeur par défaut est 0.02, puis en ajoutant le résultat obtenu à la valeur du point d'inversion du jour.
Pour chaque jour suivant : si le cours fait un nouveau plus haut, on ajoute 0.02 au facteur d'accélération précédent, si ce n'est pas le cas, on conserve le facteur d'accélération précédent.
Dans tous les cas, ce facteur d'accélération a un plafond qui ne doit en aucun cas excéder 0.20.

Par exemple : si à partir du point significatif, la valeur connaît dix séances consécutives de hausse sur ses plus hauts cours, le facteur d'accélération 0,20 est atteint. Par conséquent il restera stable par la suite.

En position vendeur

Le calcul est symétrique à celui de la position d'acheteur.
De la même façon, on calcule donc la différence entre le plus bas cours atteint depuis le début de la position vendeuse et le point d'inversion du jour.
Le point d'inversion du lendemain est ensuite obtenu en multipliant cette différence par le facteur d'accélération (qui est également 0.02), puis en déduisant le résultat obtenu du point d'inversion du jour.
Ensuite, pour chaque jour suivant, on rajoute 0.02 au facteur d'accélération si le cours de la valeur atteint un nouveau plus bas ce jour-là. Sinon, on conserve la valeur du facteur d'accélération précédent.

Formation de la parabole

Le niveau d'ordre stop est donné par le point d'inversion du jour. Compte tenu de sa construction, au début d'une position nouvelle, le niveau du stop progresse lentement du fait d'un facteur d'accélération faible les premiers jours. Il s'accélère ensuite de façon significative pour atteindre ensuite une vitesse de croisière.

La forme parabolique dessinée par les niveaux stop a donné son nom au système développé par Wilder.

■ *Conseil d'utilisation*

Graphique 97. **Utilisation de la parabole de Wilder dans un marché en tendance**

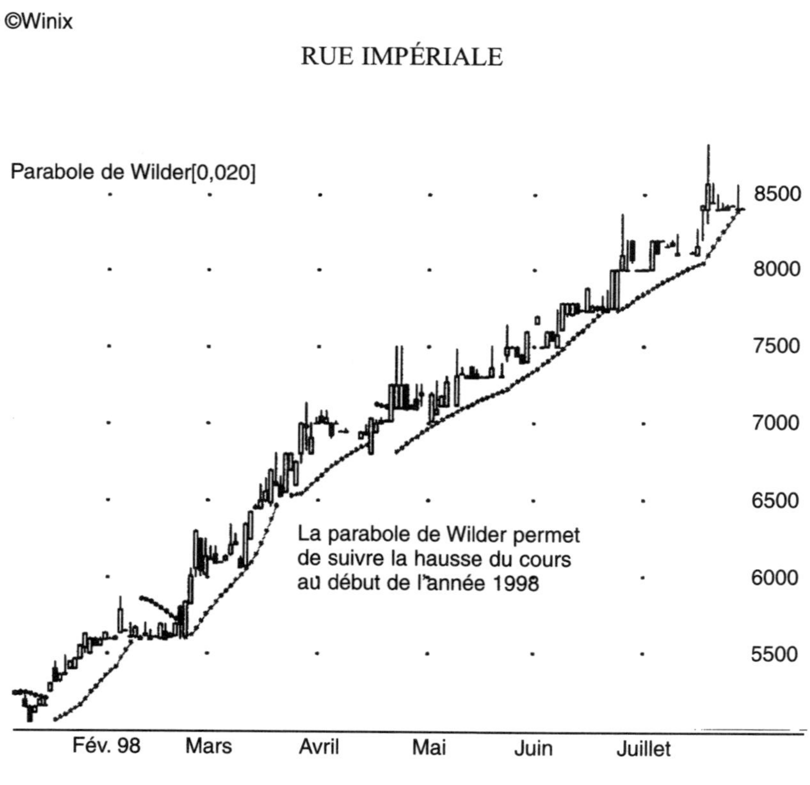

Graphique 98. **Utilisation de la parabole de Wilder dans un marché sans tendance**

©Winix

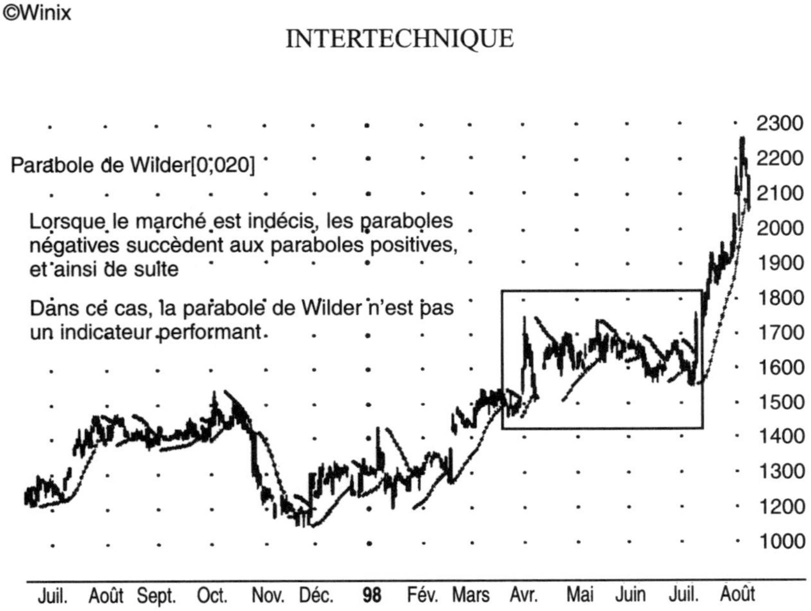

Attention aux faux signaux. Pour éviter les aller retours inutiles, il est préférable de conjuguer ce système avec un indicateur décelant si le marché est en tendance ; l'utilisation par exemple des enveloppes de moyennes mobiles ou du CCI (voir chapitre sur les indicateurs mesurant la volatilité) peut s'avérer efficace.
Dans tous les cas, sauf pour les investisseurs très spéculatifs, il est préférable d'attendre quelques jours avant de se positionner pour voir s'il y a bien confirmation de la nouvelle tendance.

Compte tenu de la grande nervosité de cet indicateur, il n'est pas souhaitable de l'utiliser dans des périodes où le marché n'est pas en tendance. Un simple tracé des droites de soutien ou de résistance (si elles ne vont pas dans le même sens ou si au moins l'une d'entre elles est horizontale) permet d'éliminer les périodes où la parabole n'est pas efficace.

3.3 Les indicateurs à utiliser pour connaître l'état d'un marché (mesure de la volatilité)

Estimer la vitesse d'un mouvement et son orientation fournissent, nous venons de le voir, des informations extrêmement précieuses à l'analyste. Mais il est un autre paramètre, essentiel à la bonne compréhension du marché : la volatilité.
La volatilité ne renseigne pas sur le sens du mouvement mais elle permet de connaître l'état d'un marché. Si la dispersion des cours est grande, c'est que les intervenants ont des opinions différentes sur l'évolution future de la valeur, il n'y a pas de consensus, le marché est incertain. Par contre, lorsqu'on se trouve au coeur d'une tendance, les opérateurs agissent de concert et les cours sont resserrés autour de l'orientation prise par la valeur.
Que se passe-t-il maintenant lors des retournements de tendance, situations que l'opérateur a toujours pour but d'anticiper ?
En fin de tendance, le consensus parmi les investisseurs est moins grand et en conséquence la volatilité augmente. Par contre, avant que ne débute un mouvement de fond, souvent un étrange calme (très faible volatilité dans un triangle ou un rectangle) laisse la place à une grande tempête, c'est-à-dire à des cours qui, tout d'un coup, s'éloignent considérablement de la fourchette dans laquelle ils oscillaient pour monter à la verticale. Cette volatilité soudaine est le révélateur de l'arrivée d'une puissante nouvelle tendance.

De quels outils dispose l'analyste pour mesurer la volatilité ?
L'outil statistique parfait pour mesurer la dispersion des cours est, bien sûr, l'écart-type et nous verrons que beaucoup d'indicateurs l'intègrent dans leur formule de calcul. D'autre part, J.W.Wilder qui a surtout cherché à anticiper les retournements de tendance a également développé un système bâti sur la volatilité. Le True Range, à la base de ce système, se retrouve également dans de nombreux indicateurs mesurant la volatilité.

Néanmoins, nous retiendrons que, si les façons de calculer la volatilité sont nombreuses, son interprétation est plus délicate.
Les opérateurs devront garder clairement à l'esprit le type de signaux qu'ils recherchent : c'est-à-dire soit des signaux précur-

seurs de retournement de tendance, soit des signaux de confirmation de tendance. Dans le cas contraire, l'étude de la volatilité risque de constituer pour eux, plus un élément de confusion qu'un élément d'éclaircissement.

3.3.1 ADWP (*Accumulation Distribution Williams Price*)

3.3.1.1 Présentation de l'indicateur

Cet indicateur, conçu par Larry Williams, a pour but de repérer quand une valeur se situe dans une phase d'accumulation ou de distribution.

Ces termes d'accumulation et de distribution font référence à l'étude des phases chez C. Dow. Rappelons que la phase d'accumulation ou première phase haussière d'un mouvement se caractérise par l'apparition d'un petit nombre d'acheteurs très déterminés qui accumulent résolument le titre dans un marché atone. Ces opérateurs réagissent en premiers par rapport à une information ou à une analyse dont ils disposent plus rapidement que les autres intervenants du marché.

La phase de distribution se rencontre, elle, en fin de tendance lorsque le mouvement s'épuise et que de nombreux opérateurs commencent à prendre leurs bénéfices. Les cours, par contre, toujours portés par une sorte d'inertie et par les espoirs des derniers rentrés sur le marché, pris de remords de ne pas avoir participé à une telle montée, continuent à progresser mais dans des conditions beaucoup moins saines qu'auparavant.

L'analyste utilise cet indicateur afin de déceler les divergences qui apparaissent entre l'évolution en tendance d'une valeur et la force d'évolution du cours de cette même valeur.

3.3.1.2 Méthode de calcul

Cet indicateur est cumulatif, c'est-à-dire qu'il prend en compte dans le calcul de chaque jour le résultat de la veille.

Pour chaque journée, on compare le cours de clôture du jour avec le cours de clôture de la veille. Trois cas peuvent se présenter : ce dernier cours est ou supérieur ou inférieur ou bien égal au dernier cours de la veille.

S'il est supérieur, on prend la différence entre le cours de clôture du jour et le minimum entre le cours de clôture de la veille et le plus bas du jour.
Dans ce cas, la valeur de l'indicateur sera :
➔ ADWP(n) = clôt. du jour (n) - Min [(clôt. du jour (n-1) ; + bas du jour (n)]+ADWP(n-1)

S'il est inférieur, on prend la différence entre le cours de clôture du jour et le maximum entre le cours de clôture de la veille et le plus haut du jour.
Dans ce cas, la valeur de l'indicateur sera :
➔ ADWP(n) = clôt. du jour (n) - Max [(clôt. du jour (n-1) ; + haut du jour (n)]+ADWP(n-1)

S'il est égal, on lui attribue la valeur de 0
Dans ce cas, la valeur de l'indicateur sera :
➔ ADWP(n) = 0+ ADWP(n-1) = ADWP(n-1)

L'indicateur ADWP, calculé sur une certaine période de temps traditionnellement 14 jours, oscille donc autour de la ligne des 0.

On notera que certaines parties de calcul de cet indicateur font référence à d'autres systèmes comme celui du DMI que nous aurons l'occasion d'étudier plus loin. Ainsi le minimum entre la clôture de la veille et le plus bas du jour s'appelle le High True Range alors que le maximum entre la clôture de la veille et le plus haut du jour s'appelle le Low True Range.
Le True Range est une mesure de volatilité.

3.3.1.3 Interprétation

L'interprétation de l'ADWP repose sur l'analyse de divergences de cet indicateur avec la courbe des cours.

Ainsi, une phase de distribution est caractérisée par un nouveau plus haut effectué sur le cours alors que l'indicateur n'y parvient pas. Un retournement de tendance à la baisse est proche : il faut donc vendre.
A l'inverse, lors d'une phase d'accumulation, la valeur fait un nouveau plus bas alors que l'indicateur amorce un mouvement haussier. Un retournement de tendance à la hausse est proche : il faut donc acheter.

Graphique 99. **L'ADWP (sur 14 jours)**

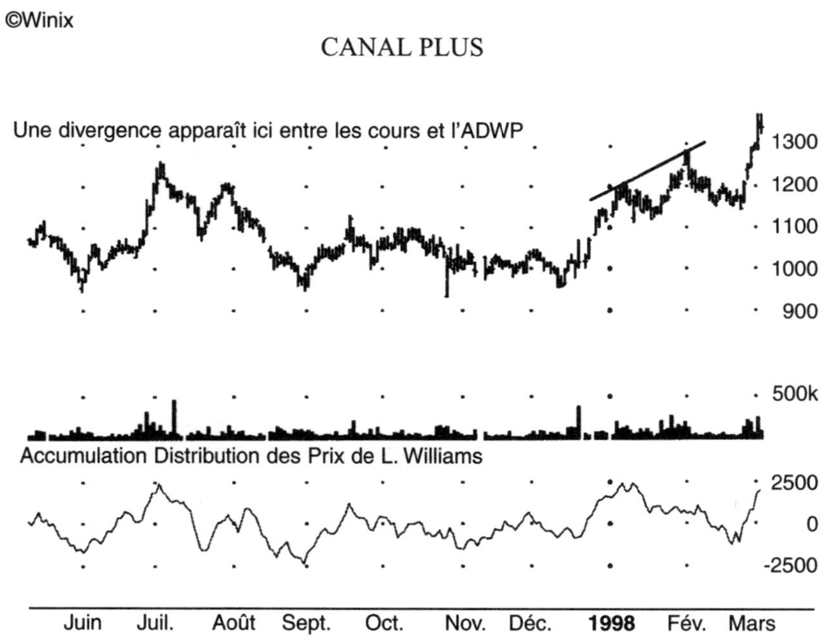

3.3.2 DMI (*Directional Movement Index de Wilder*)

3.3.2.1 Description

J.W. Wilder, très prolifique, a également développé un système d'analyse des cours appelé Directional Movement Index, c'est-à-dire indice de force du mouvement.

Son originalité consiste à associer trois voire quatre courbes, dont le calcul repose sur la volatilité des cours.
Une première ligne représente la pression à l'achat, une seconde la pression à la vente et une troisième mesure la force du mouvement détecté, sans pour autant en indiquer le sens.
Bien évidemment, lorsque les forces haussières battent les forces baissières, on peut penser qu'un renversement de tendance est imminent. A contrario, si la pression baissière vainc la pression haussière, une descente des cours s'annonce.
Cependant, pour que la nouvelle tendance soit confirmée, il faut que certaines conditions soient réunies, notamment que la droite mesurant la force du mouvement se situe à un niveau suffisamment élevé pour donner à cette nouvelle tendance une certaine pérennité.
Dans le cas contraire, on prend le risque de se trouver confronté à un faux signal.
Le système est donc complet, puisqu'il permet sur un même graphe de révéler à la fois, le sens du mouvement et sa force.

3.3.2.2 Fonctionnement de l'indicateur

La courbe représentant la pression haussière est appelée PDI (Positive Directional Index).
Wilder considère qu'une pression haussière se caractérise par deux séances consécutives de hausse.
A l'inverse, celle symbolisant la pression à la baisse, se nomme NDI (Negative Directional Index).
Wilder considère qu'une pression baissière se caractérise par deux séances consécutives de baisse.

Quant à celle mesurant la force du mouvement, elle porte comme nom ADX (Average Directional indeX). C'est en fait une combinaison des deux éléments précédents.

Quand une tendance prend le dessus sur une autre (PDI croise très nettement NDI et vice versa) de manière significative, l'ADX augmente. Ce dernier n'indique donc pas le sens de la tendance naissante mais il fluctue uniquement en fonction de l'intensité du mouvement décelé.

Pour des raisons historiques, il est usuel de présenter le système dans son ensemble. Néanmoins, rien n'empêche de le traiter séparément.
Le couple (PDI, NDI) qui mesure le rapport de forces entre les tendances haussières et baissières, génère lors du croisement de ses deux courbes des signaux d'achat et de vente. L'analyste cherchera alors à conforter les alertes obtenues en les combinant avec des indicateurs décelant des renversements de tendance significatifs (ayant la même fonction que l'ADX).
Mais surtout, l'ADX ou sa moyenne mobile (appelé l'ADXR) peut s'utiliser avec des indicateurs générant des signaux d'achat et de vente, comme par exemple le RSI ou le Stochastique. En effet, l'ADX va permettre selon la valeur qu'il prend (élevée ou faible) de confirmer ou non la validité des signaux obtenus par tel ou tel indicateur.

3.3.2.3 Calcul du DMI

A la base du calcul du DMI, se trouve un indicateur de volatilité que l'on retrouve dans de nombreux autres modèles d'analyse et qui s'appelle le True Range.

L'indicateur True Range mesure la volatilité entre 2 jours. Il prend en compte la différence maximale entre trois écarts :

- le plus haut et le plus bas de la séance
- le plus haut de la séance et la clôture de la veille
- le plus bas du jour et la clôture de la veille.

Il monte lorsque la volatilité est plus forte que la moyenne et il descend dans le cas inverse.

DI donne le sens du mouvement. Il compare les plus hauts et les plus bas du jour avec ceux de la veille. Il est soit :

1. positif si les plus hauts et plus bas d'une séance sont supérieurs à ceux de la séance précédente
2. négatif si les plus hauts et les plus bas d'une séance sont inférieurs à ceux de la séance précédente

3. positif ou négatif si le plus bas du jour est inférieur à celui de la veille et si le plus haut du jour est supérieur à celui de la veille. Dans ce cas, si l'écart entre le plus haut du jour et le plus haut de la veille est supérieur à l'écart entre le plus bas du jour et celui de la veille, les forces haussières l'emportent et DI prendra une valeur positive. Dans le cas inverse, les forces baissières l'emportent et DI sera négatif.
4. neutre dans les autres cas.

PDI s'obtient en divisant la somme des DI positifs sur n séances par la somme des True Range sur la même période. De même, NDI s'obtient en divisant la somme des DI négatifs par la somme des True Range sur la même période.

L'ADX varie entre 0 et 1. Il représente la moyenne des écarts entre PDI et NDI. Lorsque sa valeur est proche de 1, c'est-à-dire lorsque l'écart est maximum entre PDI et NDI, la valeur est réputée installée dans une tendance durable.
Au contraire, si NDI et PDI sont proches, l'ADX tend vers 0. Dans ce cas, on considère que les forces d'achat et de vente s'annihilent et que le marché n'est pas en tendance.

3.3.2.4 Interprétation du DMI

Un signal d'achat est donné lorsque :

≥PDI coupe NDI à la hausse car cela signifie que la tendance haussière est en train de l'emporter sur la tendance baissière

≥la courbe de l'ADX est dans un mouvement ascendant ou vient de se retourner à la hausse car cela signifie que le renversement de tendance détecté par les DI s'opère avec une grande force.

Un signal de vente est donné lorsque :

≥PDI coupe NDI à la baisse car cela signifie que la tendance baissière est en train de l'emporter sur la tendance haussière

≥la courbe de l'ADX est dans un mouvement ascendant ou vient de se retourner à la hausse car cela signifie que le renversement de tendance détecté par les DI s'opère avec une grande force.

Afin de filtrer l'ADX, on peut utiliser sa moyenne mobile : l'ADXR qui permet de lisser les fluctuations de l'ADX ou encore augmenter la période de calcul de l'ADX.

Enfin, le retournement de l'ADX (ou de l'ADXR), quand il est à ses plus hauts, est caractéristique de l'essoufflement d'une tendance : aussi, il peut être un élément propice aux prises de bénéfices.

■ *Conseils d'utilisation*

Afin de confirmer l'arrivée d'une nouvelle tendance, le DMI peut être utilisé conjointement avec une ou plusieurs moyennes mobiles ou encore avec un tracé de canaux.

En ce qui concerne la période de calcul, il est d'usage de prendre 14 jours, le DMI étant plutôt un indicateur court terme. Rien n'empêche par contre de choisir une valeur plus élevée pour le calcul de l'ADX, surtout si on l'utilise de façon indépendante.

Graphique 100. **Le DMI de Wilder**

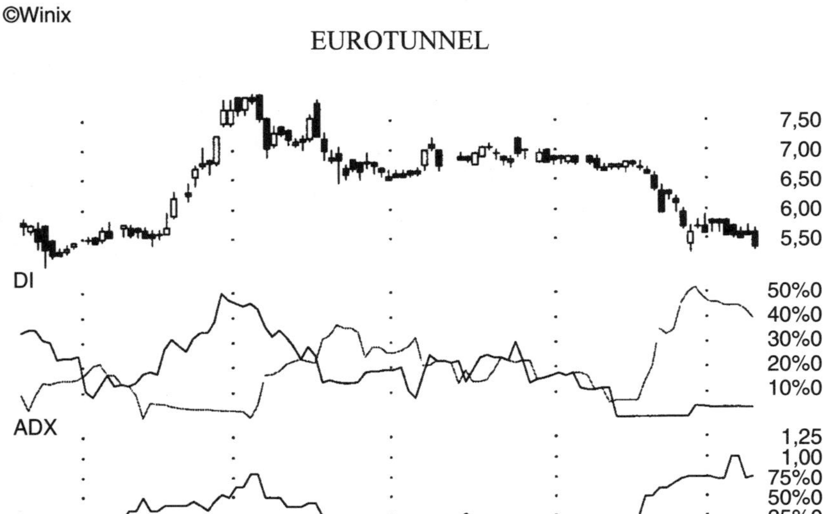

Sur ce graphe est représenté en partie supérieure le cours de la valeur en chandeliers japonais, au milieu deux droites : le PDI en ligne continue et le NVI en ligne pointillé, et en partie inférieure l'ADX. Rappelons que le PDI matérialise les pressions haussières et le NDI les pressions baissières, les variations de l'ADX retraçant, quant à elles, la force du mouvement, quel que soit son sens.

En observant l'ADX, il apparaît clairement que le titre a connu deux périodes fortes : la première entre mi-mai et mi-juin et la seconde à partir de mi-août. Les signaux d'achat et de vente sont, eux, donnés par le croisement du NDI et du PDI. Le premier croisement significatif apparaît vers le 10 mai, date à laquelle l'ADX est en train de progresser significativement. En clair, la pression acheteuse devient plus importante que la pression à la vente et cette inversion de rapport de force se fait dans un marché en tendance, donnant ainsi du poids au mouvement. Passé mi juin, la valeur évolue dans un marché plat, ce qui est confirmé par l'ADX qui tourne autour de niveaux très bas. De nombreux croisements entre le PDI et le NDI interviennent mais ils ne sont pas significatifs : ce sont de faux signaux d'achat et de vente. Puis mi septembre, l'ADX remonte indiquant qu'une nouvelle tendance est en train de naître. En effet, en parallèle, le NDI passe très largement au dessus du PDI témoignant de la prédominance de la pression baissière.

En exploitant uniquement l'ADX et sa moyenne mobile l'ADXR, on peut repérer les débuts et fins de tendance. Dans l'exemple du graphe ci-dessus, on remarque que la tendance haussière du début s'est petit à petit essoufflée pour finalement s'écrouler début avril. Commence alors une période où le titre est sans orientation puis début août une nouvelle tendance se dessine avec le franc retournement de la moyenne mobile c'est-à-dire de l'ADXR. La chute s'accentue.

Graphique 101. **L'ADX et l'ADXR de Wilder**

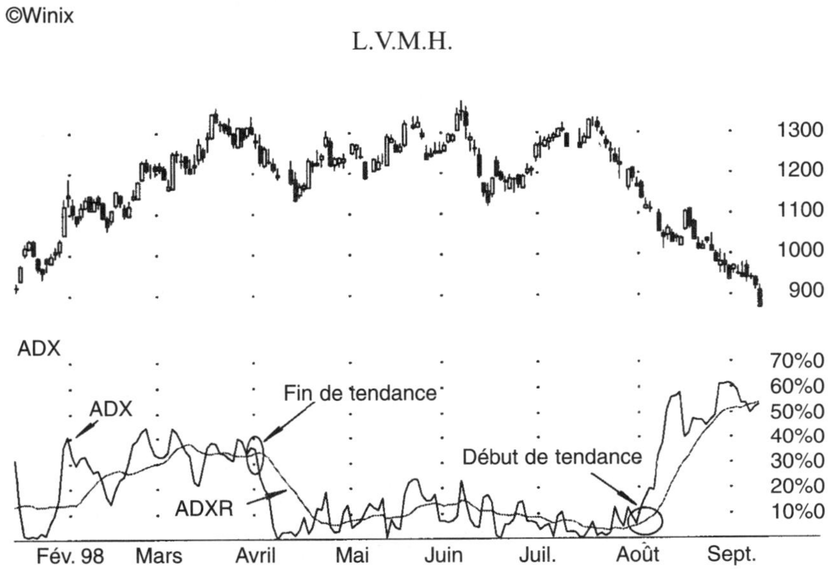

3.3.3. Les bandes de Bollinger

Les bandes de Bollinger appartiennent à la famille des enveloppes de moyennes mobiles.

Dans la littérature, sont parfois citées d'autres enveloppes comme les bandes de Starc ou de Mike mais les plus efficientes restent les bandes de Bollinger. En effet, ces dernières ne consistent pas à entourer simplement les moyennes mobiles d'un certain pourcentage mais leur calcul prend en compte l'écart type par rapport à la moyenne mobile c'est-à-dire la volatilité du cours. Cette information est précieuse car elle permet de savoir si la tendance détectée par la moyenne mobile sera durable ou non.

3.3.3.1 Présentation

Les bandes de Bollinger sont formées de deux lignes enveloppant la courbe des cours d'une valeur.
Elles sont construites à partir d'une moyenne mobile de laquelle on retranche x fois son écart-type afin d'obtenir la ligne basse de la bande; et à laquelle on ajoute x fois son écart-type pour obtenir la ligne haute de la bande.

Ligne haute = MM(n jours) + x * σ_{MM}
Ligne basse = MM(n jours) - x * σ_{MM}

Il est usuel de prendre une valeur de 2 pour x, et une moyenne mobile sur 20 jours, pour tracer les lignes haute et basse de la bande.

Les bandes de Bollinger ont pour but d'encadrer l'évolution du cours afin de détecter d'une part la volatilité du marché (largeur de l'enveloppe) et d'autre part tout mouvement statistiquement inhabituel de la valeur (sortie de l'enveloppe).

3.3.3.2 Fonctionnement

Lorsque le marché est volatil, l'écart type s'accroît et donc les bandes s'élargissent. Au contraire, lorsque les cours varient peu, les enveloppes se rétrécissent et se resserrent autour de la moyenne mobile.
Mais la largeur de l'enveloppe n'est pas le seul élément à prendre en considération : l'allure de l'enveloppe est également significative. Si les bandes sont parallèles à la moyenne mobile, le marché est en tendance. Par contre, si les bandes s'écartent ou se rapprochent, cela indique qu'un changement de tendance est peut-être en train de s'opérer. L'analyste devra alors compléter son étude pour savoir s'il s'agit d'une simple correction ou d'un véritable renversement.

Ce graphe illustre un moment où la valeur évolue dans une phase non orientée. Le marché est plat, horizontal et la volatilité très faible. Les cours ont peu d'amplitude et l'enveloppe se resserre autour de la moyenne mobile. On notera également les renflements en aval et en amont de cette zone calme qui correspondent à une brutale montée des cours et donc à une augmentation sensible de la volatilité. Comme la progression est à chaque fois de courte durée, un resserrement rapide de la bande se produit. Les cours passent alors de l'enveloppe supérieure à l'enveloppe inférieure.

Graphique 102. **Les bandes de Bollinger - Faible volatilité**

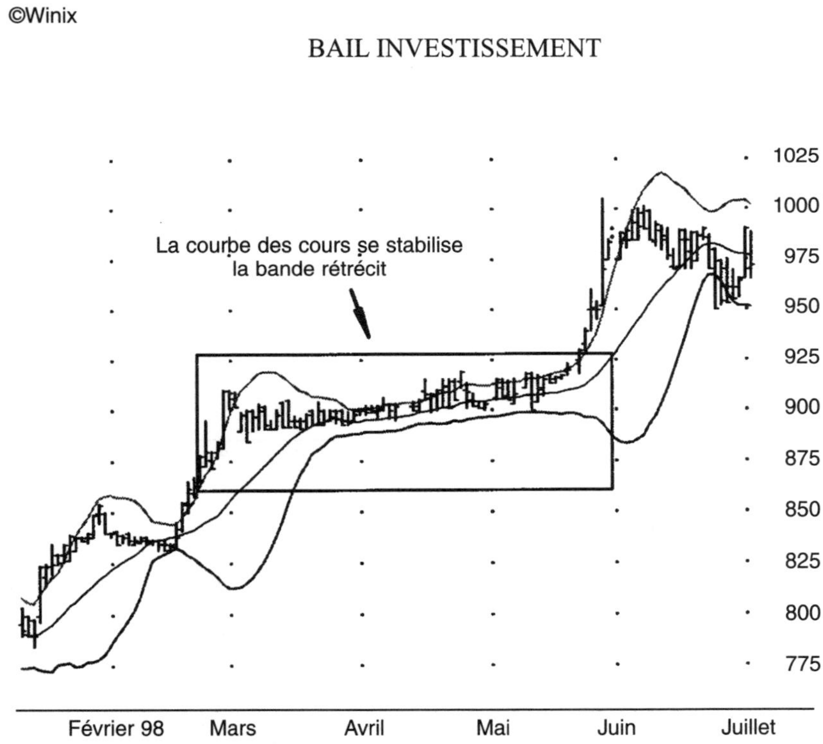

Sur cet exemple, on voit qu'à la fin de la montée, les enveloppes s'élargissent, les cours oscillant avec une plus grande amplitude et traversant à plusieurs reprises la moyenne mobile. La volatilité s'est accrue. Pendant la phase haussière jusqu'à mi octobre, les bandes étaient presque parallèles avec des cours, tous au-dessus de la moyenne mobile, montrant ainsi la pérennité de la tendance. Néanmoins, la volatilité en valeur absolue est supérieure à celle que l'on trouve, dans le graphe précédent lors de la phase de stabilisation, d'où une largeur plus importante de l'enveloppe.

Graphique 103. **Les bandes de Bollinger - Forte volatilité**

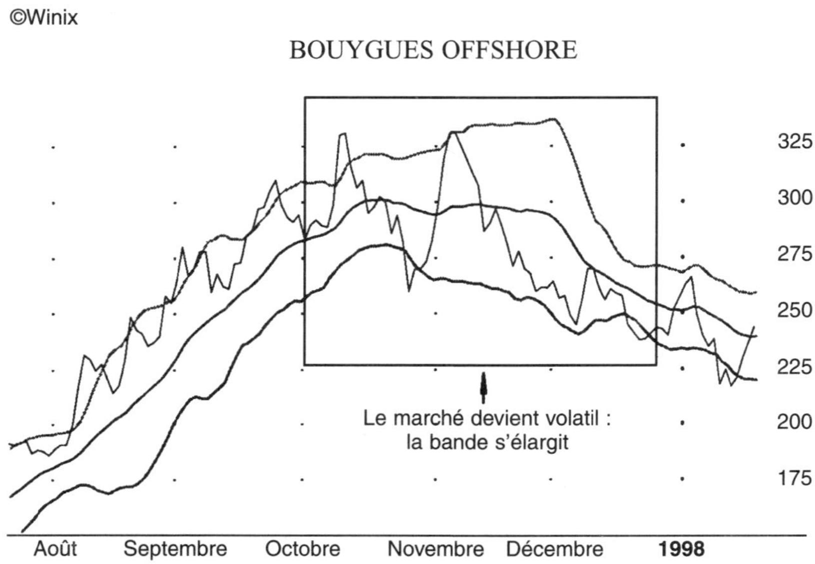

Reconnaître la plus ou moins grande volatilité du marché constitue une première étape, mais l'analyste cherche également, ce qui s'avère d'ailleurs un exercice plus difficile, à anticiper les mouvements de fond.

A ce titre, on remarque que l'apparition d'une bande très étroite plutôt horizontale (c'est-à-dire d'un marché non volatil et sans tendance) lorsqu'elle est suivie par une sortie des cours de la bande supérieure (inférieure), accompagnée bien sûr d'un accroissement de la volatilité, indique l'avènement d'une nouvelle tendance haussière (baissière).

D'autre part, la fin d'une tendance haussière est souvent marquée par un accroissement de la volatilité concrétisée par l'élargissement des bandes.

Comme tous les indicateurs permettant de détecter l'orientation du marché, il est intéressant de les conjuguer avec des indicateurs donnant des signaux d'achat et de vente à choisir selon l'état du marché. Si un marché est sans tendance, il sera préférable d'utiliser des indicateurs comme le RSI ou le stochastique. Si par contre, le marché est en tendance, il vaut mieux travailler avec le MACD ou le TRIX ou tout simplement les canaux.

3.3.3.3 Interprétation

Comment interpréter la sortie des cours de l'enveloppe ? Cette interprétation va dépendre de l'état dans lequel se trouve le marché.

Le marché amorce une tendance forte

Si le cours sort de la bande et que les conditions d'un retournement de tendance sont réunies, la probabilité qu'il reste dans la tendance amorcée est importante car le cours s'écarte, de façon exceptionnelle, du cours moyen. Il convient donc de conserver ses positions.
En effet, le signal donné par une sortie de bande est d'autant plus significatif que le marché a connu une longue période d'incertitude (bande étroite), et qu'il amorce une nouvelle tendance. Dans ce cas, conjuguer les bandes de Bollinger à un indicateur à utiliser dans les marchés en tendance s'avère être un choix judicieux. La parabole de Wilder ou le MACD sont souvent utilisés dans cette optique.
Tant que l'indicateur de tendance justifie la position de l'investisseur, ce dernier ne doit pas intervenir.

Après une zone de plat, les bandes se sont très largement écartées et les cours sont très nettement sortis de l'enveloppe. On notera que ce titre n'a pas progressé sereinement à l'intérieur d'un canal parallèle bien établi, mais par à coups successifs. L'investisseur spéculatif a pu sortir à chaque fois que les cours ont réintégré la bande supérieure. Quant à l'investisseur plus long terme, aucun signal appuyé de vente n'est venu lui montrer la nécessité de se séparer de la valeur.

Graphique 104. **La sortie d'enveloppes dans un marché en début de tendance**

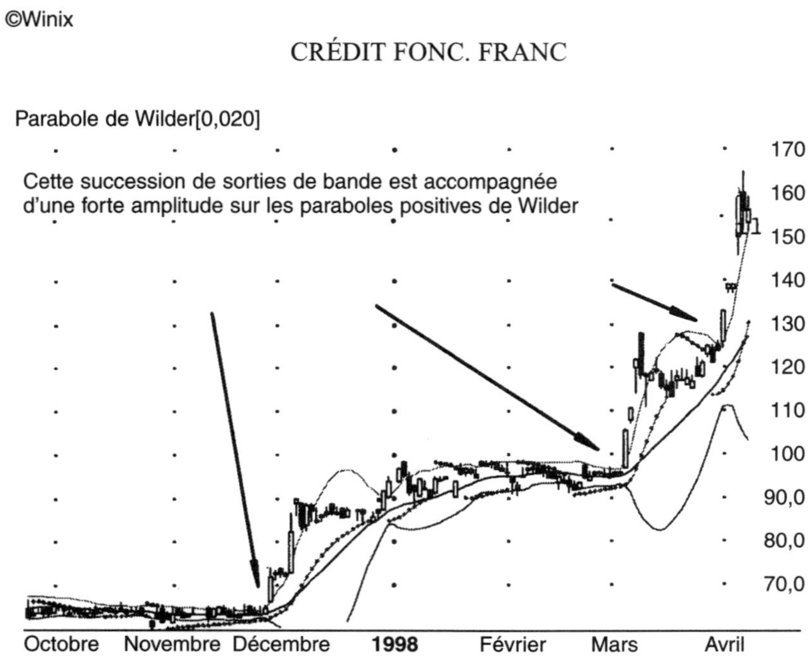

Avec le CAC 40, nous nous trouvons dans un marché moins heurté mais animé cependant par de profondes tendances. Conjuguer les bandes de Bollinger avec un indicateur comme le MACD permet plus facilement de repérer le début d'une nouvelle tendance. Le croisement de l'oscillateur MACD avec sa moyenne mobile, suivi par son franchissement de la ligne des 0, indique clairement un retournement de tendance. Dans le même temps, l'indice traverse sa moyenne mobile pour venir se coller à la bande inférieure de Bollinger, l'enveloppe s'élargit montrant la force du mouvement. Par ailleurs, le canal haussier est cassé. Cet événement se produit, alors même que la dernière phase haussière avait montré des signes d'essoufflement : un mouvement baissier. Aussi, quand fin août, l'indice sort de la bande inférieure, il convient surtout de rester en position vendeur.

Graphique 105. **La sortie d'enveloppes dans un marché en début de tendance**

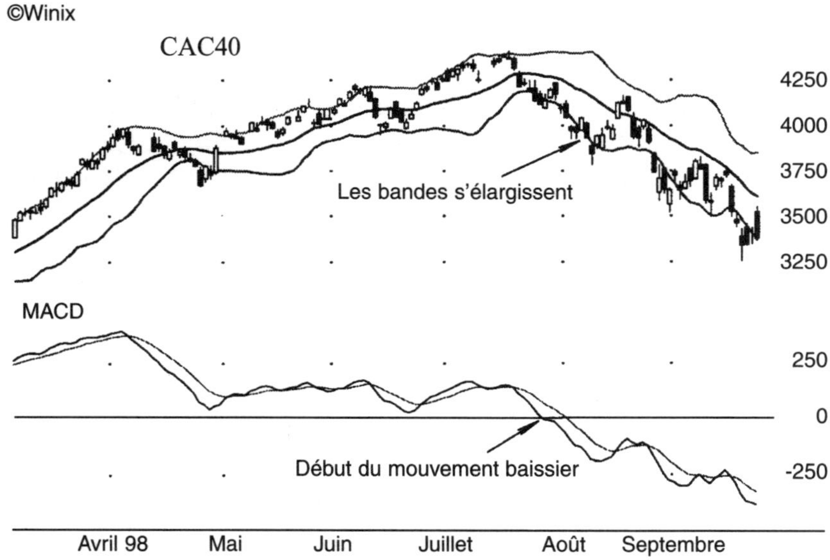

Le marché est volatil et sans tendance

La bande se présente alors comme une succession de renflements presque horizontaux.

Dans ce cas, l'investisseur court terme peut se positionner de deux façons :

- La première consiste à jouer les sorties d'enveloppes, c'est-à-dire à acheter lorsque le cours sort de sa bande supérieure et à revendre lorsqu'il la réintègre. A l'inverse, l'opérateur vend lorsque le cours franchit sa bande inférieure et le rachète lorsqu'il y pénètre à nouveau.
- La deuxième s'appuie sur le fait que le cours se déplace d'une bande à l'autre en franchissant sa moyenne mobile. Il convient, dans ce cas, d'acheter lorsqu'un plus bas a été atteint en dehors de l'enveloppe et de revendre lorsque le cours, après avoir franchi sa moyenne mobile, vient buter contre la bande supérieure. Vice versa, on pourra se positionner à la vente lorsqu'un plus

haut aura été atteint en dehors de l'enveloppe et racheter quand le cours, après avoir traversé sa moyenne mobile, sera venu toucher la bande inférieure.

Pour que l'opération s'avère intéressante, il faut que l'écartement des bandes soit significatif.
Comme le marché n'est pas en tendance, on aura toujours intérêt à combiner l'utilisation des enveloppes avec celle du RSI ou du stochastique pour mieux définir les signaux d'achat et de vente.

Graphique 106. **La sortie d'enveloppes dans un marché sans tendance**

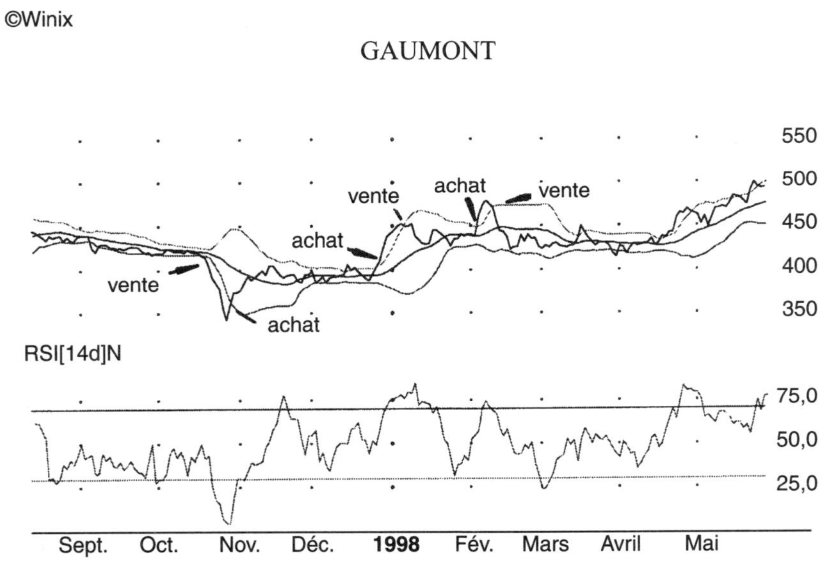

Si le marché est sans tendance mais par contre très peu volatil, il n'y a rien à faire pour un boursier, si ce n'est de surveiller attentivement la sortie de cette période pour se positionner à nouveau. Une telle situation se caractérise par des bandes horizontales très serrées autour de la moyenne mobile. Un exemple est donné par la valeur ci-dessus au mois de décembre 1997. Le cours oscille sans cesse autour de sa moyenne mobile avec une faible amplitude, ce qui se traduit sur le graphe du RSI par une courbe évoluant dans des valeurs non significatives.

Le marché est déjà en tendance

La bande est resserrée sans être très étroite. Un trader peut là encore jouer les allers retours de la bande supérieure à la bande inférieure dans les mêmes conditions que vues précédemment. Ces passages correspondent à de petites corrections à l'intérieur d'une tendance longue.

Graphique 107. **Les bandes de Bollinger dans un marché en tendance**

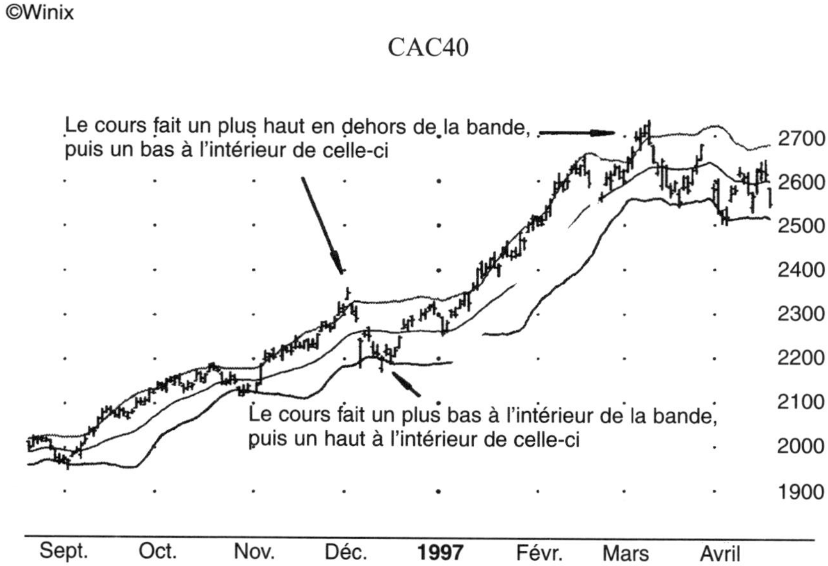

Rappelons qu'un marché engagé dans une tendance bien déterminée se caractérise essentiellement par des bandes qui évoluent en parallèle.

■ *Conseils d'utilisation*

Les bandes de Bollinger permettent de repérer dans quel cycle se trouve une valeur : marché en tendance, marché sans tendance une valeur qui n'est pas en tendance et une valeur en tendance, marché en changement de tendance. Compte tenu de cette détermination, l'investisseur peut alors utiliser les indicateurs les mieux adaptés aux conditions du marché et obtenir ainsi des signaux d'achat et de vente plus fiables. Bien qu'il soit également tout à fait possible de s'en servir à court terme pour faire des allers retours entre les bandes, nous privilégierons la première utilisation car de façon générale, il est souvent plus rentable de repérer les grandes tendances que de spéculer sur de petits mouvements ou corrections.

3.3.4 CCI (*Commodity Channel Index*)

3.3.4.1 Définition

Le CCI est un oscillateur développé par Donald Lambert, au début des années 80.
Il fut d'abord utilisé sur le marché des matières premières puis étendu à l'ensemble des marchés de futures.
Il s'adapte parfaitement bien au marché des actions.

Son concept est le suivant :

On considère que le cours d'une valeur évolue dans deux catégories de mouvement distinctes : les zones de tendance et les zones de congestion.

Dans une zone de tendance, le cours évolue dans un canal haussier ou baissier ; dans une zone de congestion, le cours oscille entre un haut et un bas moyens formant un canal horizontal.
Lorsque le cours sort d'une zone de congestion, il s'éloigne de sa moyenne de comportement récente et donc, de son écart-type par rapport à la moyenne des cours.

Finalement, le CCI a pour objet de mesurer l'intervalle de cours dans lequel les mouvements sont assimilés à ceux d'une zone de congestion. Le dépassement de cet intervalle peut indiquer un changement de tendance.

On calcule le CCI de la manière suivante :

1. On fixe une période de calcul du CCI (14 jours dans le graphe suivant)

2. On calcule le cours moyen de chaque journée de cotation :

m = (H+B+D)/3
avec H : plus haut de la journée
B : plus bas de la journée
D : dernier cours de la séance

3. On calcule ensuite la moyenne mobile (MM) du cours moyen à n jours.

Le CCI est alors égal à :

CCI = ([m-MM]/[0.015*E])

avec E : écart-type du cours moyen par rapport à la moyenne mobile

3.3.4.2 Utilisation et interprétation

Pour interpréter correctement le CCI, il faut garder en mémoire ce qu'il mesure, à savoir une montée ou une descente des cours pondérée par la volatilité.
Par conséquent, l'interprétation classique consistant à acheter lorsque le CCI traverse à la hausse la ligne du +100 et à vendre lorsque la ligne du -100 est franchie à la baisse, revient à jouer la sortie d'enveloppes selon les bandes de Bollinger vues plus haut.

Néanmoins, comme nous l'avons vu à plusieurs reprises, il est simpliste d'associer augmentation de la volatilité avec mouvement de hausse ou de baisse. On peut en effet avoir affaire, dans un marché sans tendance, à un simple renflement sans qu'il y ait pour autant naissance d'un mouvement fort. Tout dépend du contexte dans le quel se produit cette augmentation de volatilité : marché sans tendance, marché en début de tendance, marché en fin de tendance.

On sait également que lorsque une tendance fiable est établie, la volatilité diminue et se stabilise. Il est donc tout à fait possible, si l'on veut plutôt surveiller les orientations long terme, d'utiliser le CCI de la manière suivante :

Il y a signal de vente lorsque le CCI se retourne à la baisse dans la zone supérieure à +100 puis retraverse toujours à la baisse la barre des +100. En fait, cette configuration correspond à un retournement de tendance : la fin de la hausse s'accompagne d'une augmentation de la volatilité, synonyme de phase de distribution puis les cours se mettent à baisser dans une volatilité décroissante, c'est-à-dire qu'une tendance baissière s'établit.

L'inverse peut ne pas être complètement symétrique dans la mesure où la fin d'une tendance baissière ne se produit pas aussi systématiquement dans une période de forte volatilité. Néanmoins, le même principe est applicable.

■ *Conseil d'utilisation*

On l'aura compris : aucune bonne utilisation du CCI sans une étude parallèle des tendances c'est-à-dire sans l'affichage des canaux, du TRIX ou du MACD.

Afin de travailler sur une période moyen ou long terme et d'éviter de faux signaux, il faut soit augmenter la période de calcul de l'indicateur, soit utiliser sa moyenne mobile.

Le CCI est en fait très proche des enveloppes de Bollinger puisqu'il détecte les cours qui s'écartent de façon rare donc significative, statistiquement parlant, de leur moyenne mobile.

Sur ce graphe, on note la pertinence du premier signal de hausse qui s'accompagne du franchissement de la droite de résistance du canal baissier. Par contre, les signaux de baisse arrivent trop tardivement et ne sont pas efficaces.

Graphique 108. **CCI : signaux de hausse et de baisse**

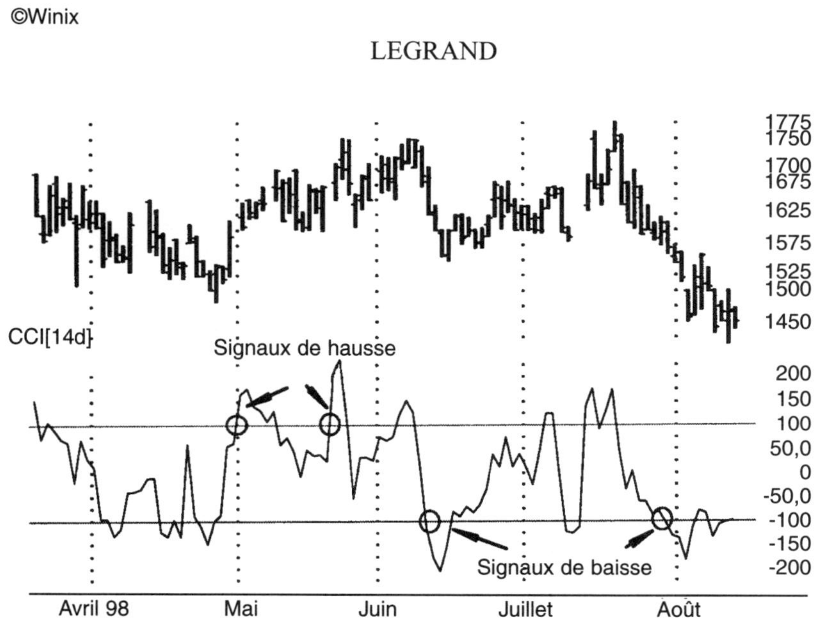

Prenons un autre exemple en combinant cette fois-ci le CCI avec le MACD.

Le trait pointillé correspond au CCI et le trait plein à la différence de l'oscillateur du MACD et de sa moyenne mobile.
On notera que cette association est particulièrement efficace. Un signal d'achat ou de vente est donné lorsque le MACD passe de négatif à positif ou vice versa, de préférence de façon nette. De plus, pour obtenir par exemple un signal de vente, le CCI doit, après s'être retourné dans la zone supérieure à +100, franchir à nouveau à la baisse la ligne des +100. Un premier signal de vente avait été donné mi juin mais la droite de résistance n'avait pas été cassée. Le deuxième signal très net, apparu mi juillet et confirmé par le franchissement de cette même ligne de résistance était le bon.

Graphique 109. **CCI-MACD : signaux de hausse et de baisse combinés**

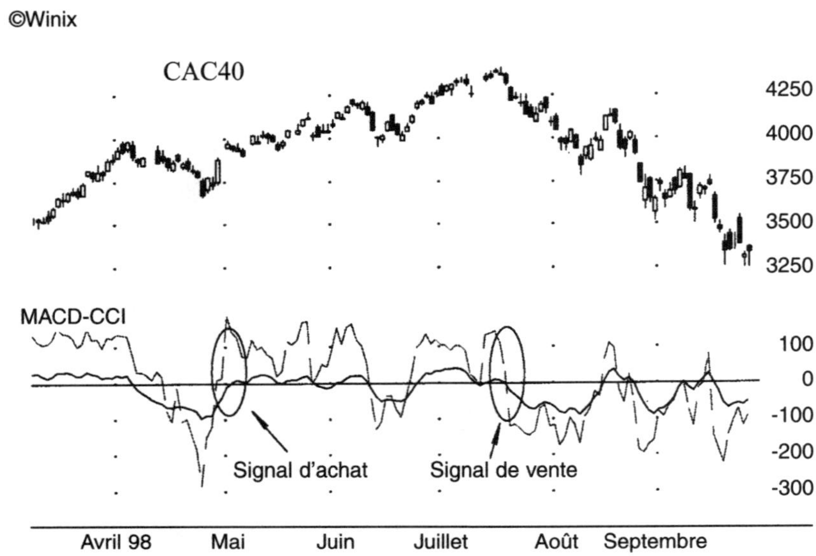

3.4 Les indicateurs qui analysent les volumes

Nous avons déjà souligné plusieurs fois dans cet ouvrage l'importance des volumes dans l'analyse graphique. Aussi trouve-t-on de nombreux indicateurs construits soit uniquement à partir des volumes, soit mettant en relation les cours et les volumes.

3.4.1 PVI et NVI (*Positive Volume Index et Negative Volume Index*)

3.4.1.1 Présentation de l'indicateur

Ces indicateurs cumulent les volumes en hausse pondérés par la variation de cours (c'est le PVI) ou les volumes en baisse pondérés toujours par la variation de cours (c'est le NVI).

Leur point commun est bien évidemment d'attester de l'importance des volumes dans la formation des tendances. Par contre, leur axiome de départ est complètement opposé. Pour le premier, des volumes en forte croissance sont le signe de la naissance d'une tendance alors que pour le second des volumes qui déclinent fortement, précèdent une phase haussière ou baissière.

Cette contradiction permet de mettre l'accent sur la délicate interprétation des volumes. Là encore, il est intéressant de revenir à la description d'origine des principales phases selon C. DOW. Le premier mouvement d'une phase haussière commence avec des volumes modérés, puisque seuls des initiés se placent sur le titre en le « ramassant ». Par contre, le deuxième mouvement s'accompagne de forts volumes, car il correspond au moment où l'information positive sur la valeur se répand.

Comme pour d'autres indicateurs, il est donc particulièrement important d'associer au PVI et NVI, l'étude des graphes et de repérer dans quelle formation se trouve la valeur (sans tendance, début de tendance, fin de tendance).

3.4.1.2 Méthode de calcul

PVI et NVI sont des indicateurs cumulatifs, c'est-à-dire qu'ils additionnent à la valeur de l'indice du jour, la valeur de l'indice du jour précédent.

Positive Volume Index

Si les volumes du jour sont inférieurs à ceux de la veille, l'indicateur ne bouge pas.
Par contre, s'ils sont supérieurs, il ajoute à l'indice de la veille, les volumes du jour multipliés par la variation en pourcentage du cours du jour par rapport à celui de la veille.

Negative Volume Index

Si les volumes du jour sont supérieurs à ceux de la veille, l'indicateur ne bouge pas.

Par contre, s'ils sont inférieurs, il ajoute à l'indice de la veille, les volumes du jour multipliés par la variation en pourcentage du cours du jour par rapport à celui de la veille.

3.4.1.3 Interprétation

Le PVI comme le NVI s'utilisent principalement avec une moyenne mobile sur un an. Ce sont plutôt des indicateurs long terme.
Lorsque l'indicateur coupe en montant sa moyenne mobile, une phase haussière est lancée.
A l'inverse, s'il la coupe en descendant, une phase baissière s'annonce.

Le Positive Volume Index

Le PVI augmente lorsque des variations significatives de cours sont accompagnés de forts volumes.

La logique d'investissement qui prévaut, consiste à dire que les volumes renforcent tout mouvement quand ils sont élevés, et qu'il est donc intéressant de se placer dans la même tendance que le marché.

Dans cet exemple, le passage du PVI au-dessus de sa moyenne mobile à un an (255 séances de bourse) marque très clairement le début de la phase haussière qui a permis au cours d'ALCATEL de tripler en moins de 2 ans.
On notera que cette montée du PVI correspond à la sortie d'une période où la valeur n'était pas orientée et que toutes les conditions étaient réunies pour l'arrivée d'une phase haussière.

Le Negative Volume Index

La logique d'investissement est ici totalement opposée puisqu'on considère qu'un marché évoluant à la hausse, comme à la baisse, avec un volume d'activité décroissant, est efficient, et que, ce cas de figure, est l'occasion de prendre position (à l'achat ou à la vente).

Graphique 110. **Le PVI**

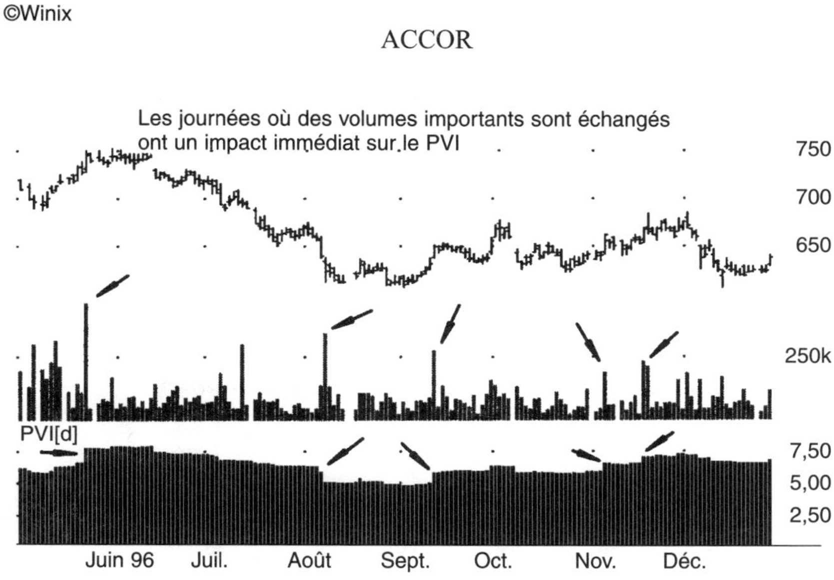

Comme le PVI, le NVI est surtout efficace pour déceler les tendances haussières. On l'utilise également avec sa moyenne mobile à un an.
En règle générale, tant que la tendance du NVI est à la hausse, le marché est considéré comme haussier.

■ *Conseils d'utilisation*
Ces indicateurs sont meilleurs pour indiquer les phases haussières que les phases baissières. La raison en est que l'accompagnement des volumes en période baissière est plus complexe et moins régulier qu'en montée.

L'indicateur NVI semblerait un peu plus performant que l'indicateur PVI. A confirmer par l'optimisation. Néanmoins, comme nous l'avons déjà dit à maintes reprises, ces indicateurs doivent être utilisés en association avec des indicateurs de tendance (moyennes mobiles ou canaux par exemple).

Graphique 111. **Utilisation du PVI avec sa moyenne mobile**

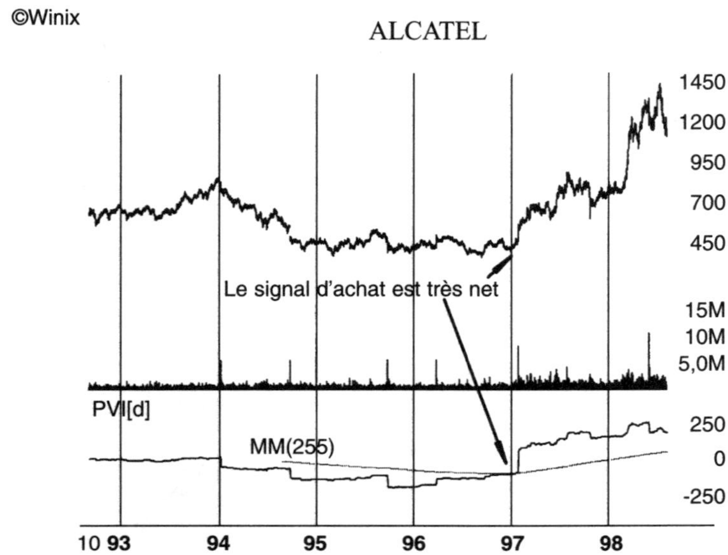

Graphique 112. **Utilisation du NVI avec sa moyenne mobile**

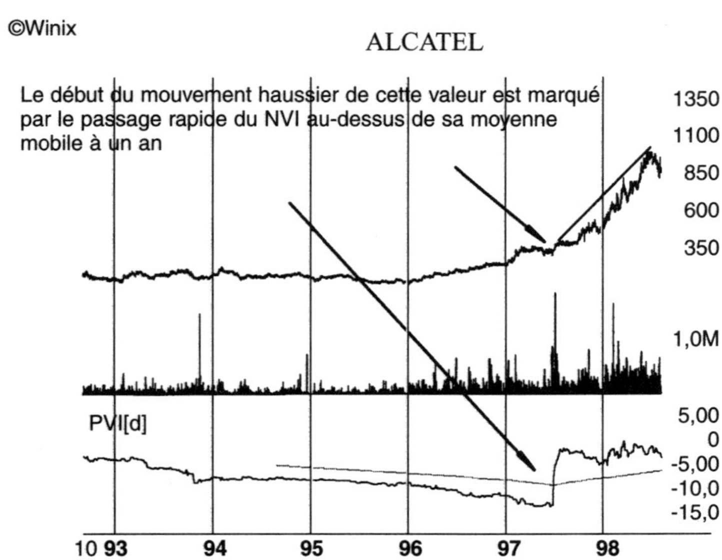

3.4.3 OBV (*On Balance Volume*)

3.4.3.1 Présentation de l'indicateur

L'OBV est un indicateur qui cumule les volumes d'une valeur selon le sens de variation du cours.
Il considère donc que les volumes constituent une mesure de la pression acheteuse ou vendeuse. Si une baisse des cours est accompagnée d'un fort volume, c'est une baisse plus significative que lorsque les volumes associés sont faibles et vice versa.

3.4.3.2 Fonctionnement de l'indicateur

L'OBV cumule les volumes de la manière suivante :
≥Quand les cours sont en hausse, il ajoute le volume du jour au cumul précédent (qui est donc la valeur de l'OBV de la veille).
≥Quand les cours sont en baisse, il soustrait le volume du jour au cumul précédent.

3.4.3.3 Interprétation

L'OBV permet de repérer dans un marché en tendance un essoufflement, éventuellement précurseur, d'un retournement.
Il s'interprète essentiellement à partir des divergences observées entre sa courbe et celle du cours.
Dans une tendance haussière, si le cours continue à monter dans des volumes de plus en plus réduits, c'est qu'il y a essoufflement et donc possibilité de retournement de la valeur.
A l'inverse, une divergence positive, donc haussière, correspond à la situation où le cours effectue des plus bas alors que l'OBV suit un trend haussier. Autrement dit, la valeur poursuit sa descente mais dans des volumes qui se réduisent, ce qui peut être un signe précurseur d'une fin de tendance.

■ *Conseil d'utilisation*
L'apparition d'une divergence entre le cours et l'indicateur est un signe d'un possible retournement de la valeur. Elle doit donc alerter l'investisseur et l'inciter à mettre la valeur sous surveillance. Elle ne constitue pas un signal d'achat ou de vente en soi.

Graphique 113. **OBV : divergence négative**

©Winix

ELF AQUITAINE

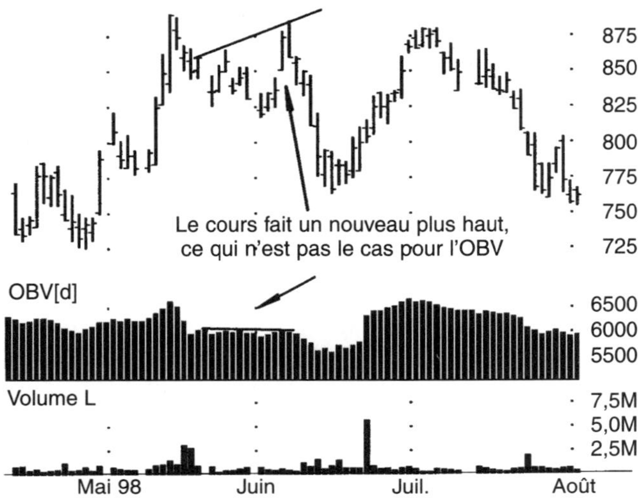

Graphique 114. **OBV : divergence positive**

©Winix

EURO DISNEY

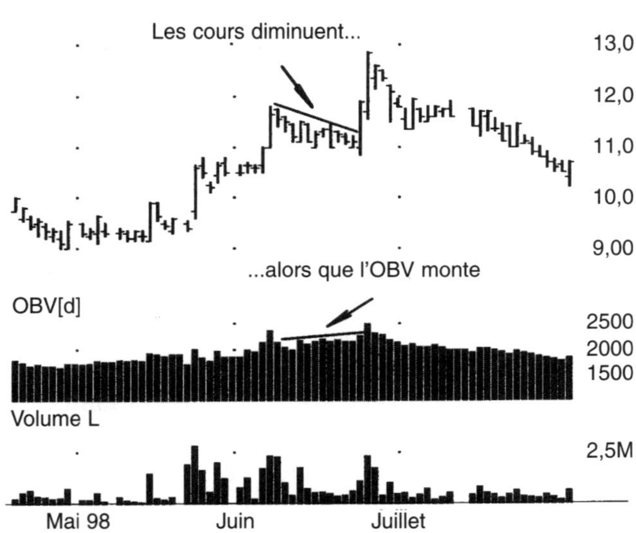

3.4.4 Accumulation distribution Volume

3.4.4.1 Présentation de l'indicateur

L'utilisation de cet indicateur est similaire à celle de l'OBV : elle consiste à déceler tout décalage entre l'évolution des cours et la force d'accompagnement des volumes.

L'ADWV est basé sur un concept simple qui est de dire que, plus l'évolution d'un cours est accompagné d'un volume d'échanges important, plus cette évolution est significative.

3.4.4.2 Méthode de calcul

L'ADWV est une variante de l'OBV, mais cherche à corriger les défauts de ce dernier. En effet, l'OBV n'est calculé qu'à partir des cours de clôture, sans tenir compte des extremum atteints en séance. L'ADWV va donc pallier cette lacune en intégrant les cours les plus hauts et les plus bas atteints chaque jour.
L'ADWV est un indicateur cumulatif en ce sens que l'ADWV du jour prend en compte l'ADWV de la veille ; sa formule de calcul est la suivante :

$$ADWV_n = \{[((D-B)-(H-D))/(H-B)] * V\} + ADWV_{n-1}$$

avec D : dernier cours
B : cours le plus bas du jour
H : cours le plus haut du jour
V : volume du jour

Il faut noter que le calcul de l'ADWV, pour des valeurs très peu actives sur le marché, est inadapté. En effet, certaines valeurs du Second Marché ou du Comptant ne sont cotées qu'une seule fois dans la journée ; dans ce cas, le plus haut, le plus bas et le dernier cours sont identiques, ce qui rend inopérant le calcul de l'indicateur.
L'ADWV est donc à utiliser en priorité avec des valeurs dont les volumes d'échanges sont régulièrement importants.

3.4.4.3 Interprétation

Quand l'ADWV monte, la valeur est dite en phase d'accumulation.
Cet indicateur progresse lorsque le cours de clôture se situe très au-dessus du plus haut de la séance et que cette situation s'accompagne d'un fort volume d'échanges.

Quand l'ADWV descend, la valeur est dite en phase de distribution. Ceci se produit en cas de forts volumes associés à une séance où le plus haut se situe nettement au-dessus du dernier cours.

L'interprétation classique consiste à repérer les divergences existant entre la courbe des cours et l'indicateur, comme nous venons de le voir avec l'indicateur précédent.

Mais l'ADWV prenant en compte dans sa formule d'une part l'évolution des volumes et une notion de volatilité, il existe des situations où l'interprétation peut être complètement inversée. C'est notamment le cas des périodes où la valeur suit de façon très forte une tendance. Dans ce cas, le fait d'avoir une corrélation entre le cours et l'indicateur est un signe que la tendance est saine et se poursuit.

■ *Conseils d'utilisation*
L'interprétation correcte de l'ADWV repose sur la bonne identification par l'analyste de l'état dans lequel se trouve le marché. En résumé, quand une valeur suit très nettement un trend (est dans un canal), la progression conjointe du cours et de l'indicateur renforcent la fiabilité du mouvement. Par contre, en fin de tendance, la divergence observée entre l'ADWV et l'évolution du titre peut se révéler être un signe précurseur d'un retournement. Compte tenu de ces éléments, il sera préférable de prendre une période plutôt de l'ordre de 40 jours comme paramètre de calcul de cet indicateur.

Graphique 115. **L'ADWV (sur 14 jours)**

©Winix

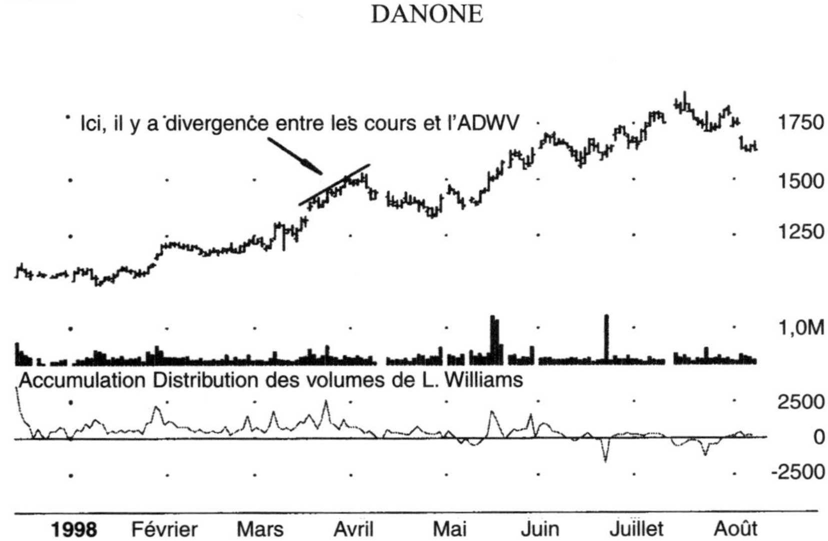

3.4.5 Accumulation distribution de Chaikin

3.4.5.1 Présentation de l'indicateur

Cet indicateur, exposé par M.CHAIKIN, se présente sous la forme d'un oscillateur, et peut donc être aussi bien de signe négatif que positif.
En fait, l'ADV de Chaikin correspond à la différence entre les moyennes mobiles exponentielles de 3 et 10 séances de l'ADWV.

ADCKV = MMe(10)ADV - MMe(3)ADV

D'autre part, Chaikin définit l'accumulation et la distribution par rapport au point médian de chaque séance, c'est-à-dire le milieu entre le plus haut et le plus bas cours de la journée ([Phaut-Pbas]/2).

Si le cours de clôture de la valeur se situe au-dessus du point médian, il y a accumulation ; au contraire, si le cours de clôture se trouve au-dessous de ce point médian, il y a distribution. Evidemment plus la clôture est proche du plus haut cours (du plus bas cours), plus l'accumulation (la distribution) est significative.

3.4.5.2 Interprétation

C'est à nouveau le concept de divergence qui s'applique ici :
Un plus haut atteint sur les cours, sans que l'ADCKV en fasse de même, rend possible un retournement à la baisse.
De même, si un plus bas atteint sur les cours n'est pas suivi par l'ADCKV, un retournement à la hausse peut se produire.
Les signaux sont d'autant plus fiables que la valeur se trouve en situation de surachat ou de survente.

Une seconde interprétation de l'oscillateur peut être donnée.

Graphique 116. **L'ADCKV (sur 14 jours)**

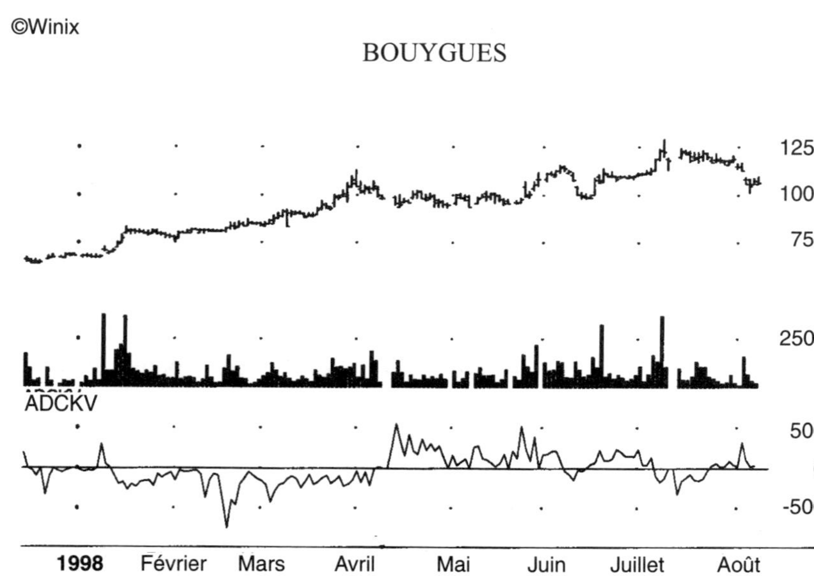

En effet, l'ADCKV, représentant la différence entre deux moyennes mobiles, peut prendre des valeurs positives ou négatives.
Son retournement sera considéré potentiellement comme un signal précurseur de changement de tendance. Cette alerte sera d'autant plus significative qu'elle interviendra à contre-courant de l'évolution du marché.

3.4.6 L'indicateur de soutien résistance

3.4.6.1 Présentation de l'indicateur

L'indice de soutien résistance permet de faire apparaître graphiquement les cours pivots d'une valeur.
Au lieu de présenter les volumes échangés journée après journée, il les cumule sur tout l'historique de la valeur par niveau de cotation. Les volumes apparaissent alors sous forme de ligne horizontale, les plus longues correspondant aux volumes maximum et donc aux cours pivots.

3.4.6.2 Interprétation

Au lieu de suivre les volumes d'après l'échelle de temps, ceux-ci apparaissent sur l'échelle de cours.
Les cours pivots correspondent aux cours pour lesquels les volumes ont été les plus importants depuis le début de l'historique de la valeur.
Ces volumes sont cumulés pour chaque cours.
Ce cumul est représenté par une ligne horizontale sur le graphe ; plus elle est longue, plus le cours apparaît comme significatif.
Ainsi sont obtenus les cours pivots qui marquent l'évolution de la valeur.

Comment utiliser ces cours pivots ?
Compte tenu de leur poids, ces cours s'assimilent à des zones de soutien résistance très importantes. Lorsque l'analyste voit qu'un de ces cours pivots (ou un faisceau de cours pivots) est franchi nettement à la hausse ou à la baisse, il n'a plus qu'à suivre le mouvement car c'est une tendance long terme qui se dessine. Il

est conseillé d'attendre quelques jours après le franchissement par le cours de cette ligne avant de se positionner car le cours pourrait revenir taper sur cette droite.

Graphique 117. **Soutien-Résistance**

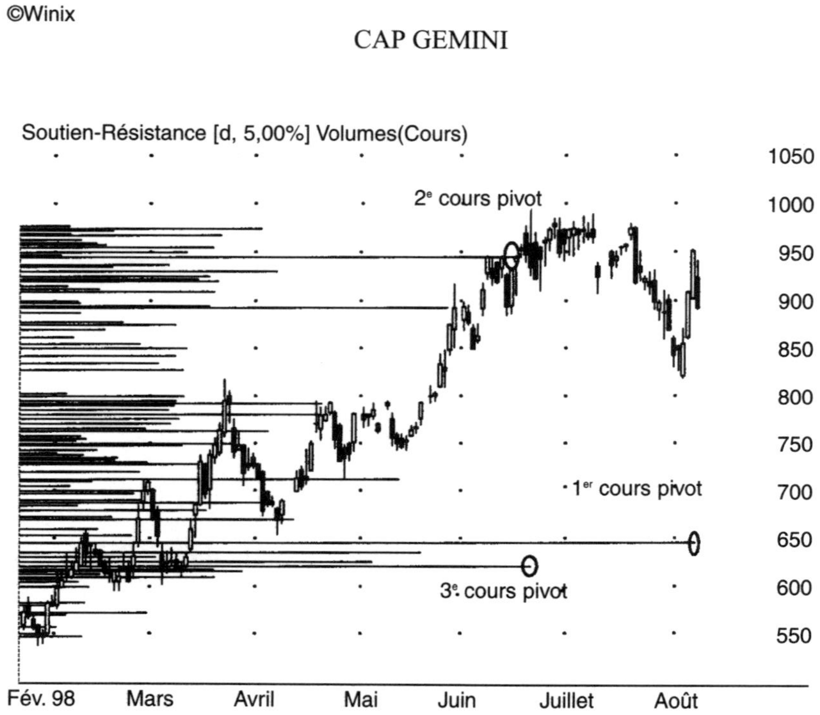

Cet indicateur devra donc être utilisé de préférence sur le long terme pour être pleinement efficace. Il autorise des prises de position sur une grande durée.

3.5 Les indicateurs qui analysent plusieurs vecteurs financiers

C. Dow pensait que, pour qu'une nouvelle tendance soit confirmée, des signaux devaient apparaître à la fois sur les deux indices qu'il avait construits (industrie et chemins de fer).
L'idée de comparer entre eux plusieurs vecteurs financiers était donc déjà présente à la naissance de l'analyse graphique.
Elle a pris de la force avec le temps et rares sont les analystes qui, aujourd'hui, n'utilisent pas ce type d'indicateurs.
En effet, qui oserait prétendre qu'il n'est pas intéressant d'étudier le lien entre, par exemple pour aller du général au particulier, le marché des taux d'intérêt et le marché des actions, une société de raffinage et le cours du pétrole, une valeur du RM et l'indice du CAC, un équipementier pour voiture et l'indice du secteur automobile, etc.

3.5.1. Evolution comparative de plusieurs vecteurs

3.5.1.1 Force relative

Cet indicateur permet de comparer l'évolution d'une valeur par rapport à une autre valeur, un ensemble de valeurs ou bien par rapport à un indice de marché ou sectoriel ou encore à un autre marché.

Prenons un exemple : on veut superposer la valeur L'Oréal avec le graphe du CAC40.
Premièrement, on affiche la courbe de l'Oréal puis on fixe une date qui servira de référence à la comparaison entre les deux vecteurs. A cette date, l'indice de force relative sera ramené à la même valeur que le cours de l'Oréal. Cette date peut être, bien entendu, le début de l'historique commun mais aussi le début de telle ou telle année civile si l'on veut conduire une étude sur une période précise. A partir de cette date, l'évolution du CAC40 sera ramenée systématiquement à celle de l'Oréal.
On pourra alors visualiser la progression comparée des deux vecteurs, voir par exemple si une valeur sur ou sous performe par rapport à son indice de référence.

©Winix

L'ORÉAL

L'Oréal est une valeur dont la progression boursière est quasiment calquée sur celle de l'indice de référence du marché parisien : le CAC40 dans la période étudiée.

©Winix

EAST RAND

A l'inverse, East Rand, une valeur aurifère du RM étranger cotée à Paris, n'est pas du tout corrélée à l'indice CAC40.
En fait peut-être l'est elle en négatif ?
L'or est-il toujours une valeur refuge ?

Cet indicateur permet, notamment, de repérer les valeurs qui sont « en retard » ou « en avance » par rapport à leur indice de référence.
Il permet aussi de trouver des liens entre des vecteurs de nature différente et de les analyser (impact du cours du dollar sur telle ou telle valeur).

3.5.1.2 Écart relatif

L'écart relatif est un oscillateur comparant la courbe d'une valeur et la force relative de cette valeur

Graphique 118. **L'écart relatif**

©Winix

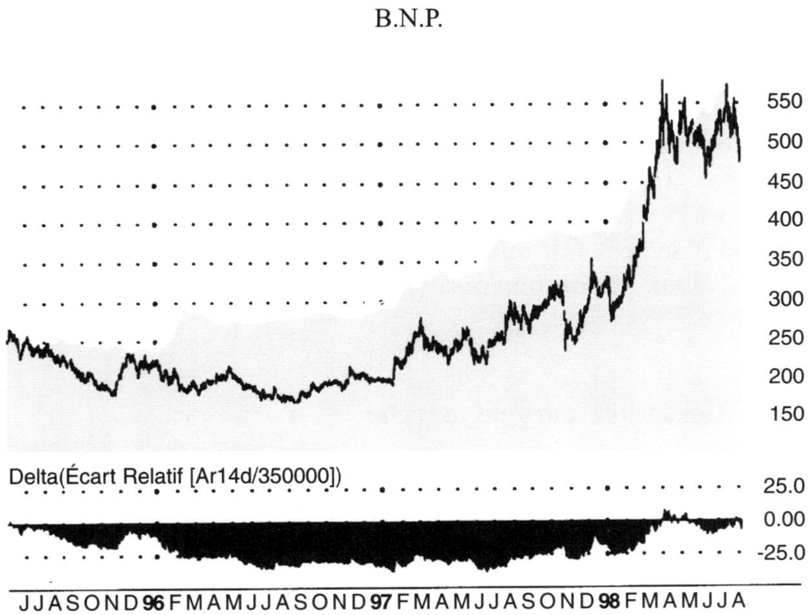

©Winix

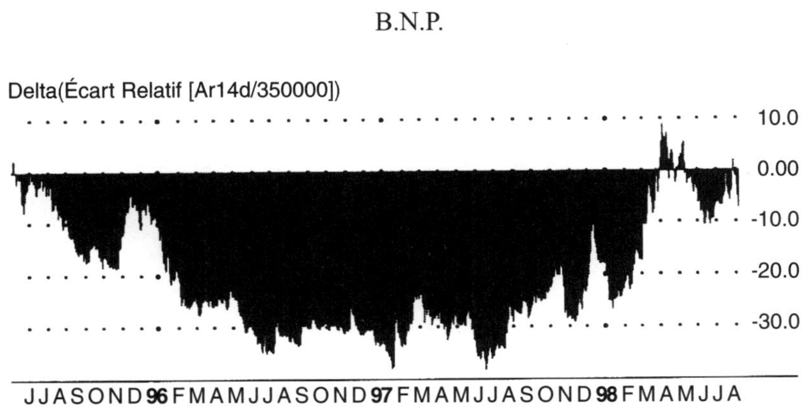

L'écart relatif peut prendre des valeurs positives ou négatives. Son changement de signe est important car il signifie que la position relative des deux vecteurs vient de s'inverser.

Prenons l'exemple du graphe ci-dessus de la BNP comparée au CAC40 : après avoir eu une progression meilleure que le CAC pendant un an, la BNP a sous-performé pendant deux ans pour faire à nouveau mieux que l'indice début 1998.
Les changements de position initient généralement une situation de longue durée d'où l'intérêt de les repérer.
L'analyste qui travaille sur ce graphe peut ensuite compléter son étude en regardant comment se comporte l'indice du secteur bancaire par rapport au CAC40 puis quelle est la position de la BNP par rapport à ce même secteur bancaire.
Lorsqu'il se sera fait une opinion sur l'environnement immédiat de la valeur, il continuera à suivre l'évolution de ces deux indices.

3.5.2. Les indicateurs de marché

Il est difficile d'étudier une valeur sans connaître comment se situe le marché dans lequel elle évolue. C'est une manière de réduire sensiblement son risque.
Se positionner à contre courant du marché sur une valeur précise en connaissance de cause, c'est peut être bénéficier d'une opportunité, mais se placer systématiquement à l'opposé d'une tendance forte et généralisée sans le savoir, c'est sûrement prendre un risque.
C'est pourquoi il est intéressant d'utiliser des indicateurs qui prennent en compte non pas un titre mais un ensemble de valeurs, par exemple un marché.

3.5.2.1 La ligne des avances et déclins (AD Line)

Présentation de l'indicateur

La ligne des avances et déclins est, sans conteste, l'indicateur de marché le plus utilisé par les analystes techniques.
En fait, elle donne une idée de la tendance de fond qui anime un marché entier ou un panier de valeurs.
Cet indicateur cumulatif est calculé en soustrayant, chaque jour, le nombre de valeurs en baisse du nombre de valeurs en hausse.

On ajoute ensuite ce résultat à la valeur de l'indicateur de la veille.

Interprétation

Quand il y a plus de valeurs en hausse que de valeurs en baisse, la ligne des avances et déclins est haussière ; à l'inverse, quand une majorité de valeurs est en déclin, la ligne est baissière.
Cet indicateur peut donc être baissier alors que l'indice de marché est haussier, ce qui est caractéristique d'une divergence.

Graphique 119. **Illustration de l'AD line (CAC40/RM)**

©Winix

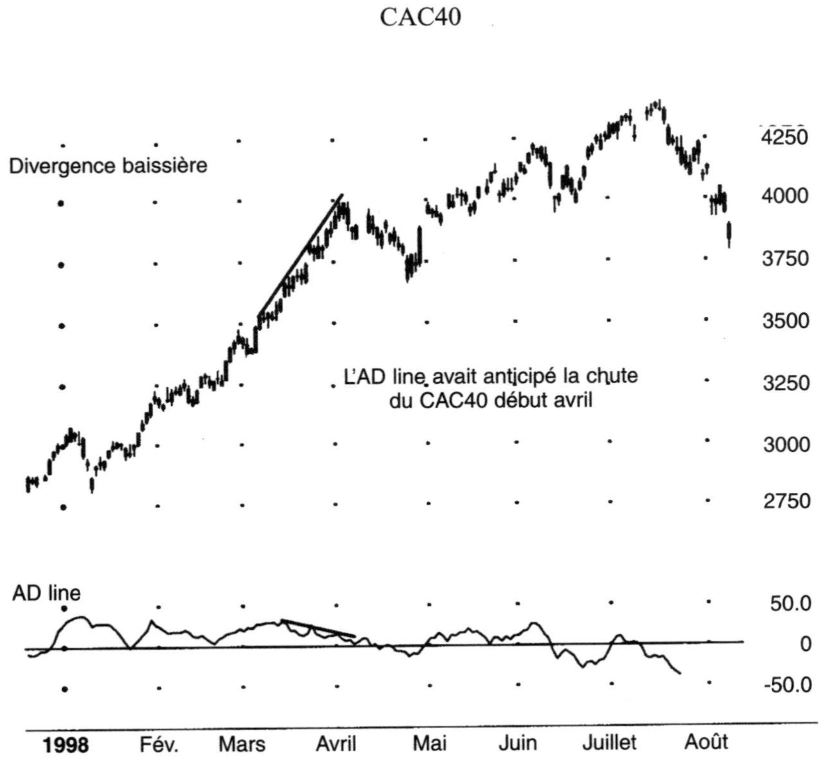

Quand une divergence se forme entre l'indice de marché et la ligne des avances et déclins, la probabilité d'un retournement de tendance est élevée. En effet, la survenance d'une divergence signifie qu'un essoufflement du mouvement en cours (haussier ou baissier) est en train de naître.

En avril 1998, l'AD line du CAC 40 avait déjà montré des signes d'essoufflement suivis par une baisse des cours sur un mois. Les deux séries de montées successives se sont faites dans des conditions de moins en moins saines, le dernier sommet de mi juillet étant même accompagné d'un AD Line négatif.

3.5.2.2 L'oscillateur de Mc Clellan

Présentation de l'indicateur

L'oscillateur de Mc Clellan porte le nom de ses créateurs : Sherman et Marian Mc Clellan.
Il s'agit d'un indicateur de marché appliquant le principe des moyennes mobiles au calcul des avances et déclins. Il a d'abord été mis au point pour le New York Stock Exchange puis il s'est ensuite largement répandu.

Interprétation

Appartenant à la famille des oscillateurs, cet indicateur calcule la différence entre deux moyennes mobiles exponentielles à 19 et 39 jours de l'écart entre les valeurs en hausse et les valeurs en baisse.
Comme la ligne d'avances et de déclins, l'oscillateur de Mc Clellan s'appuie sur le décompte du nombre de valeurs en hausse ou en baisse pour mesurer la force du mouvement et anticiper les retournements de tendance. Simplement, il filtre l'information obtenue par le biais de deux moyennes mobiles, sur un mois et deux mois, puis il observe les croisements, révélateurs de changements de tendance.
En conséquence, la traversée de la ligne des 0, c'est-à-dire le passage de l'indicateur du négatif au positif ou à l'inverse du positif

au négatif est signe d'un marché en montée ou à l'opposé d'un marché en descente.

Une autre interprétation possible consiste à surveiller les retournements de l'indicateur dans les zones de surachat et de survente pour détecter les changements éventuels de tendance du marché. On a l'habitude de considérer les retournements de l'oscillateur dans la zone centrale, par exemple [-20;+20] sur le marché français, comme non significatifs car un nombre insuffisant de valeurs est impliqué et donc le risque d'obtenir un faux signal est grand. Par contre, un retournement qui intervient au-delà de ces bornes correspond à un réel signal car il se produit dans une zone de surachat ou de survente.
Néanmoins, comme nous l'avons déjà mentionné à de nombreuses reprises avec des indicateurs tels que le RSI, l'interprétation du passage dans la zone de surachat ou de survente dépend complètement de l'état dans lequel se trouve le marché. S'il est fortement orienté, c'est-à-dire d'ailleurs, si l'indicateur continue à progresser pour atteindre des niveaux très élevés, on a plutôt affaire à un début de tendance qu'à un retournement. Par contre, lorsque le marché n'est pas sous l'influence d'une forte tendance, on peut interpréter le retournement de l'oscillateur comme un signal d'achat ou de vente.

■ *Conseils d'utilisation*
Le chartiste ne doit pas hésiter à « triturer » cet indicateur qui ne doit pas rester prisonnier de ses origines. Pourquoi choisir 19 et 39 jours ? Pourquoi prendre plutôt les moyennes mobiles exponentielles que les moyennes mobiles arithmétiques ?
L'idée à retenir ici, est la construction de filtres et d'oscillateurs à partir de la ligne des avances et déclins afin de donner sens à cette ligne. L'analyste devra faire évoluer et optimiser cet indicateur de façon à l'adapter le mieux possible au marché sur lequel il travaille.

Les deux interprétations développées ici doivent impérativement être associées à une étude sur l'état du marché c'est-à-dire savoir si ce dernier est en tendance forte ou non.

Graphique 120. **L'oscillateur de Mc Clellan**

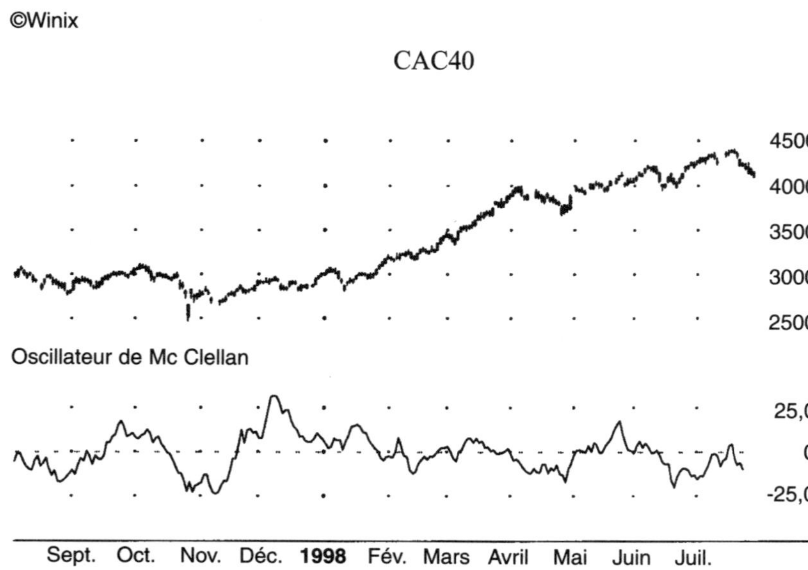

On notera qu'en décembre 1997, l'oscillateur est passé de -25 à une valeur supérieure à 25 en l'espace d'un mois, démontrant ainsi un mouvement haussier d'une force complètement inhabituelle.

3.5.2.3 Arms Index

Présentation de l'indicateur

Développé par R.W. ARMS en 1967, cet indicateur a été repris dans différents ouvrages sous des appellations aussi diverses que « Trading Index », MKDS ou encore STKS.
Il s'agit également d'un indicateur de marché basé sur le décompte des avances/déclins et mettant en relation le mouvement des cours et celui des volumes.

Il se calcule de la façon suivante :

Ratio AvanceDéclins (Valeurs) / Ratio AvanceDéclins (volume)
Le ratio Avance/Déclins (Valeurs) est un ratio qui s'obtient simplement en divisant le nombre de valeurs en hausse par le nombre de valeurs en baisse.
Ce ratio qui peut être utilisé séparément permet de constater si la tendance du marché est suivie ou non par une majorité de valeurs.

Le ratio Avances/Déclins (Volumes) est le pendant du ratio (Valeurs). Mais au lieu de prendre en compte le nombre de valeurs dont les cours sont en hausse, il intègre le nombre de valeurs dont les volumes sont en hausse. On procède de même pour les baisses.
Ce ratio peut également servir d'indicateur à part entière. Il faut tout de même prêter attention au fait qu'il suppose une équipondération des volumes des différentes valeurs composant le marché étudié, ce qui ne correspond pas vraiment à la réalité et peut donc entraîner des erreurs d'interprétation.

L'indice d'Arms est très réactif et son utilisation est plutôt réservée au trading court terme.
Il est néanmoins tout à fait possible de le lisser, par exemple en construisant une moyenne mobile à 5, 20 voire 50 jours.

Interprétation

Le marché est dit haussier quand l'indice d'Arms est supérieur à 1, et baissier lorsqu'il est inférieur à 1.

Mais l'indice d'Arms peut tout à fait être analysé comme indicateur de surachat et de survente.
Les zones de surachat et de survente sont alors fixées selon le marché et son historique.

Conclusion

SUR LE CHEMIN DE LA FORTUNE

Approche pragmatique pour obtenir des résultats :

Voici une liste de recommandations basées sur l'expérience mais surtout empreintes de bon sens pour vous aider à améliorer vos performances boursières.

Il s'agit en fait d'un pense-bête, sans ordre de priorité, à garder en mémoire lorsque vous intervenez en bourse.

- Suivre les signaux à la vente comme à l'achat
- Ne pas se fier à un seul indicateur
- Ne pas suivre trop d'indicateurs à la fois
- Suivre des indicateurs donnant des informations de nature différente
- Regarder toujours l'allure du graphe de la valeur avant de prendre position
- Se poser toujours la question de savoir si le marché est en tendance ou non
- Avoir des signaux bien nets
- Travailler sur l'ensemble d'un marché et surtout pas uniquement sur les valeurs de son portefeuille
- Vérifier la tendance des indices avant de se lancer
- Définir son profil d'investissement (long terme/court terme, agressif/prudent et choisir les indicateurs et leurs paramètres en conséquence)

- Ne pas prendre de décisions en fonction des performances passées de son portefeuille
- Garder un œil en permanence sur les fondamentaux et l'environnement macro-économique
- Ne pas mettre tous ses œufs dans le même panier
- Regarder les volumes
- Suivre très régulièrement les cours quand on est en position
- Gérer un portefeuille d'une dizaine de lignes
- Ne pas se laisser influencer par l'ambiance générale (un krach est imminent, c'est le début d'un rallye, etc.)
- Ne pas s'obstiner pour démontrer qu'on a raison contre tous (reconnaître rapidement ses erreurs).

Achevé d'imprimer sur les presses de l'Imprimerie de l'Indépendant
53200 Château-Gontier – N° d'impression : 991045
Imprimé en France

Votre kit de démonstration WinixPro
Mode d'emploi du CD-Rom Winix

Généralités

Tous les graphiques de ce manuel ont été élaborés avec **WinixPro**, qui est la référence des logiciels d'analyse graphique et technique.
Pour permettre aux lecteurs de ce guide d'apprécier la plus-value considérable apportée par l'informatique dans ce domaine, Winix a joint un CD-Rom contenant une version test du logiciel pour une évaluation temporaire.
Seule la version commerciale vous donne droit à une utilisation permanente du logiciel, à la documentation écrite et complète et à une assistance sur le produit.
Si cette version d'évaluation correspond à vos attentes, contactez la société Winix au 04 93 160 111 pour commander la version commerciale.

Configuration minimale

Windows 3.1 ou 95 ou 98 ou NT
Micro processeur 486 et plus puissant
Modem à partir de 14400 bauds pour le test d'actualisation
Place libre sur le disque dur pour WinixPro avec :
- Le règlement mensuel uniquement : 23 Mo.
- Tous les marchés : 80 Mo.

Installation

Dès l'insertion du CD-Rom Winix, l'interface d'installation démarrera automatiquement vous permettant de choisir le répertoire par défaut. De préférence, conservez le répertoire proposé : **c:\winix.** Appuyez sur la touche du clavier, [entrée] pour continuer l'installation. Une barre de progression en bas de l'écran visualise l'avancement de l'installation. Cette opération terminée, un deuxième dialogue s'affiche permettant de choisir des marchés supplémentaires à charger. Décochez éventuellement ceux qui ne vous intéressent pas et continuez l'installation. Rentrez ensuite vos nom et prénom et ville d'habitation.

Groupe Winix

Lors de l'installation, un groupe **Winix** est automatiquement créé contenant les icônes suivantes :

1) **A lire pour utiliser WinixPro :** un double clic sur cette icône permet d'accéder à une documentation préliminaire à toute utilisation. Nous vous conseillons d'imprimer ce fichier et de suivre les explications fournies.
2) **WinixPro 4 :** un double clic sur cette icône permet de lancer WinixPro 4.
3) **WinixCom :** un double clic sur cette icône permet de lancer WinixCom.
4) **Aide de WinixPro :** un double clic sur cette icône permet de lancer l'aide en ligne de WinixPro.
5) **Aide de WinixCom :** un double clic sur cette icône permet de lancer l'aide en ligne de WinixCom.
6) **Formules de WinixPro :** un double clic sur cette icône permet de lancer l'aide en ligne de la syntaxe des formules les plus courantes de WinixPro.
7) **WinixPro 32 bits :** un double clic sur cette icône permet de lancer la version Bêta de WinixPro 32 bits.

Actualisation des graphes

Pour tester l'actualisation des graphes, contactez la société Winix au 04 93 160 111.
Ce test non renouvelable, se fait sur un nombre limité de valeurs et pour une durée limitée.
Une preuve d'achat vous sera demandée. L'achat d'un manuel vous donne droit à un seul test.
Cette offre est réservée aux 2000 premiers demandeurs de ce test.